그래도 봄입니다

2022. 3

손 석 희

손석희의
앵커브리핑

손석희의 앵커브리핑 **1.** 'L의 운동화'는 집으로 가는 중입니다

초판 2쇄 발행 2024년 4월 15일
초판 1쇄 발행 2022년 3월 30일

지은이 손석희, 김현정
펴낸이 정순구
책임편집 조수정
기획편집 정윤경 조원식
마케팅 황주영
법률자문 채다은 변호사(법무법인 시우)

출력 블루엔
용지 한서지업사
인쇄 한영문화사
제본 한영제책사

펴낸곳 (주) 역사비평사
등록 제300-2007-139호 (2007.9.20)
주소 10497 : 경기도 고양시 덕양구 화중로 100(비전타워21) 506호
전화 02-741-6123~5
팩스 02-741-6126
홈페이지 www.yukbi.com
이메일 yukbi88@naver.com

손석희의
앵커브리핑

1. 'L의 운동화'는 집으로 가는 중입니다

손석희, 김현정 지음

역사비평사

마주하게 된 절대 고독의 시간 속에서 ┃ 박 씨가 살지 않는 우리 동네 ┃ 왼쪽 네 번째 발가락… '발가락이 닮았다' ┃ 가려두고 싶어도 결국 드러내는… '프로즌 맨' ┃ 아Q의 정신승리법 ┃ 그들만의… 'All for one! One for all' ┃ 의리의 표상… "나의 첫사랑은 조자룡" ┃ 그렇게 해서 딱 해가지고 고거를 막 이렇게 ┃ 문맹률 제로의 시대, 또 다른 문맹의 이야기 ┃ 그 검고 어두운 단어… '계엄'의 기억 ┃ 그의 책상과 의자

7. 내가 없으면 누가 너희들을 웃겨주니?

저돌… 문희상의 앞으로 과제는? ┃ 반기문 '반반 정치'… 여야 뜨거운 구애 경쟁 ┃ 새정치연합의 당권 싸움과 CIPA(무통·각증) ┃ 제1야당과 '김삼순'… 또 당명 개정 논란 ┃ 청와대 회동… 카타르시스 커뮤니케이션 ┃ 애국 3법과 '희미한 옛사랑의 그림자' ┃ 국격의 추락… 대통령 옷소매를 잡는 마음 ┃ 황교안 총리 지명… 국정의 부득탐승 ┃ 군 면제 총리 후보… 곳곳에 '치킨호크' ┃ 유승민 사태… "우리는 쳐다보지도 않네" ┃ 코미디언이 대통령 되다. "농담 아님" ┃ 낯 뜨거운 소동… "시가 뭐고?" ┃ 외부 인사 영입… 어마어마? 조마조마! ┃ 393자… 누가 애국을 말하는가 ┃ 텔레비전에 네가 나왔으면 ┃ 얇은 종이 두 장의 무게… 353 대 352 ┃ 인생은 아름답고, 역사는 발전한다 ┃ "내가 없으면 누가 너희들을 웃겨주니?"

시작하는 글

'앵커브리핑'은 내가 '앵커'이게 한 코너다.

30년 이상을 앵커석에 앉았지만, 앵커브리핑을 위해 뉴스 스튜디오의 비디오월(Video Wall) 앞에 서는 순간부터 나는 진정한 앵커가 될 수 있었다. 이 세상 어느 앵커가 자신의 생각을 자신의 언어로 그렇게 말할 수 있겠는가. 그것은 제작진과의 교감, 시청자와의 공감 속에서만 가능한 일이었다. 이후 다른 방송에서도 비슷한 코너를 만들어냈다지만 앵커브리핑이 갖는 의미는 한국 방송사에서 각별하다고 생각한다.

950번의 앵커브리핑을 하는 동안 한 번도 허투루 임한 적이 없었다. 썼던 원고를 모두 방송했다면 아마 그보다 백 번쯤은 더 할 수도 있었을 것이다. 그러나 양에 차지 않으면 미련 없이 버렸다. 매일매일이 전투였다. 3분여의 원고를 만들기 위해 작가 김현정과 나는 수없이 부딪치고 풀고를 거듭했다. 뉴스라는 사회학에 때로는 문학과 미술, 역사, 자연과학 등을 접목하고, 그 모든 것이 어색하지 않게 어우러지는 방법을 찾는 데 공을 들였다. 초기의 키워드 중심 글쓰기에서 벗어나 시간이 지날수록 수미상관식의 기법을 정착시키기도 했다. 앵커브리핑만의 독특한 문체는 그렇게 해서 완성될 수 있었다. 그리고 나면 프로듀서 김홍준과 이정회, 신하림 등의 그래픽 디자이너들이 영상으로 엮어내기를 천 번 가까이 해낸 것이다.

내가 30여 년 동안 뉴스만 다뤄온 기자였다면 아마도 앵커브리핑을 해낼 수 없었으리라고 생각한다. 나는 뉴스 앵커이기도 했지만, 그 세월 동안 교양 프로그램의 진행자, 음악 프로그램의 DJ이기도 했으며, 토론 프로그램의 사회자이자 시사 프로그램의 인터뷰어이기도 했다. 앵커브리핑에 논리 못지않게 담아내려 했던 감성은 그런 경험들 덕분에 가능했으리라고 믿는다. 그날의 주제에 맞춰 들숨 날숨 하나까지 계산해 넣을 수 있었던 것도 그 모든 경험들 덕분이었다.

세월호 참사 이후 수백 일 동안 보도를 이어갔을 때, JTBC가 최순실의 태블릿 PC를 찾아내 보도한 이후 촛불집회의 정국에서, 미투(Me Too)의 고백이 〈뉴스룸〉에서 계속되던 아픈 시기에 앵커브리핑은 칼날 위에 선 것 같은 시간들을 견뎌내고 담아냈다. 그런가 하면 세상을 떠난 이들을 위한 진혼사와 같았던 앵커브리핑도 소중하다. 어느 때인가는 하루 종일 매달려도 몇 줄의 글을 완성하기가 힘들었고, 어느 때인가는 새벽 1시 넘어 불현듯 생각이 떠올라 불과 20여 분 만에 가장 긴 앵커브리핑을 완성하기도 했다. 아무리 고민해도 조각조각의 단상만이 머릿속을 지배할 때는 이내 좌절하기도 했고, 용케도 전체 글의 구조가 먼저 완성되면 나머지는 그저 자판 위에서 달려가곤 했다.

그렇게 만들어낸 950편 중에 284편(1권 140편, 2권 144편)을 골랐다. 아마도 이 책을 준비하면서 가장 힘들었던 일이 바로 그 284편을 골라내는 작업이었을 것이다. 앞서 말했듯이 차라리 버렸으면 버렸지, 양에 차지 않는 앵커브리핑을 방송한 적은 없었기 때문이다. 물론 그럼에도 미흡한 원고가 없을 수 없으나, 하나하나 '허투루 임한 적이 없다'고 한 글들 가운데 3분의 2를 더 버렸으니 아깝고 아쉽다. 그러나 여기에 실리지 못한 앵커브리핑들도 이미 방송을 통해 시청자들의 것이 되었으므로 그것만으로도 세상에 의해 기억될 거처를 찾은 셈이다.

책은 두 권으로 나누어 주제별로 담아냈다. 아예 시간순으로 배치하면 어떨까 하는 제안도 있었지만, 나나 김현정은 주제별로 구성할 것을 택했다. 그렇게 함으로써 앵커브리핑 이전이나 이후의 시간 동안에 우리 사회가 맞닥뜨려야 했던, 혹은 앞으로도 여전히 겪어내야 할 문제들이 무엇이며, 그에 대한 문제의식들을 어떻게 벼려내야 할 것인가를 알 수 있다고 생각했다. 또한 그것이야말로 앵커브리핑이 방송을 멈춘 지 한참이나 지난 지금 시점에서도 책으로 엮을 이유가 된다고 믿는다.

각 주제로 들어가는 첫머리에는 약간의 소견을 앞세웠고, 각각의 앵커브리핑에는 필요할 경우 당시의 맥락 등을 적어 넣었다. 다만, 원문의 소중함이 더 커서 덧붙이는 내용은 최소화했으면 좋겠다는 출판사의 의견을 존중하기로 했다.

역사비평사와는 『풀종다리의 노래』를 낸 이후 29년 만의 작업이다. 이 책을 제안해준 정순구 대표와 조수정 편집자는 나보다 '역비'와의 역사가 짧은 셈이다. 지금도 그 옛날 필동 길에 있던 출판사 사무실을 찾아갔을 때의 설렘이 바래지 않았다. 작가 김현정에게 감사한다. 천 번 가까운 글을 만들어내는 과정에서 함께 작업했고, 나에게는 정말 많은 영감을 주었다. 그럼에도 때로는 잔소리를 늘어놓은 것에 대해선 책의 출간과 함께 용서를 구한다. 물론 이 책의 구석구석에도 그의 손길이 닿아 있다. 다른 스태프들에게도 깊이 감사한다. 배노필, 강인식, 조익신, 이승필 등 기자들과 손하늘, 오선영, 박시은, 차소현, 안송이 등 보조작가들이 잠깐씩 혹은 좀 더 길게 거쳐가면서 앵커브리핑을 도왔다. 그들이 없었다면 앵커브리핑은 아직 눈이 그려지지 않은 미완성의 용이었을 것이다.

책을 준비하면서 950편의 글을 다시 읽어본 후, 한 번쯤의 자화자찬이 허락된다면 이렇게 말하고 싶다. "아니, 우리가 어떻게 이 일을 다 해냈지!"

【사족】 마지막 방송에서 "앵커브리핑을 947회로 마무리한다"고 이야기한 것은 제작진의 실수였다. 다시 세어보니 3회가 빠져, 총 950회였다. 그러나 그 정도는 눈감아주시길… 그들은 적어도 횟수 계산만 빼고는 나무랄 데가 없었다.

2022년 3월
손석희

일러두기

1 이 책은 2014년 9월 22일부터 2019년 12월 31일까지 방송된 JTBC 〈뉴스룸〉 '앵커브리핑'(총 950편) 중에서 284편을 뽑아 1권에 140편, 2권에 144편으로 엮은 선집이다.

2 방송 언어를 지면으로 옮기는 과정에서 독자의 편안한 읽기를 최우선에 두었다. 어법에는 일부 맞지 않으나 가독성을 고려하여 문장부호를 적절히 사용했다.

3 원문을 최대한 살리되 약간의 윤문을 거쳤으며, 방송을 시작하거나 끝낼 때의 멘트(예컨대 "앵커브리핑을 시작하겠습니다" 등)는 생략했다.

4 보충 설명이 필요한 경우에는 각주를 달았고, 현재 시점에서 돌이켜 생각하며 덧붙이는 코멘트는 본문 말미에 '추고追考'로 붙였다. 이는 모두 저자들이 새롭게 집필한 글이다.

5 단행본의 제목이나 잡지, 신문은 『 』로, 책 안의 단편, 시 제목, 잡지·신문의 기사는 「 」로, 그림·노래·영화 등 예술 작품은 〈 〉로 표기했다.

1. 'L의 운동화'는 집으로 가는 중입니다

생각해보면 우리는 참으로 오랜 시간 동안 현대사의 비극을 놓지 않고 있다. 비극을 초래한 쪽이나 심지어는 당한 쪽의 위정자들마저도 '이제는 그만 잊으라' 강요하곤 했지만 그렇게 하지 못하는 것이다. 20세기 초에 시작된 식민의 시대로부터 분단과 전쟁, 그리고 그에 못지않게 지속된 독재의 시대. 그 모든 질곡들은 지나갔고, 이제 21세기 디지털의 시대에 살면서도 우리는 왜 그 비극들을 놓지 않고 소환하는 것일까.

아마도 청산하지 못했기 때문일 것이다. 식민의 가해자도, 그로 인해 분단된 조국에서 벌어진 비극의 책임자도, 독재의 우두머리들도, 누구도 진심으로 사과하지 않았으며, 심지어 그 대부분은 여전히 기득권을 지킨 채 군림하고 있기 때문일 것이다.

'L의 운동화'는 그래서 어쩌면 끝내 집에 당도할 수 없을지도 모른다.

가슴 묵직해지는 이야기 〈동백꽃 지다〉

〈동백꽃 지다〉라는 작품을 보고 계십니다.

화가는 붉은 동백을 그렸습니다. 그러나 제목은 사뭇 달랐습니다. 꽃 피는 계절 만개한 동백 앞에는 '지다'라는 소멸의 단어가 붙었습니다. 화가의 이름은 강요배. 오늘 앵커브리핑은 화가의 이름에 얽힌 조금은 슬픈 이야기로 시작하겠습니다.

지금으로부터 68년 전 1948년 봄, 제주인 전체의 10%가 희생된 4·3사 건이 있었습니다. 남한 단독선거와 단독정부 수립에 반대한 도민들의 봉 기. 육지에서 출동한 토벌대는 이른바 '빨갱이'를 색출하기 시작했습니다.

김철희, 박순이… 같은 이름을 가진 사람이 두 명이어도, 셋이어도 구분 없이 처형되었던… 야만적 이념의 시대.

그 참담함을 몸으로 겪은 한 아버지는 결심했습니다. '내 아이의 이름은 절대 같은 이름이 나오지 않도록 하겠다.' 아버지는 아들의 이름을 요나라 요堯 북돋을 배培, 강요배라 지었습니다.

가슴이 묵직해지는 이야기지요. 그 후로도 68년… 숨죽이며 살아남은 사람들은 흐드러진 유채꽃만 보아도, 텃밭에서 씨알 굵은 고구마가 나와도, 죽임을 당해 묻힌 그들 생각에 마음이 덜컥 내려앉았다 합니다.

정부는 지난 2003년 제주도민들에게 학살을 공식 사과했습니다. 4·3 위령제는 국가추념식으로 격상되었지요. 하지만 낡고 견고한 이념의 벽은 여전히 존재합니다. 어제 열린 국가추념식에는 선거를 목전에 둔 정치인들의 발길만 분주했을 뿐 그들의 떠들썩한 정치적 구호는 공허했습니다. 대통령은 10년째 자리를 비웠고 일부 단체들은 여전히 '희생자 재심사'를 주장하고 있습니다.

〈동백꽃 지다〉의 작가 강요배의 형 이름은 강거배. 두 아들을 잃지 않겠다는 아버지의 몸부림… 그리고 뚝뚝 떨어지는 붉은 동백 사이로 그렇게 망각이라는 이름의 더께가 쌓여가는 찬란한 봄날…

너븐숭이의 봄

너븐숭이. 넓은 돌밭을 뜻하는 제주 말입니다. 조천에서 김녕으로 향하는 일주도로를 주욱 달리다 보면 청잣빛 함덕 바다가 펼쳐지고, 새로운 해안마을 너븐숭이가 모습을 드러냅니다.

조천 답사라면 마땅히 북촌 너븐숭이에 가야 한다.
— 유홍준, 『나의 문화유산답사기 7 : 돌하르방 어디 감수광』

유홍준 교수 역시 제주답사 1번지로 바로 이곳, 조천의 너븐숭이를 꼽았습니다. 너븐숭이는 70년 전 봄, 그날 가장 참혹한 학살이 자행되었던 장소입니다.● 현기영의 소설 『순이 삼촌』의 배경이 되었던 곳. 무고한 시민들의 피와 살과 뼈가 묻혀 있는 곳. 4·3기념관이 세워져서 당시의 아픔을 증언하고 있는 곳이기도 하죠.

그리고 몇 달 전 그곳을 찾은 사진작가 임종진 씨는 한동안 자리를 뜰 수 없었습니다. 기념관 주변 아무렇지도 않게 널려 있는 작은 돌무더기… 4·3 당시 희생된 어린아이들이 묻힌 '애기무덤' 때문이었습니다.

● 북촌리 학살 : 4·3 당시 무장 군인들에 의해 주민 400명 이상이 집단 학살된 사건

　봉분 위에 놓인 노란색 오리 인형과 아기 양말 한 짝, 바람에 날리지 말라며 돌로 덮어놓은 앙증맞은 옷 한 벌. 누군지 알 수 없는 추모객이 아이를 향해 남긴 위로였다고 했습니다. 심심하지 말라고 춥지 말라고 선물을 건넨 어른들의 미안한 마음은 뭉클하게 마음을 데웠고… 사진작가는 쉬이 자리를 뜨지 못했던 것이었습니다.

　70번의 봄이 여기 너븐숭이를 다녀가는 동안 여전히 완결짓지 못한 이야기. 가장 아름다운 땅에서 일어난 가장 비극적인 이야기. 그러나 무력하게 외면하지 않고 위안의 손길을 내밀었던, 잊지 않는 마음과 마음이 존재

하기에… 제주는 오늘 기어이 다시 노래를 시작했습니다.❋

> 슬퍼하지 말라고
> 원망하지 말라고
> 우릴 미워했던 사람들도
> 누군가의 꽃이었을 테니…
> —루시드 폴, 〈4월의 춤〉

노란 유채와 동백의 빛깔로 눈이 시린 제주의 봄은 다시 찬란하게 빛났으며, 사진작가 임종진 씨는 마지막으로 이런 말을 덧붙였습니다.

"쉽게 절망하지 않는다면 여전히 세상은 참 아름답다."

❋ 2018년 4월 3일 제70주년 제주 4·3 희생자 추념식이 열렸다. 문재인 대통령은 이 자리에 참석해 "국가폭력에 의해 빼앗긴 것들을 조금이나마 돌려드리는 것으로 국가의 책임을 다해나가겠다"고 약속했다.

'L의 운동화'는 집으로 가는 중입니다

사이즈 270mm. 삼화고무가 생산한 흰색 타이거 운동화. 한 짝만 남은 그 하얀 운동화는 밑창이 산산이 부서져 있었습니다. 운동화는 정확히 29년 전인 1987년 오늘, 전투경찰이 쏜 직격 최루탄을 맞아 사망한 청년 이한열이 거리에서 신고 있었던 유품이었습니다.

청년은 그날 그 거리에서, 단단히 끈을 조여 매고 신었던 운동화를 잃어버렸습니다.

"운동화가 있어야 집에 갈 텐데…" 누군가 병원으로 찾아와 건네주었던 그 운동화. 그러나 운동화의 주인은 결국 집으로 돌아가지 못했습니다.

그리고 세월이 지나 사람들은 부서진 운동화를 복원하기로 마음먹었습니다. 가루처럼 바스러진 밑창을 다시 이어 붙이고 소설 작품으로 형상화하고… 그렇게 다시 살아난 운동화에는 스물한 살 젊은이의 땀과 체취, 걸음걸이와 운동화 끈을 매는 습관, 그날의 매캐한 최루탄 내음까지 그대로 배어 있었습니다.

사람들은 운동화를 보면서 제각기 다른 기억을 떠올립니다.

"나는 꼭 오래오래 살아서 오래오래 아들을 기억하겠다"고 말하는 어머니(세월호 유가족). 청춘을 빼앗기고, 용서를 강요받고, 시간마저 재촉당

하고 있는 소녀들(위안부 피해 할머니들). 그리고 끝까지 꿈을 놓지 않았던 열아홉 살의 그 청년(구의역 김 군).

그러니까 L의 운동화는 저의 운동화이기도 하면서 …
'우리 모두'의 운동화이기도 했던 것
　　— 김숨, 『L의 운동화』

작가는 그렇게 말합니다. 그래서 기억해야 하는 그의 운동화 한 짝. 270mm짜리 작은 운동화의 복원이 단지 시대의 기억을 소환해내는 일에 그치지 않음을… 87년 6월 그날을 통과했던 이들뿐 아니라 그 이후의 세대들에게도 피해갈 수 없는 일임을… 다시 세상에 나온 운동화는 우리에게 이야기합니다.

L의 운동화는 세대를 걸쳐 다시 복원될 것이다. …
내가 하고 있는 복원은 끝이 아니라 과정이다.
　　— 『L의 운동화』

지금도 'L의 운동화'는 집으로 가는 중입니다.

追考　원고를 정리하는 동안 이한열의 어머니 배은심 여사의 부고(2022년 1월 9일)를 일본에서 접했다. 여사는 가끔 내게 말씀하셨다. "우리 한열이가 당신 닮았어. 걔도 언론인이 되고 싶어 했고…" 그 말씀을 들을 때마다 몸 둘 바를 몰랐다. 내가 감히 그와 같은 것은 270mm라는 운동화 사이즈밖에 없다.

여전히 전투를 계속하는… '불쌍한 독립군!'

영하 사십도 시베리아 추위에 여름 모자 쓰고서

홑저고리로 밑 빠진 메커리(짚신)에 간발하고서

벌벌 떨고 다니는 우리 독립군

1920년대 러시아에서 항일무장투쟁을 이끌었던 김경천(1888~1942) 장군이 지은 「불쌍한 독립군!」의 한 구절입니다. 영하 40도를 밑도는 혹한. 비록 다른 나라에서지만 잠깐이나마 영하 40도를 직접 겪어봤던 저의 경험으로는, 그것은 잔뜩 껴입고도 견딜 수가 없는 문자 그대로의 고통이었습니다. 그런데 얇은 저고리와 짚신을 신고 그것도 전쟁터에 나섰다니…

"낙엽이 떨어지기 전에 어서 무기를 준비하여 압록강을 건너는 것이 소원"

영화 〈암살〉에 등장하는 이 문구 역시 위 시를 지은 김경천 장군의 일기 『경천아일록擎天兒日錄』에서 따온 말이라고 합니다. 그는 실은 일본 육군사관학교 출신이었습니다. 보장된 미래가 있었겠지만 그는 황량한 동토 러시아에서 항일무장투쟁의 길을 걸었습니다. 그리고 그와 함께 이름조차 없이 스러져간 수많은 조선의 청년들과 여성 독립운동가들… 우리 모두는 역사에 빚이 있는 사람들일 것입니다.

"2019년은 대한민국 건국과 임시정부 수립 100주년을 맞는 해"

"독립운동 하면 3대가 망한다는 말 사라지게 하겠다."

문재인 대통령은 말했다지만 논란은 또다시 불거졌습니다.

"국가가 성립하려면 국민·영토·주권이 있어야. 1948년 건국은 자명한 일"

— 류석춘(자유한국당 혁신위원장)

이런 주장들은 이미 10년 전부터 시작됐고, 바로 직전 정부에선 예산까지 받아가면서 계속되어온 일이었습니다.

서산에 지는 해는 쓸쓸도 하다. 너의 고향 이곳에서 몇 천 리더냐.

널 기르신 부모 이곳 있으면 너의 모양 보고서 어떠하리오.

— 김경천,「불쌍한 독립군!」

추위와 굶주림, 죽음의 공포와 싸우던 그때의 청년들은 나라를 되찾은 지 72년이 지났지만… 독립군과 임시정부가 아닌 1948년 남한 정부의 수립이 이 나라의 뿌리라 말하는 사람들과 여전히 전투를 계속하고 있는 것인지도 모르겠습니다. 그리고 임시정부 수립 98주년, 나라를 되찾은 지 72주년이 되는 오늘. 하늘에선 굵고 거센 비가 종일 내렸습니다.

지금으로부터 108년 전인 1909년 10월 26일, 중국 하얼빈역.

"대한제국의 의군 참모중장으로 전쟁 중 작전을 통해 적장을 사살한 것"
　　ㅡ안중근

그는 나라 잃은 청년이 아니라 전쟁 중인 군인이었습니다. "국제법에 의거한 군사재판을 열어달라" 당당하게 요구했고…"항소하지 말라. 큰 뜻으로 죽음을 받아들여라." 어머니는 아들의 죽음 앞에서 의연함을 보였습니다. 안중근이라는 이름 석 자는 그렇게 해서 그로부터 36년간 계속된 치욕의 역사를 예견하고 거부했던 이들의 맨 앞자리에 놓였습니다.

그러나 역사는 결코 그때의 결정적인 한 장면에서만 멈춰 서지 않았습니다. 30년 뒤인 1939년 10월 16일, 안중근의 차남 안준생은 이토 히로부미伊藤博文의 위패가 있는 박문사博文寺에서 이토의 아들에게 깊이 고개를 숙여 아비의 잘못을 사죄했습니다.

이토伊藤 공 영령 앞에서 머리를 조아리는 운명의 아들, 안준생 군
　　ㅡ『경성일보』 1939. 10. 16.

호부견자虎父犬子. 호랑이 아비에 개와 같은 자식이라는 비난이 쏟아졌지만 그에게도 곡절은 있었지요. 누군가 쥐여준 과자를 먹고 갑자기 죽어버린 안중근의 장남. 남겨진 가족에게 돌아온 현실은 잔혹했기에… 애국 대신 매국을 선택하여 살아남고자 했던 비극과 통한의 역사는 존재했던 것입니다. 희생으로 싸워 찾은 가치를 지키기란 얼마나 힘든 것인가.

그렇습니다. 오늘은 108년 전 청년 안중근이 이토 히로부미를 저격한 날이며, 또한 38년 전 장기 집권을 꿈꾸던 권력자가 자신의 수족에 의해 죽임을 당한 비극의 날이기도 합니다.

사람들은 짧았던 봄을 지켜내지 못했고, 그 봄은 다시금 핏빛으로 마무리되어 군 수뇌부는 "광주는 월남"이라며 시민을 적으로 몰았습니다. 그 시절의 '각하'는 망월동의 묘역마저 분산시킬 것을 직접 지시했다는 문건이 발견되기도 했습니다.

108년 전에도 38년 전에도 결국 역사는 거꾸로 갔고, 그 역사는 광장을 지나온 지금의 우리에게도 똑같은 질문을 던지고 있습니다. 희생으로 싸워 찾은 가치를 지키기란 얼마나 힘든 것인가.
그래서일까. 거꾸로 간 역사는 우리에게 현실은 이렇다고 강변합니다.
"이토 히로부미, 안중근을 쏘다"

❋ 1980년 당시 공군참모총장 윤자중의 말.
❋❋ 김성민, 이태진, 조동성이 지은 역사소설의 제목이기도 하다.

최린, 아니 창씨개명 한 일본 이름은 가야마 린佳山麟.

항일은 짧았고 친일은 길었습니다. 그는 민족대표 33인 중 한 명으로
「기미독립선언문」의 초안을 작성하였으나 몇 년 뒤 변절하여 친일의 길로
나섰습니다. 조선총독부 중추원 참의와 총독부 어용 기관지 『매일신보』
사장을 거쳐 '조선임전보국단朝鮮臨戰報國團' 단장을 역임한 대표적인 친일
파. 해방 이후 그는 반민족특별조사위원회, 즉 반민특위의 심판을 받게 되
었습니다.

당시 법정에 선 그에게는 최소한의 염치가 남아 있었던 모양입니다.

"내 사지를 광화문 네거리에서 찢어달라.
그리하여 민족의 본보기로 삼아달라."
—최린

노덕술, 일제강점기 고등경찰이었던 자. 독립운동가를 가혹하게 고문
하고 탄압한 자로 유명했습니다. 그러나 반성의 기회조차 받지 않았습니
다. 반민특위가 황망하게 해산되면서 그는 도리어 경찰로 복귀했습니다.
이후 한국전쟁 시기에 공로를 세웠다 하여 세 차례 훈장까지 받았고, 지금
까지 훈포장은 취소되지 않았다 하니… 그의 일평생은 명예롭고 당당했을
것입니다.

반민특위가 억지 해산된 지 올해로 70년. 그 이름은 정치의 언어로 옮아가 논란이 됐습니다.

"해방 후 반민특위로 인해 국민이 무척 분열"
"대한민국 지성의 우려를 대변한 것"
　　—나경원(자유한국당 원내대표)

반민특위가 논란이 된다는 사실 그 자체만으로도… 역사의 그늘이란 시간이 지날수록 얼마나 더 커다란 그림자를 드리우는가를 말해주고 있는 것은 아닐까.

"내 사지를 광화문 네거리에서 찢어달라. 그리하여 민족의 본보기로 삼아달라." 최린의 본심이 정말로 어떠했는지는 알 수 없는 일이나, 그의 참회가 회자되는 이유는 뒤늦게라도 자신의 행위를 시인하고 눈물로 참회했기 때문이겠죠.

반면, 끊임없는 자기변명과 합리화로 상황을 모면하고자 했던 자들.

"친일은커녕 소신껏 조선인의 긍지를 지켰다"
　　—'매판자본가' 박흥식
"공산당 타도해 독립운동 토대 닦았다."
　　—'일제 밀정' 이종형
"3·1운동 당시 우리 집에서도 만세를 불렀다."
　　—'중추원 참의' 김태석

특위가 해체됨과 동시에 그들은 긴 안도의 한숨을 토해냈을까?

그러나 역사는 기억하고 기록하고 있으니… 함께 재판을 받던 이광수가 "나는 민족을 위해 친일한 것"이라고 주장하자 한때의 가야마 린, 최린은 다음과 같이 일갈하였다고 세간에 전해지는데… 원래 도는 말보다는 좀 정제해서 전해드립니다.

"그 입 다물라."

　채 서른이 못 된 젊은 아내는 어린 딸을 둘러업고 매일 서대문구치소
로 향했습니다. 남편을 만나볼 수는 없었지만 그렇다고 그만둘 수도 없었
습니다. 대법원 선고를 일주일 앞둔 어느 날, 처지를 딱하게 여긴 어느 교
도관의 배려로 아내는 먼발치에서 남편을 바라보게 됐습니다. 안타까운
가족의 눈이 허공에서 얽힌 짧은 순간. 아는 내색을 하면 낭패라는 사실을
알기에, 아버지는 어린 딸을 향해 몇 마디를 중얼거리고는 그만이었습니
다. "많이 컸네… 많이 컸네…"●

　선고가 내려진 지 24시간도 채 지나지 않아 전원 사형이 집행되었던
인혁당 사건.●●

　"가장 가슴 아픈 것은 이 자리에 피고인들이 사형당해 없다는 것이다."
　　　—이기택(부장판사), 2005년 인혁당 사건 재심 개시일

● 인혁당 사건으로 사형된 고 이수병의 부인 이정숙의 증언, 김형태, 『지상에서 가장 짧은 영원한 만남』.
●● 인민혁명당 사건 : 1960~1970년대 중앙정보부가 조작한 사건. 중정은 '국가 변란을 목적으로 북한의 지령
을 받는 지하조직을 결성했나'며 혁신계 인사의 언론인, 교수, 학생 등을 검거했다. 1964년의 제1차 사건,
그리고 1974년의 제2차 사건, 즉 소위 '인민혁명당 재건위 사건' 등 정권은 필요에 따라 '인혁당'을 등장
시켰다. 특히 인혁당 재건위 사건은 1975년 4월 8일 대법원이 사형을 선고한 후 불과 18시간 만에 8명에
대한 사형이 집행되었다. 박정희 정권의 대표적 사법살인, 인권탄압 사례였다. 2007년과 2008년 사법부
의 재심에서 인혁당 재건위 사건 관련자 전원에게 무죄가 선고되었다.

법원은 30여 년의 시간이 지나서야 재심을 결정했고 2007년 뒤늦게 무죄판결을 내렸습니다. 꽃비 내리던 봄날, 유신의 겨울을 이어가기 위해 사람을 죽인 사법살인의 가슴 아픈 역사였습니다.

"그 부분에 대해선 대법원 판결이 두 가지로 나오지 않았습니까?"
　　　—박근혜(대선 후보), 〈손석희의 시선집중〉 2012. 09. 10.

2012년 9월, 18대 대선을 100일 남겨둔 날. 유력 대선 후보는 유신 시절 법원의 판결과 뒤늦게 이를 바로잡은 재심 판결을 같은 선상에 두고 얘기했습니다. 이후 악화된 여론 탓이었을까. 사과 입장을 낭독하던 순간마저도 '인혁당'을 '민혁당'이라 잘못 읽어 뒷말을 남겼던 기억이 있습니다.

"민혁당 사건 등은 헌법 가치가 훼손되고…"
　　　—박근혜(대선 후보), 2012년 9월 24일
"잘못 읽은 것이 아니라 발음이 정확하지 않았을 뿐…"
　　　—이상일(새누리당 대변인), 2012년 9월 24일

법을 인정하지 않았던 비뚤어진 징후는 거기서부터 시작된 것은 아니었을까… 그리고 지난 주말.

"정치검찰의 사법살인"
"촛불 쿠데타 세력에 굴종한 사법부"
'법치 사망' '살인 재판'

'사법살인'. 함부로 등장해선 안 될 그 단어가 그를 옹위하고 있는 사람들 가운데서 터져 나왔습니다.

"박근혜 피고인을 징역 24년 벌금 180억 원에 처한다."
— 서울중앙지방법원 1심 판결, 2018년 4월 6일

보여주어도 읽지 않고 들려주어도 듣지 않을 그들을 향해서 100분의 주문主文을 생방송으로 공개하며 읽어 내려갔던 이유는, 법에 의한 판결문에 부끄러움이 없었기 때문일 것.

그리고 오늘 4월 9일은 공교롭게도 1975년 8명의 생목숨을 앗아간 유신의 사법살인이 자행되었던 바로 그날입니다.

꽃잎 흐드러지던 유신의 봄, 그 한복판에서 벌어진 비극의 시간 앞에서…
"많이 컸네… 많이 컸네…"
어린 딸의 머리 한 번 쓸어주지 못했던 아비의 죽음 앞에서… 떨어져 내리던 꽃비는 오늘도 여전했습니다.

追考 1989년 봄, 서대문형무소가 경기도 의왕으로 옮겨 가고 그 자리는 서대문형무소역사관으로 거듭날 준비를 하던 때, 이제는 대부분 허물어진 형무소 자리를 취재했다. 단연 눈길을 끈 것은 후미진 구석에 그대로 남아 있는 사형장이었다. 그리고 그 사형장 앞의 나무는 이만큼 '많이 커' 있었다.

거악의 은신처는 어둠이 아니라 빛입니다 2018. 11. 28.

보신탕, 개소주, 토룡탕, 뱀집… 1982년 서울시는 이런 상호를 가진 식당의 대로변 영업을 금지했습니다. 무허가 간판과 광고물은 물론이고 노점상도 철거 및 금지의 대상이 됐습니다. 서울의 봄을 밟고 일어선 새로운 군사정권은 세상을 깨끗이 청소하고자 했습니다. 어렵사리 획득한 올림픽인데 외국인에게 가난한 모습을 보이면 안 된다는 명분하에… 상계동을 비롯한 서울 200여 군데 달동네 주민들은 살던 집에서 쫓겨나 거리에서 한뎃잠을 자야 했습니다. 청소의 대상에는 사람도 포함됐습니다. 사창, 소매치기, 앵벌이, 비렁뱅이, 날치기, 넝마주이, 전과자… 그것은 '사회악의 일소'라는 명분하에 진행된 부랑인 강제수용. 즉, 인간 정화사업이었습니다.

> "노역하는 사람들을 몽둥이 든 남자들이 감시하고 있고 사나운 개 몇 마리가 주위를 지키고 있었다." — 김용원(당시 울산지청 검사)

1986년 겨울. 우연히 그 장면을 목격한 젊은 검사는 의문을 품었습니다. 군인도 아니고 재소자도 아닌데 왜 강제 노역을 하고 있는가. 몽둥이와 사나운 개는 무엇을 의미하는가. 그렇게 의문 속에 죽어나간 사람만 513명. 30년 넘는 세월이 지나 그들은 뒤늦은 사과를 받았습니다.

> "그래도 사과를 들으니 마음이 이상하네."

32 | 손석희의 앵커브리핑 1

탄식에 가까운 말과 함께 눈물을 훔치던 피해자는 말했지만… 오랜 시간을 돌아 그들이 받은 사과는, 당시 가해자들이 아닌 가해자의 대리인 혹은 가해자의 후배들에 의한 사과였지요.

사창, 소매치기, 앵벌이, 비렁뱅이, 넝마주이, 전과자… 청소의 대상은 고작 이러한 약자들이 아니고, 자신들의 빛나는 시대를 이어가기 위해서 타인들의 시간을 어둠으로 몰았던 사람들이 아닌가. 정작 그들은 침묵하고 있는 가운데… 얼마 전 형제복지원 피해자 한종선 씨에게 인권상을 수여한 단체에서는 수상 결정 이유를 설명하면서 이런 말을 덧붙였습니다.

"놀라울 것도 없이 거악의 은신처는 어둠이 아니라 빛입니다."
— '진실의힘' 인권상 심사위원회, 2018년 6월 26일

하긴 전 재산 29만 원으로도 그들은 여전히 밝은 빛 속에 있으니…

追考　형제복지원 사건. 부산의 형제복지원에서 1975~1987년까지 일어난 인권유린 사건이다. 1987년 이곳을 탈출한 사람들이 그 만행을 세상에 알렸다. 이 복지원에서는 중노동은 물론 구타와 감금 그리고 성폭행까지 자행됐으며, 12년 동안 죽은 사람이 500명이 넘었다. 그러나 검찰 수사는 용두사미였고, 가해자인 박인근 형제복지원 이사장은 업무상 횡령 혐의 등만 인정돼 징역 2년 6월을 받는 데 그쳤다.
문무일 검찰총장은 2018년 11월 27일에 형제복지원 피해자 30여 명을 만나 "검찰이 외압에 굴복해 수사를 조기에 종결하고 말았다는 과거사위원회의 조사 결과를 무겁게 받아들인다"고 하면서 "마음 깊이 사과드린다"고 했다.

5월의 그날, 소년이 온다

작가 한강의 뿌리는 광주였습니다. 인간에 대한 질문 그리고 인간에게
가해지는 폭력은 작가가 항상 천착해온 주제였습니다.

> "인간의 폭력성과 욕망 ⋯ 끝없는 질문의 답을 완성하려 했다."
>
> —한강(소설가)

폭력의 육식을 거부한 채 나무가 되기를 택한 주인공의 심리를 탁월하
게 묘사한 『채식주의자』가 개인과 사회가 개인에게 가하는 폭력을 다뤘다
면, 그 이후 발표된 장편 『소년이 온다』는 국가가 개인에게 가하는 폭력을
다루고 있습니다.

80년의 광주. 작가는 『소년이 온다』의 에필로그에서 어린 시절 기억을
끄집어내고 있습니다.

> 그 이야기를 들었을 때 나는 열 살이었다. ⋯ 가장 끔찍한 이야기를 덮어두고
> 말을 이어가는 일의 어려움 ⋯ 어른들은 목소리를 낮춰 대화했다. 마치 아이
> 들이 감시자인 듯이. ⋯ ㄷ중학교에서만 셋이 죽고 둘이 실종됐는디, 그 집에
> 서만 애들 둘이⋯ 시상에⋯라고 여태 가느다란 탄식처럼 추임새를 넣던 엄
> 마가 고개를 수그리고 침묵했다.
>
> —『소년이 온다』

이것은 고작 36년 전 문명의 도시에서 일어난 핏빛 이야기였습니다. 그해 봄에 시민에게 총부리를 겨눴던 누군가는 아직도 베일 속에 가려진 채… 그 광주를 밟고 일어서 최고 권력자가 된 전직 대통령은 당시 자신의 권력을 부정하는 2016년. 그리고 국가는 지금도 그들에게 '국론 분열'을 말하면서 가로막습니다. 노래●는 그저 노래가 아니라 뜨거웠던 그 봄날에 대한 기억, 피와 바꾼 민주주의에 대한 열망. 함부로 재단하고 폄훼할 수 없는 그 무엇임에도 말입니다.

> 그러니까 광주는 고립된 것, 힘으로 짓밟힌 것, 훼손된 것, 훼손되지 말았어야
> 했던 것의 다른 이름이었다. 피폭이 아직 끝나지 않았다.
> ―『소년이 온다』

그리고 오늘 새벽 모두가 잠든 사이에 전해진 그의 수상 소감.
"깊이 잠든 한국에 감사드린다."

이 수상 소감이 중의적으로 들리는 것은… 찬란한 녹색의 봄 5월을 늘 또 다른 색깔로 떠올려야만 하는, 우리의 슬픈 습관에서 연유하는 것일지도 모르겠습니다.

●〈임을 위한 행진곡〉.

追考 이명박 정부 2년 차로 들어선 2009년의 5·18 광주민주화운동 기념식을 시작으로 〈임을 위한 행진곡〉은 본행사에서 제창이 금지되었다. 일부 보수단체의 반대 때문이라고 했지만, 아마 이명박 대통령 자신도 부르기 싫었을 것이다. 그는 그해부터 아예 기념식에도 나타나지 않았다. 이 앵커브리핑을 쓴 2016년 5월은 여전히 박근혜 정부하에서 제창이 금지되고 있던 때였고, 결국 다음 해 문재인 정부가 들어서면서 9년 만에 〈임을 위한 행진곡〉은 제창으로 제자리를 찾았다. 참고로 제창은 참석한 모든 이들이 함께 부르는 것, 합창은 단상 위의 합창단만 부르면 되는 것. 제창이 금지됐던 2010년 〈임을 위한 행진곡〉을 대신해 경기 민요가 편성되었으나 유족들의 항의로 결국 부르지는 못했다. 그 노래는 〈방아타령〉이었다.

걸그룹 멤버들은 고개를 깊이 숙여 사죄했습니다. 눈물도 흘렸습니다.

"어떻게 독립투사의 사진도 몰라보느냐."

빈약한 역사의식에 대한 비난은 소나기와 같았습니다. 마치 기다렸다는 듯이 욕설과 비아냥이 쏟아졌습니다.

그렇다면 지금 소개해드리는 이 내용은 어떻게 받아들여야 할까요. 주진오 상명대 교수에 따르면, 고등학교 2학년생을 대상으로 역사의식을 조사했더니 상하이 공원에서 폭탄을 던진 인물이 '안중근'이라고 답한 학생이 40%, 5·16을 주도한 이가 '전두환'이라 답한 학생이 60%를 넘었다고합니다. 바로 며칠 전 있었던 역사교육 대토론회에서 나온 이야기입니다.

역사학자는 우리에게 묻고 있습니다. 정권이 바뀔 때마다 부침을 겪는 역사교과서, 청문회에 나와 역사적 사실에 대한 답변조차 얼버무리는 공직자들. 그리고 우리 안에 들어 있는 역사 왜곡은 어찌할 것인가.

생각해봄 직한 일들은 또 있습니다.

"누가 국민에게 총을 쏘라고 하겠느냐."

— 전두환

'오해'라고 주장한 당시의 최고 권력자. 계엄군의 학살을 '해산작전'이라 서술한 국가보훈처의 안내 책자. 멀쩡한 시민을 두고 광주에 투입된 북한군이라 주장했던 몇몇 사람들. 그리고 수십 년간 불려온 그 노래가 불순한 의도를 품고 있다 하여 붙들어 맨 사람들… 이들에게는 다행스럽다 할 만한 설문조사 결과가 여기 하나 더 있습니다.

젊은 2030 세대를 대상으로 한 조사 내용입니다.● 〈임을 위한 행진곡〉 가사를 '전부 다 알고 부를 수 있다'고 답한 청년은 단 7%였고, 가사를 '전혀 모른다'는 청년이 65.2%였습니다. 노래 자체를 '들어본 적 없다'(37.8%)거나 '잘 모르겠다'(20.9%)는 청년도 약 59%에 달했습니다.

그날을 기억하는 사람들이 점차 줄어들고 있는 사이에, 우리가 걸그룹의 빈약한 역사의식에 분노하고 있는 사이에… 누군가는 그렇게 또다시 잊히기만을 바라고 있는 것은 아닐까.

나는 왜 조그마한 일에만 분개하는가
— 김수영, 「어느 날 고궁을 나오면서」

시인은 잃어버린 자유를 위해서가 아니라 50원짜리 기름덩어리 갈비에 분노하고… 땅 주인 대신 이발쟁이에게, 구청 직원이 아닌 야경꾼에게, 힘없고 작은 무언가에게만 분노하는 자신을 탓합니다.

● 「"임을 위한 행진곡 가사 모른다" 65% … 일부선 "김광석 노래인 줄 알았다"」, 『중앙일보』 2016. 05. 18.

모래야 나는 얼마큼 작으냐

바람아 먼지야 풀아 나는 얼마큼 작으냐

정말 얼마큼 작으냐…

— 「어느 날 고궁을 나오면서」

정작 기억되어야 할, 규명되어야 할 진실은 또다시 망각되어버릴지도
모를 오늘 5월 18일에…

믹 잭슨(Mick Jackson) 감독의 영화 〈나는 부정한다〉, 원제 *Denial*은 이미 역사 속에 사실로 존재하는 유대인 학살, 홀로코스트에 대한 부정에 맞서 이를 사실로 증명해가는 과정을 그려냅니다. 재야 역사학자 데이비드 어빙(David Irving)은 홀로코스트에 대한 명백한 증거가 없다면서 이를 원천적으로 부정합니다.

    "히틀러가 학살을 명령한 기록을 가져오라."

        — 영화 〈나는 부정한다〉

그는 신나치주의자들의 열렬한 지지 속에 그 영향력을 키워가지요. 이미 누구도 부정하지 않았던, 그래서 당연시되었던 역사 속의 진실은 과학적이고 실증적인 증거를 내놓으라는 집요한 공격과 맞닥뜨리게 되고… 홀로코스트를 연구해온 미국의 역사학자 데보라 립스타트(Deborah Lipstadt)는 어빙과의 소송전에 뛰어들게 된다는 것이 이 영화의 시작입니다. 홀로코스트는 사실이며 진실이라는 믿음만으로는 증거 부족을 이유로 역사를 부정하는 쪽을 굴복시킬 근거가 될 수 없다는 것. 그래서 영화는 그 실체적 근거를 냉정하게 제시하는 과정을 그리게 됩니다.

    "민간인 학살은 없었다. 발포 명령자도 없었다."

이것은 제가 오늘 말씀드리는 영화에 나오는 대사가 아닙니다. 누구의 말인지는 다음의 발언으로 금방 아실 수 있을 겁니다.

"나는 광주사태 씻김굿의 제물" 그렇습니다. 전두환 씨의 회고록에 나오는 말입니다.

80년 5월을 그저 묻어두고 싶었던 이들 역시 끊임없이, 집요하게 그날을 왜곡하고 폄훼하려 애써왔습니다. 그들은 증거가 없다는 주장에 더해 아예 거짓 증거를 퍼뜨리는 것도 주저하지 않았습니다.

'북한 특수부대의 개입'   '시민군이 먼저 발포'
'북을 찬양하는 노래'   '5·18 유공자들이 국가고시를 싹쓸이'

그 반복되는 폄훼와 왜곡으로 시민들은 노래조차 부르지 못했습니다. 그러나 거짓이 참을 이길 수는 없다고 선한 사람들은 수없이 되뇌어왔고, 끝내는 '이 빛나는 계절에 세상을 바꾸어' 놓았지요.

"이 빛나는 계절에 위대한 시민들은 세상을 바꾸어놓았다."
―황석영(작가)

그리고 문재인 정부는 마침내 오늘, 발포 명령자의 책임을 묻겠다고 선언하고 있습니다. 역사 속에 분명히 존재해서 모두가 당연하다고 생각했던, 그러나 증거가 없다고 부정되고 왜곡돼왔던 그 진실은… 결국 차갑게 드러날 것인가.

영화 〈나는 부정한다〉가 마치 우리를 위해 남겨준 듯 느껴지는 두 가지의 대사를 소개해드립니다.

"홀로코스트는 아무리 시간이 지나도 잊혀선 안 되는 슬픔 이상의 것이다."

"모든 주장이 동등하게 대우받아선 안 된다. 부정할 수 없는 진실은 존재한다."

追考 영화 〈나는 부정한다〉를 이 브리핑을 쓰기 며칠 전에 보았다. 그보다 한 달여 전인 2017년 4월 3일 『전두환 회고록』이 출간되었다. 영화와 그의 회고록을 연결시킨 건 자연스러운 일이었다. 전두환 씨는 5·18을 폭동으로 규정하고 헬기 사격을 부정했다. 특히나 헬기 사격을 목격했다고 증언한 조비오 신부를 '파렴치한 거짓말쟁이' 등으로 비난했다. 그는 이 때문에 사자명예훼손으로 피소됐지만 모든 것을 부정한 채 2021년 11월 23일 세상을 떠났다. 그의 사망 소식에 특별한 감흥은 없었다. 아마도 그로 인해 오랜 세월 동안 너무 많은 감정을 소비해서였을 것이다.

미국 시각 1980년 5월 22일 오후 4시, 백악관 상황실. 광주에서 첫 집단 발포가 벌어진 직후에 미국 정부의 주요 인사들이 모인 이른바 관계 기관 대책 회의가 열렸습니다. 이 회의는 철저히 미국의 안보 논리에 의해 진행됐고, 미국은 그 직전에 있었던 신군부의 발포 행위를 받아들였습니다.

> 공수여단은 반드시 필요한 경우나 생명이 위험한 경우 발포하도록 권한을 승인받았다. —미국 국방부 정보보고서

누군가는 이를 '시민군에 대한 사형선고'라고 표현했습니다. 광주 시민의 생사를 결정한 것이나 다름없는 이 회의에 걸린 시간은 불과 75분. 그사이 광주 시민들은 하루만 더 버티면 미국이 도우러 올 것이라고 믿었으니… 아이러니, 즉 예상과는 반대의 비극적 결말은 이미 준비되고 있었던 셈입니다.

당시 그 회의의 정황을 보다 자세히 기록한 메모에 가장 많이 등장하는 이름은 오랜 독재 끝에 전 재산이 단돈 29만 원밖에 안 남았다고 주장했던… 그리고 최근의 자서전에서는 한 발 더 나아가 "나는 씻김굿의 제물"이라 주장하고 있는 당시의 젊은 권력자.

"전두환에 반대하는 움직임을 보이는 것은 좋지 않습니다."

— 해럴드 브라운(Harold Brown, 당시 미 국방 장관)

최근에 이 메모를 발견한 이들은 역시 아이로니컬하게도 광주민주화운동 당시 시민들에 의해 불에 타버렸던 한 방송사의 기자들이었습니다.[●] 이러한 역사의 아이러니는 또 어떻게 설명될 수 있는 것인가.

그래서 덧붙이는 이야기. 종교가 없는 사람들에게도 익숙한 이 노래, 〈어메이징 그레이스(Amazing grace)〉는 아메리카 대륙의 원주인이었던 체로키 인디언들이 불러왔던 노래입니다.

코드명 '체로키'. 미국이 1980년 5월을 전후한 한반도 위기관리를 위해 조직했던 비상대책팀의 이름이기도 합니다. 그들은 대한민국의 광주를 이야기하면서… 우연인지 의도적인지 자신들이 학살한 인디언 부족, 체로키의 이름을 코드명으로 사용했습니다.

[●] 광주 MBC 기자들은 1980년 당시 미 국무부 국제안보담당 차관보인 니콜라스 플랫(Nicholas Platt)이 그해 5월 22일에 백악관 정책 검토 회의에서 직접 작성한 메모 10여 페이지를 발굴했다.

스무 살을 갓 넘긴 뉴욕 브루클린 출신의 청년은 제2차 세계대전이 한창이던 1943년에 미 육군 항공대의 폭격수로 참전합니다. 그의 임무는 독일이 점령한 도시에 폭탄을 떨어뜨리는 것이었습니다. 성실하게 임무를 수행했던 젊은 폭격수는 그러나 전쟁 이후 참혹한 진실과 마주하게 됩니다. 민간인 5명이 사망했다고 기록된 체코의 플젠에서 실은 수백 명의 민간인이 죽었다는 말을 들었고… 그가 역시 폭탄을 투하했던 프랑스 로얀에서는 1,000명 넘는 민간인이 사망했다는 기록을 보게 된 것이죠.

하늘에서는 땅 위의 비명 소리가 들리지 않는다.
나는 어떻게 평범한 사람들이 희생자를 적으로만 바라보면서 잔혹한 행위에 가담하는지 이해하기 시작했다.

청년은 큰 충격을 받았고 전쟁의 기억을 봉한 봉투에 이렇게 썼습니다.

Never… Again… (결코… 다시는…)

그의 이름은 하워드 진(Howard Zinn, 1922~2010). 그는 역사학자가 되어 미국이 세계 각지에서 수행한 숱한 전쟁의 참상을 고발하는 데 온 힘을 바치다가 7년 전에 세상을 떠났습니다.

그리고 그들 역시 마찬가지였을 것입니다. 폭탄을 싣고 광주로 향하려 했다던 젊은 공군 조종사들. 작전은 실행으로 옮겨지진 않았지만 그들은 목표가 무엇인지 선명하게 알고 있었고⋯ 이 혼란스러웠던 당시를 저희에게 증언했습니다.

"적군이 아닌 민간인인데 폭탄을 떨어뜨리면 어떻게 하나⋯"
　　—5·18 당시 전투기 훈련생, 예비역 공군 장군

또한 지금도 어디선가 숨죽이며 상처를 감추고 있을 당시의 진압군들. 길고 긴 시간 동안 피해자도 가해자도 고통을 받고 있는데 학살의 지휘자는 오히려 당당함을 입에 올리고 있으니⋯ 80년 5월의 그 도시는 아직도 우리에게 현재로 남아 있는 것인지도 모르겠습니다.

젊은 조종사들이 밤하늘에서 내려다본 도시의 풍경은 참으로 평화로웠을 것입니다. 창문마다 새어 나오는 작은 불빛들. 그 하나하나는 너무나도 작아서 보잘것없어 보일지라도 모두는 함께 모여 어둠을 밝히고 있지요. 그리고 그 수많은 불빛들을 전부 가릴 수는 없듯이⋯ 감추려 해도 감출 수 없는 그 오래된 진실들과 지금 우리는 비로소 마주하고 있는 중입니다.

Never⋯ Again⋯

프랑스의 궁정화가였던 자크 루이 다비드(Jacques Louis David)가 그린 〈나폴레옹 1세의 대관식〉. 루브르를 들른 이라면 누구든 이 웅장하고 화려한 그림 앞에 멈춰 설 수밖에 없습니다. 그런데 나폴레옹의 대관식이라면서 왜 그림 속의 장면은 왕비 조제핀에게 관을 씌워주는 모습일까.

사실 그날 나폴레옹은 대관식 도중에 교황이 들고 있던 관을 빼앗아 자기 머리 위에 올렸습니다. 자신이 교황의 권위를 초월한 존재임을 과시하고 싶었던 것이었습니다. 그러나 어용御用 화가 다비드는 혹여나 논란이 될까 두려워해서 그 장면을 그리지 않았습니다. 그는 스스로 왕관을 쓴 나폴레옹이 왕비 조제핀에게 관을 씌워주는 순간만을 그림에 담았고 영웅의 신화는 그렇게 완성됐습니다.

하긴 나폴레옹이 유배당했던 엘바섬을 탈출해서 파리로 입성하기 직전까지 20일 동안 시시각각 변화했던 프랑스 언론들의 논조를 보면… 다비드의 그림 정도는 애교일지도 모릅니다.

살인마, 소굴에서 탈출

괴수, 카프에 도착

폭군, 리옹을 통과

약탈자, 수도 60마일 지점에 출현
어제 **황제 폐하**께옵서는 … 궁전에 듭시었다.

— 손석춘, 『신문 읽기의 혁명』

나폴레옹에 대한 호칭은 '살인마' '괴수'에서 시작해 '폭군' '약탈자'로 조금씩 순화되더니, 급기야 '황제 폐하께옵서는 … 궁전에 듭시었다'는 낯 뜨거운 표현으로까지 변모합니다. 권력에 엎드린 언론을 이야기할 때 가장 많이 인용되는 장면이기도 하지요. 예술과 언론은 그렇게 해서 나폴레옹에게 왕관을 씌워준 것입니다.

한강을 넓고 깊고 또 맑게 만드신 이여
이 나라 역사의 흐름도 그렇게만 하신 이여
이 겨레의 영원한 찬양을 두고두고 받으소서

— 서정주, 「처음으로」(전두환 대통령 각하 56회 탄신일에 드리는 송시)

신군부 우두머리의 56회 생일을 기념해 지어졌다는 송시.

"깡패 같은 놈들이라 치켜세우면 덜 죽일 것 같아서"

— 서정주(시인)

세상 물정에 어두웠다던 시인은 훗날 그렇게 말했다지만, 그것이 단순히 '천진'함으로 기억될 수 없음을 우리 모두는 알고 있습니다. 또한 다비드의 그림 속 나폴레옹처럼 스스로 권력이 되었던 그가 권좌에 있는 동안…

제가 몸담은 언론의 모습 역시, 나폴레옹 앞에 엎드렸던 언론의 모습과 크게 다르지 않았습니다. 미당 서정주의 시 역시 그에 비하면 애교였을지도 모르지요.

그렇게 37년. 언론이 외면했으며 목격자들은 가슴에 묻었던 광주의 이야기들은 다시 세상으로 나오고 있습니다. 독재자에게 씌워졌던 관은 이미 벗겨진 지 오래지만… 그에게 관을 씌워주었던 언론에도 지금은 참으로 처연한 계절입니다.

〈모래시계〉를 만든 사람을 용서할 수 없다

"〈모래시계〉를 만든 사람들을 용서할 수 없다."

— 김택근, 『새벽 : 김대중 평전』

벌써 20여 년 전이 됐습니다. 지난 95년 당시 드라마 〈모래시계〉는 '귀가시계'라고 불렸던 이른바 국민드라마였지요. 그런 드라마를 놓고 김대중 전 대통령은 왜 그리도 날 선 평가를 했을까?

〈모래시계〉는 아시다시피 한 고향에서 자란 친구들이 격동의 근대사 속에서 겪는 파란만장한 개인사들을 다루고 있습니다. 그런데 유독 비열한 깡패 두목, 즉 나쁜 배역이 쓰는 말투는 전라도 사투리였습니다. DJ는 그걸 지적한 것이었지요. 알게 모르게 우리들 머릿속에 주입돼왔던 지역색이라는 것은 이렇게 단순하고도 무서운 것. 소위 사실성이란 걸 살린다는 이유로 매스미디어는 고의든 실수든 왜곡을 자행하고, 그렇게 생산된 왜곡된 인식은 또다시 사실성을 확보하는 악순환을 반복합니다.

김대중 전 대통령이 정치를 시작하기 전부터 한국 사회의 특정 지역은 정서적으로 고립돼왔습니다. 그것의 역사성을 따지는 것 자체가 너무 지난할 정도로 말입니다. 수준 낮은 정치가 만들어낸 한국사의 비극이라 할 것이고 그 정점에 광주민주화운동이 있었음을 우리는 부인하기 어렵습니다.

실탄 130만 발 / TNT 450파운드 / 세열수류탄 4,890발 / 66mm 로우 74발 / 20mm 벌컨포 1,500발 / 클레이모어 180개

80년의 신군부가 광주에 풀어놓은 가공할 무기들입니다. 같은 민족을 상대로 준비했다는 무기들이라 믿을 수 있을까. 신군부 세력이 아무리 부인해도… 그들은 80년 광주의 진실을 왜곡하고, 광주와 전라도를 차별하고 배제함으로써 자신들이 저지른 행위를 정당화했습니다. 아니, 사실은 그 이전부터 그들의 인식 속에는 전라도에 대한 왜곡된 인식이 자리 잡고 있었던 것은 아닐까.

군인들은 자신이 '점령군'이란 인식을 갖고 광주 시민을 외국인처럼 다뤄
　　—미국 국방정보국 2급 비밀문서, 1980년 6월 11일

미국 정보 당국의 문서는 베트남전에 참전했던 신군부가 광주 시민을 베트콩처럼 인식하고 있었다 말하고 있지만, 그들의 행위에는 이미 전라도 사람에 대한 편견과 왜곡이 작용했던 것은 아닐까.

광주항쟁은 7일간의 고립 끝에 풀렸지만, 지난 37년간 광주는 여전히 편견 속에 갇혀서 비틀려왔습니다. 그리고 이제는 벗어날 때도 되었습니다. 마치 광장 이전에 우리가 겪었던 시대… 블랙리스트와 화이트리스트, 혼이 비정상인 국민과 정상인 국민, 세월호 참사 앞에서 단식하던 사람들과 피자를 먹던 사람들로 나뉘어 있던 그 시대로부터 벗어나야 하는 것처럼 말입니다. 그렇게만 된다면 DJ도 〈모래시계〉를 용서할 수 있겠지요.

오늘은 전두환 씨가 잊었을지도 모를 그의 대통령 당선일

2018. 08. 27.

해양작가 천금성(1941~2016).

그는 고된 뱃일을 견뎌내며 소설을 썼습니다. 달빛 출렁이는 선창 아래서 적어 내려간 글은 거친 바다를 건디게 하는 힘이었습니다. 자신의 작품이 신춘문예에 당선되었을 때도 그는 배에서 소식을 들었다고 합니다.

"그는 한국의 멜빌이요, 콘래드이며 생텍쥐페리이다."

　　─송재영(평론가)

"바다와 사투하는 치열한 … 문학적 깊이"

　　─이문구(소설가)

천금성은 헤밍웨이처럼 바다 이야기를 쓰고 싶다 말했습니다. 그런 그의 인생이 어긋나기 시작했던 계기는 바다가 아닌 뭍에 딱 한 번 발을 들인 이후였습니다.

"전두환 장군의 전기를 써보지 않겠느냐." 착수금 50만 원을 들고 찾아왔던 허문도 중앙정보부장 특별보좌관과의 만남. 원고지 1,200장 분량의 전두환 전기 『황강에서 북악까지』는 그렇게 만들어졌습니다.

"그분의 생애를 더듬는 동안 줄곧 뭉클한 감동 … 위대한 이야기는 이제부터 시작이라고 믿는다." ─천금성

'전두환의 전기 작가'…
이후 그는 더 이상 한국의 헤밍웨이가 될 수 없었습니다.

"바다에서도 육지에서도 설 자리가 없어졌다." — 천금성

낙인은 오랜 세월 그를 짓눌렀고, 인세를 받아 배를 하나 사려 했다던 작가는 자신이 쓴 그 글의 굴레에 갇혀서 쓸쓸하게 잊혀갔습니다.

반면, 『황강에서 북악까지』의 주인공인 젊은 장군은 긴 시간 권력을 무기로 살아남아 당당함을 이야기했습니다. 그 당당함은 종래에는 그 스스로 펜을 들어 자신만의 시대적 소명을 논하게 만들기도 하였지요.

폭동은 폭동일 뿐
(나는) 씻김굿에 내놓을 제물 … 십자가는 내가 지게 됐다.
(조비오 신부는) 가면을 쓴 사탄
—『전두환 회고록』

그러나 과함은 모자람만 못하다 했던가. 총으로 일어섰던 그는 펜으로도 뭇 사람들에게 상처를 입혔고…

법정을 거부한 그의 이유는 이랬습니다.

"방금 전의 일들도 기억하지 못하는 지경의 알츠하이머…" —전두환 씨측 입장문

그는 모두 잊은 것인가. 아니, 그것은 잊힐 수 있는 것인가.

"바다에서도 육지에서도 설 자리가 없어졌다." 작가 천금성은 그날의 선택을 수없이 되새김했을 회한의 순간을 잊지 못했을 것입니다.

반면, 자신이 주역이 되어 가해했던 봄날 그 거리에 대한 모든 기억을 잃었다 하는 가해자는… 지금으로부터 꼭 38년 전인 바로 오늘 대통령에 당선되어 당시엔 영원할 것만 같았던, 그러나 지금은 잊었다 하는 가장 높은 권좌에 올랐습니다.

> 追考   천금성이 쓴 『황강에서 북악까지』는 당시엔 어찌 됐든 화제작이었다. 물론 좋은 뜻에서는 아니다. 그것은 이른바 5공화국판 '용비어천가'였고, 누군가들에게는 필독서였을 것이다. 강가에서 태어나 청와대까지… 그래서였을까? 그가 한강을 개발한다고 파헤쳤을 때, 그 '선견지명'을 추켜세운 방송 특집 프로그램의 제목은 〈누가 자갈을 보았는가〉(MBC 다큐멘터리 1986. 09. 09 방영)였다.

당신의 지구만 납작하다

"지구는 납작하다. 눈앞에 놓여 있는 진실이다."

이것은 그의 신념이었습니다. 미국 NBA 스타 카이리 어빙(Kyrie Irving). 물론 개인의 신념이니 누가 뭐라 할 수는 없는 일입니다. 그러나 그의 말이 전파를 타고 나간 순간 당장 중·고등학교에서 사달이 났습니다. 선생님이 아무리 설명을 해도 몇몇 학생들은 지구가 평평하다고 생각했습니다. 일선 학교에서는 원성이 터져 나왔고 한참 뒤에야 어빙은 당시 자신의 말이 경솔했음을 인정했다고 하는군요.

"발언의 파장을 미처 생각하지 못해… 사과드린다."

그의 속마음은? 글쎄요, 그건 잘 모르는 일이죠.

"택시 운전사 김사복은 빨갱이로 알려져 있다." ―지만원

사자명예훼손 혐의로 검찰에 넘겨진 그의 주장 역시 그 나름의 근거가 있었다고 했습니다. 갑자기 택시를 몇 대 더 구입했으니 모종의 좌익 정치 세력에서 자금을 받은 것이 아니냐 하는 추측…

"아직도 그런 걸 믿느냐" 싶다가도, 그런 주장을 믿고픈 이들은 여전히 존재하는 모양이어서… 상처 입은 가족들은 그의 주장이 사실이 아님

을 증명하느라 노력과 시간을 허비해야만 했습니다. 더구나 그는 이른바 과학적 근거를 들어서 광주 시민을 남파 간첩이라 여전히 주장하고 있으니… 그런 사람들의 존재와 그로 인해 겪는 아픔은, 민주사회라면 으레 기생하는 종양에 의한 통증 같은 것이라 여겨야 할까.

> "확정적 또는 미필적으로 허위임을 인식한 것 … 사회 불신과 혼란이 확대됐
> 고 그로 인한 피해는 온전히 사회 전체의 몫으로 돌아갔다."
> ─ 변희재 미디어워치 대표고문에 대한 1심 선고이유, 서울중앙지법 재판부, 2018년 12월 10일

온 국민이 태블릿 PC 전문가가 되어서 복잡한 전문 용어들을 하나하나 따져봐야 했던 그 지난한 시간들도 마찬가지겠죠. '과학'과 '진실'의 허울을 뒤집어쓴 주장들은 나날이 진화하고 있으니… "아직도 그런 것을 믿느냐"며 무시하고 넘어가기에는 사회적인 소음과 낭비가 집요하고 극심해서… 마치 악화가 양화를 구축하듯 세상은 거꾸로 가버리지 않을까 되레 걱정되는 지금.

"지구는 납작하다."
아마 카이리 어빙은 지금도 그렇게 믿고 있을지 모르지요. '혼자서'.

지금의 세상을 어지럽히는 그들 역시 그 신념이 진심이든 아니면 그 어떠한 정치적 의도가 섞여 있든, 부디 '혼자서'. 우리가 사는 지구가 납작한 것이 아니라, 당신의 지구만 홀로 납작한 것이니.

"시위는 허가하지 않지만 자연발생적인 분노 표출에는 관여하지 않을 것"

　　　—아돌프 히틀러

그것은 합법을 가장한 선동이었습니다. 7,000여 개 유대인 상점과 개인 주택이 약탈당한 1938년 11월 9일.

"수정의 밤이 찾아왔고… 모든 것이 변했다."

　　　—막스 라인(Max Rein, 역사학자)

깨어진 유리창이 마치 수정처럼 빛났다 하여 역사는 그날(1938년 11월 9~10일)을 '크리스탈 나흐트(Kristallnacht)' 즉 수정의 밤이라고 기억합니다.

"유대인은 진짜 독일인이 아니다."
"우리의 등에 칼을 꽂은 유대인을 척결하자."
"기생충인 유대인을 박멸해야 한다."

　　　—아돌프 히틀러

유대인 대학살의 전주곡이 된 이 사건은 히틀러의 끊임없는 유대인 혐오 발언에서 비롯됐습니다. 이른바 헤이트 스피치(Hate Speech), 무언가 특정한 목적을 가지고 타인을 의도적으로 해하고자 하는 발언. 사람이 내뱉는 말이 두려운 이유는 그것이 결국에는 사람의 영혼까지 파괴할 수도 있기 때문이겠지요.

그러나 민주사회에서는 나의 입이 자유롭듯 타인의 입 또한 자유로워야 하는 것이 원칙이니, 지금의 소동 또한 어찌할 수 없는 일이라고 해야할까.

"5·18 유공자라는 이상한 괴물 집단을 만들어내… 세금을 축내고 있습니다."
— 김순례(자유한국당 의원)

"폭동이 민주화운동으로 된 겁니다."
— 이종명(자유한국당 의원)

"5·18 문제에서만큼은 우리 우파가 결코 물러서선 안 된다고 생각합니다."
— 김진태(자유한국당 의원)

그들은 국회 한복판에서 80년 광주의 시민을 일컬어 종북 좌파가 만들어낸 '괴물'이자 '폭도'라고 했습니다. 이미 역사적 검증과 법적 판단이 마무리된 지 오래되었고 당시의 권력자조차 부정한 이 사건에 대한 주장이었습니다.

"(북한 특수군) 600명이 뭔데? 난 오늘 처음 듣는데"
— 전두환, 『신동아』 인터뷰, 2016년 5월 17일

이 역시 합법을 가장한 보이지 않는 선동은 아닐까. 총 대신 입으로 가하는 학살은 40년이 지난 오늘까지 길게 이어지고 있습니다.

그러니까 광주는 고립된 것, 힘으로 짓밟힌 것, 훼손된 것, 훼손되지 말았어야 했던 것의 다른 이름이었다. 피폭이 아직 끝나지 않았다.

　　— 한강, 『소년이 온다』

80년의 광주를 작품에 담았던 작가 한강은, 학살의 그 시간 이후에도 여전히 달라지지 않는 세상을 바라보며 불쑥 중얼거렸던 것입니다.

역사에 대한 시각은 다양할 수 있다는 말 한마디로… 그들이 깨뜨린 역사의 유리창이 또다시 수정처럼 처연하게 빛나는 밤.

태극기를 거꾸로 들어도…

태극기를 망설임 없이 한 번에 그릴 수 있을까?

혹시나 민망한 분들을 위해 통계로 답을 대신한다면, 태극기를 제대로 그릴 줄 아는 사람은 전체 열 명 중 여섯 명꼴. 어떤 조사는 열 명 중 셋밖에 안 된다는 결과도 있습니다.

그래서인지 태극기를 둘러싼 실수담은 차고 넘칩니다. 대통령이 거꾸로 된 태극기를 흔드는 민망한 일도 있었고, 대통령특별기에 달린 태극기도 한때 물구나무를 섰습니다. 방송사마저 태극기를 거꾸로 사용한 일은 예전부터 가끔씩 벌어진 일이었습니다. 그래서 '우리의 국기는 왜 이리 복잡하게 만들어졌을까' 하는 푸념도 나올 만합니다. 그러나 태극기란 거꾸로 들었건 잘못 그렸건, 그 자체로 의미를 갖는 것이 아닐까.

나라를 빼앗긴 사람들이 마지막까지 품고자 했던 간절함의 상징. 물론 제 모양을 갖추면 더욱 아름답겠지만 태극기가 어떤 모양이든 본질은 달라지지 않는 법이니까요.

※ 2008년 8월 9일 베이징올림픽 경기를 관람하는 이명박 대통령이 거꾸로 달린 태극기를 쥐고 흔든 일이 있었고, 2007년 2월 13일 노무현 대통령이 남유럽 순방 때 타고 간 전용기에도 태극기가 거꾸로 걸려 있었다.

이른바 '태극기 부대'. 그들 또한 태극기를 거꾸로 흔들었습니다. 하긴 그들이 거꾸로 흔든 것은 태극기만은 아닙니다. 남의 나라 국기인 성조기도 거꾸로 흔들긴 했지요. 그것을 탓하는 것은 아까 말씀드린 대로 어찌 보면 본질적인 건 아닐 수도 있습니다. 그보다 사실 더 본질적인 '불편함'은 무엇인가.

80년 5월의 광주. 그 순간을 눈으로 목격한 이들은 하나같이 태극기를 마음에 담았습니다. 왜 우리는 국가권력의 총에 맞으면서도 태극기를 흔들었을까. 왜 군인이 죽인 시민들의 관에 태극기를 덮었던 것일까…

그리고 훌쩍 40년이 지나 지금 태극기를 흔드는 사람들은 왜 가해자를 비호하고 피해자를 괴물이라 부르는가. 그들이 위와 아래를 뒤바꾼 채 흔드는 태극기는 비뚤어진 우리의 아픈 역사를 고스란히 내보이고 있습니다.

태극기 제대로 그리는 법. 거꾸로 그리지 않기 위해 하나하나 배우고 익혀야 할 '건·곤·감·리'의 법칙. 그러나 정작 배우고 익혀야 할 태극기의 정신은 무엇인가.

2. 알려줘야지, 우린 계속 싸우고 있다고

나는 2022년 2월 현재 일본에 산다. 이곳에 온 지 얼마 안 되어 나온 뉴스는 '머지 않아 한국과 일본은 역전된다. 한국이 G7에 들어가고 일본이 제외돼도 별 이상 할 것도 없다'는 것이었다. 일본 어느 교수의 주장인데, 특히 GDP(국내총생산)를 기준으로 하면 그렇다는 것이었다. 그 이후부터 나에겐 일상의 모든 일에 대해 한국과 일본을 비교하는 버릇이 생겼다. 그러다 보니 과연 그럴 것 같다는 생각 도 한다.

관공서나 은행 일만 해도 그렇다.(온 지 두 달 남짓된 나의 경험은 이제 겨우 그 정도의 범주에 국한돼 있다는 점을 감안해주시길) 그들은 대부분의 경우 사인이 아닌 도장을 찍어야 한다. 얼마나 불편한 일인가. 그래도 그걸 포기하지 못한다. 컴퓨터 화면 에 문서를 띄워놓고 패드 위에 도장을 찍으면 그게 문서상에 찍히게 해놓았다. 도장을 사인으로 바꾸는 사고의 혁신이 아니라 기껏 도장이 화면에 나타나도록 하는 기술의 혁신. 심지어 그 인감도장을 파는 데 일주일이 걸리는 바람에 모든 행정 업무를 늦춰야 한다. 그러니 좀 과격하게 말하자면 일본은 신칸센 빼고는 다 느린 것 같기도 하다. 결론은 뻔하다. 한국과 일본은 역전될 것이다.

그러나 반전도 있다. 그들은 느린 대신 치밀하다. 그들이 조선을 합병했을 때나 한일협정을 맺었을 때나 독도의 영유권을 주장할 때나 위안부 합의를 만들어냈 을 때나 치밀하지 않았던 적이 있었는가. 우리가 속도에 자만하고 일본의 한 교 수의 엄살에 쾌재를 부를 만큼 그들은 만만하지 않다. 그들이 신칸센에 대해 자 랑하는 것은 속도뿐만이 아니라 1964년 세계 최초로 개통한 이래 차체 시스템 결 함 문제로 인한 인명 사고가 한 번도 없었던 안전이다.

보도국으로 배달된 1,020만 원

어제 저희 JTBC 보도국으로 작은 상자 하나가 배달됐습니다. 5만 원권 지폐로 가득한 상자에선 편지 한 통이 나왔습니다. '평범한 서울 시민'이라고 밝힌 그분의 사연은 이랬습니다.

이번 위안부 협상 결과에는 진정 어린 사과는 없고 조건과 타협만 있었습니다. 우리가 원하는 것은 돈이 아니라 진심 어린 사과와 법적인 조치라는 점을 일본에 알리고 싶습니다.

그분은 아내와 자녀들의 뜻을 모아 빳빳한 5만 원권 204장, 1,020만 원을 보내오셨습니다.

정부나 정치인들이 저질러놓은 문제들은 항상 우리 국민들이 수습해왔고, 일본에게 사과 대신 받았다는 그 돈은 필요 없으니 차라리 국민이 성금을 모으는 게 더 낫습니다.

JTBC가 앞장서서 모금을 해달라는 부탁이셨지요. 규정상 저희가 임의로 모금을 할 수는 없는 노릇이어서 그 사정을 간곡히 말씀드리고 오늘 다시 돌려보내드렸습니다. 이분의 성함을 밝혀드릴 수는 없습니다. 다만, 서울에 사시는 평범한 가장이었습니다.

1,020만 원. 결코 작은 돈이 아니지요. 돈 상자는 오늘 다시 주인에게 돌아갔습니다만… 저희는 이분으로 대표되는, 이번 협상에 대해 시민들이 느끼는 복잡한 심경만큼은 꼭 전달해드리기로 약속을 했습니다.

며칠 전 청와대 홍보수석 명의의 입장이 나왔습니다.

"정부가 최선을 다한 결과에 대해 무효와 수용 불가만 주장한다면 앞으로 어떤 정부도 이런 문제에는 손을 놓게 될 것"

정부는 서운함을 감추지 않았습니다. 매우 강경하기도 했지요. 그러나 단지 서운함만으론 표현할 수 없는 복잡한 시민들의 마음은 그 깊이와 결이 사뭇 달랐습니다.

공동 진상조사와 보고, 국제법적 전쟁범죄의 공식 인정과 사죄, 보상과 배상, 추모 사업과 역사교육, 재발 방지 약속. 어느 것 하나 이루어지지 않은 채, 당사자의 의견 한 번 듣지 않은 채… 이른바 불가역적, 절대 되돌릴 수 없다는 그 합의를 내린 정부는 아직 용서하지 않은 소녀들을 향해 '이만하면 용서하라' 권하고 있습니다.

협상 결과를 본 아들은 정부가 사과를 요구하는 모습이 마치 약자가 구걸하는 것 같아 초라하다며 슬퍼했습니다.

돈 소포를 보내오신 그분은 이렇게 말했습니다. 그 아들은 고등학생이었습니다. 만약 '용서'를 해야 한다면 그 '용서'는 누가 해야 하는 것인가…

어제 배달된 시민의 돈 소포는 그렇게 국가에 묻고 있습니다.

5만 원권이 들어찬 상자라면 대개 정치권에서 왔다 갔다 하는 뇌물인 줄로만 알고 있던 우리에게, 그 돈 소포는 작지 않은 충격이었다는 것을 고백하며…

追考 당시 1,020만 원을 보내준 그 시민은 훗날 더 많은 돈을 보내어 JTBC가 기금 모금에 앞장서주기를 요청했다. 그러나 이미 쓴 대로 우리에겐 규정상 그럴 자격이 없었으므로 한동안 그 돈을 가지고 끙끙 앓다가 결국 2020년 겨울에 정중하게 다시 돌려드렸다. 그 역시 흔쾌히 이해하였음은 물론이다.

알려줘야지, 우린 계속 싸우고 있다고 2016. 01. 13.

칼바람 부는 거리에 소녀가 앉아 있습니다. 부산 초량동 일본총영사관 뒷문 앞입니다. 부산엔 청동으로 만든 소녀상이 없습니다.[●] 그래서 시민들은 그 자리에 의자를 놓고 앉아 대신 소녀상 역할을 하고 있다는군요. 감춰졌던, 잊혔던. 혹은 잊고 싶었던 소녀들의 이야기는… 역설적이게도 한일 정부의 합의안 발표 이후 더욱 주목을 받고 있습니다.

> "소녀상 이전될 것으로 생각 … 박 대통령과의 통화에서 사죄 언급,
> 그것으로 해결" ―아베 신조(일본 총리)

본질을 흐리려는 일본의 발언은 연일 이어지고 있고, 사람들은 일본과는 정반대인 '사죄의 독일'을 떠올립니다. 그러나 과거사를 대하는 독일과 일본의 차이는 매우 복합적인 배경에서 연유합니다.

> 독일은 이웃 나라들과 화해하지 않으면 생존할 수 없다고 느꼈고,
> 일본은 동아시아 국가들과의 관계는 무시해도 좋다고 생각해왔기 때문
>   ―「위안부 문제가 해결되었다고?」, 『한겨레』 2016. 01. 07.

● 이 브리핑이 방송되던 당시 부산엔 소녀상이 없었다. 부산 동구 일본총영사관 앞에 '평화의 소녀상'이 건립된 것은 그로부터 거의 1년이 지난 2016년 12월 28일이다.

『녹색평론』 김종철 발행인의 칼럼 중 한 구절입니다. 그들의 사과는 생존을 위한 방편이었다는 것. 그러나 그는 보다 중요한 것은 따로 있다는 지적을 빼놓지 않았습니다.

진심 어린 사죄와 무거운 책임의식 없이 문제의 해결이 가능하다고 생각하는 한없이 우열한 자들이 일본과 한국의 정치를 지배하고 있다.

참혹한 인권유린에 대한 사과 없이 '불가역적'이라 강조하는 일본. 그리고 이게 최선이었다고 강조하는 정부. 시민들은 그저 거리로 나설 수밖에 없었다고 말합니다.

감춰진 사실은 또 하나 있습니다. '강자에게만 사과하는 독일'. 『중앙일보』 남정호 논설위원이 소개한 독일의 또 다른 얼굴입니다.

독일은 20세기 초 아프리카 나미비아에서 8만 명에 가까운 양민을 학살했습니다. 그러나 독일은 사과하지 않았습니다. 학살 사실을 마지못해 인정한 것은 100년이 지난 뒤였고, 그것도 총리가 아닌 장관의 연설을 통해서였죠. 경제적 배상 역시 거부하고 있습니다. 사과하는 독일과 사과하지 않는 독일, 그 차이는 무엇인가?

"미국 내 유대인의 영향력은 강하고 나미비아인은 약하니까." 슬프게도 그게 국제사회이고 … 제대로 일본으로부터 사과받으려면 우리부터 강해져야 한다.
— 「강자에게만 사과하는 독일」, 『중앙일보』 2016. 01. 11.

차가운 현실론이기도 합니다. 어쩌면 그래서 오늘, 이런 얘기가 나왔
는지도 모르겠군요.

"지금 할 수 있는 최상을 받아내서 제대로 합의가 되도록 노력한 것은 인정해
주셔야 한다고 생각합니다."
—박근혜 대통령

그렇다면 제대로 된 사과도 법적 배상도 받지 못했고, 일본을 능가할
만큼 강하지도 못한 우리는… 이대로 매듭을 지어야만 하는 것인가.

영하의 날씨에 거리로 나선 2016년의 소녀들. 이 시대를 살아가는 평
범한 그들은 지난해 많이 회자된 영화 〈암살〉의 대사처럼 그렇게 마음속
으로 말하고 있는지도 모르겠습니다.

"알려줘야지, 우린 계속 싸우고 있다고."

벚꽃 잎 날리고 봄은 아름다운데… 사쿠라엔딩

2016. 04. 05.

바다 건너 제주에서 강원도 산골까지 전국이 흩날리는 벚꽃으로 물들었습니다. 봄바람과 함께 찾아온 벚꽃앓이에 〈벚꽃 엔딩〉이란 노래는 벌써 4년째 차트를 역주행 중입니다.

벚꽃이 흐드러지게 필 때면 항상 일어나는 논란, 바로 일제 잔재 이야기입니다. 벚나무는 일제가 1907년 창경궁에 처음 심었고 1924년부터 이곳에서 야앵夜櫻, 밤 벚꽃놀이가 열리기 시작했죠.

해방 이후 벚나무는 국적 논란을 피해 갈 수 없었습니다. 1980년대 초, 당시 창경원에 심어졌던 벚꽃 2,000여 그루는 궁을 복원하며 모두 뽑혔습니다. 진해 벚나무들도 한때 일제의 잔재라며 잘려나가다가 원산지가 제주 왕벚나무라는 DNA 검증 끝에 어렵사리 살아남았습니다. '윤중로 벚꽃축제'도 어느 사이에 '여의도 봄꽃축제'로 이름을 슬쩍 바꿨더군요.

기실 벚꽃은 아무 죄가 없습니다. 원죄는 광복 70년이 넘도록 역사를 바로 세우지 못하고 있는 한일 양국에 있을지도 모르겠습니다.

오늘은 한일 양국이 '12·28 위안부 합의'를 이끌어낸 지 딱 100일째 되는 날입니다. 그러나 일본 정부는 여전히 "강제 연행은 없었다"면서 목소리를 높이고, 일본 고교 역사교과서들은 오히려 뒷걸음질치고 있습니다.

일본 역사교과서의 서술 변화

- **일본군**에 **연행**됐다 ➡ **식민지**에서 **모집**됐다
- 위안부로 **끌려갔다** ➡ 위안부로 전쟁터에 **보내졌다**

그리고 일본은 그때마다 불가역을 외치고 있습니다. 그럼에도 '합의 정신' 이행만 강조하는 우리 정부에 사람들은 야속해했습니다. 그리고 좀 박하게 말하면… 그런 우리 정부가 유일하다시피 내놓은 단호한 조치는, 소녀상 지킴이로 나섰던 대학생을 미신고 집회를 개최한 혐의로 검찰에 송치한 것뿐입니다.

벚꽃의 일본명은 '사쿠라櫻'입니다. 우리나라에선 다른 속셈을 가지고 어떤 집단에 속한 사람을 '사쿠라'라 칭하기도 하죠. 그런데 사실 그 말의 유래를 따져보면 벚꽃 자체와는 상관이 없습니다. 이는 '사쿠라니쿠櫻肉', 즉 벚꽃 색깔을 한 연분홍빛 말고기에서 비롯된 것으로 '쇠고기인 줄 알고 샀더니 말고기더라'는 말에서 유래한 것입니다.

온 사방에 벚꽃 잎은 날리고 봄은 아름다운데… 오늘로 100일을 맞은 위안부 합의와 검찰로 송치된 젊은이를 보니, 쇠고기인 줄 알았던 말고기 즉 사쿠라니쿠가 떠올랐다는…

멈춰 선 시계… 네 마리의 종이학

1945년 8월 6일 오전 8시 15분.

히로시마 평화기념관에 전시된 이 시계는 원자폭탄이 떨어진 바로 그 시간 그 순간에 정지되어 있었습니다. 그들은 전범국, 즉 전쟁의 '가해국' 이었지만 민간인 피해자의 희생을 강조하며 가해국이 아닌 '피해국'으로 거듭나길 원해왔습니다. 멈춰버린 시계는 바로 그들의 그런 소망을 상징 하고 있습니다.

그로부터 70여 년이 지나서 그 원자폭탄을 떨어뜨린 나라의 대통령이 히로시마를 방문했습니다. 미국은 사과가 아니라고 공식적으로 이야기했지만 아마도 일본은 모든 외교적 역량을 총동원해 오바마를 그 앞에 세워 놓았을 것입니다. '마치 외교란 이런 것이다'라고 보여주듯이…

그리고 오바마가 직접 접었다는 종이학 네 마리가 언론에 대서특필됐습니다. 종이학 천 마리를 접으면 병이 나을 거라 믿었던 한 피폭자 소녀의 이야기. 치유의 소망을 담은 학을 접다가 끝내 세상을 등진 소녀는 세상을 떠난 지 60여 년이 지나서야 폭격을 가한 나라의 대통령이 접은 종이학을 받게 됐습니다. "동생도 기뻐할 것." 팔순을 바라보는 오빠는 이렇게 말했습니다. 이것이 심지어 전쟁의 가해국에서 진행되고 있는 일들입니다.

그리고 어제, 또 다른 시간과 관련된 이야기가 나왔습니다.

"할머니들의 평균 나이 89.4세 … 마흔두 분이 고령에 병환 … 해결해야 하는 시급함이 있다." — 김태현(일본군 위안부 피해자 지원 재단설립준비위원장)

당사자에겐 묻지도 않고 불가역적이라는 꼬리표를 단 사과를 그것도 '대신' 받아낸 정부는… 이제 바로 그 '시간'이 부족하다면서 자국의 피해자들에게 용서를 권합니다.

"나는 일본군 위안부였다." — 김학순 할머니, 1991년 8월

힘겨웠을 첫 증언 이후 흘러간 25년의 세월. 그 안타까운 시간들을 흘려보낸 국가가 말하고 있는 그 '시간'이란 무엇인가.

가해국의 피해자, 히로시마의 소녀 사다코의 오빠는 60여 년이 지나서야 '동생이 기뻐할 것'이라고 말했습니다. 가해국, 즉 전범국가의 수장이 갖은 역량을 발휘해 받아낸 그 종이학은 원폭 피해자들에게는 사과 그 이상의 의미로 다가왔겠지요. 이미 60년 전에 숨진 소녀에게, 그의 가족에게 멈춰 있던 시간은 누군가의 표현처럼 '시급'한 것은 아니었는지도 모르겠습니다. 다만 진정한 사과가 필요했을 뿐…

폭격의 순간 멈춰졌던 그 시계는 이제야 비로소 조금씩 초침을 움직이게 될지도 모르겠습니다. 그리고 정작 그 가해국으로 인해 고통을 당한 또 다른 이 땅의 피해자들은… 열일곱 남짓 꽃다운 나이에 멈춰버린 그 '시간'을 국가로부터도 외면당한 채 그저 '시간'이 없음을 강요당하고 있는…

追考 2016년 5월 27일 오바마가 미국 대통령으로는 사상 처음으로 일본의 원폭 투하지인 히로시마를 방문했다. 누가 봐도 일본 외교의 승리였다.
그보다 8년 전인 2008년 초에 나는 일본 외무성 초청 프로그램으로 도쿄를 방문한 적이 있었다. 다만 그들의 프로그램대로 움직이기는 싫어서, 당시 내가 하고 있던 〈손석희의 시선집중〉에 일본 요인들의 인터뷰를 낸다는 조건을 걸었다. 엿새 정도를 매일 내 마음대로 인터뷰만 하고 났더니, 그들은 이제 자신들의 요청도 들어달라면서 나를 히로시마로 안내했다. 이 브리핑에 나온 평화기념관의 시계나 종이학 접는 소녀는 그 방문 때 본 것들이다. 오바마가 종이학을 접었다는 뉴스를 접하면서 나는 그때의 일을 떠올렸다. 히로시마는 전후 일본 외교의 시작점이자 종착점이다.

끝나지 않을 이야기 "나는 살아 있다"

제주 '시인의 집' 소녀상 ⓒ오율

소녀는 외롭지 않았습니다.

제주시 조천읍. 뒤편에 바다가 내려다보이는 작은 북카페 입구에는 자그마한 소녀상이 놓여 있습니다. 철썩이는 파도 소리를 들으며 오도카니 앉아 있는 소녀는 오가는 손님들을 반갑게 맞이합니다.

소녀는 춥지 않았습니다.

마치 누이인 양 동생인 양 살뜰히 마음을 쓰는 사람들.

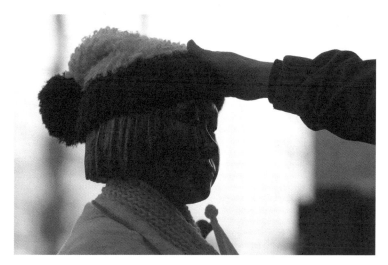

부산 일본총영사관 앞 소녀상

서울 일본대사관 앞 소녀상

또래의 소녀들은 두 번의 겨울을 텐트에서 보내며 소녀를 지켜주고 있
었습니다.

그리고 소녀는 슬프지 않았을 것입니다.

"니도 숙이가? 내도 숙이다."

남해 바닷가에서 조개를 줍다가 일본군에게 끌려간 소녀 박숙이 할머니는 자신과 꼭 닮은 소녀상의 손을 잡았습니다. 불과 며칠 전인 12월 6일 숙이 할머니는 세상을 떠났지만 남해 숙이공원에 서 있는 또 한 명의 숙이는 여전히 세상과 호흡하며 살아 있습니다.

　조선군은 왜군과 싸우지 말라.　―금토패문禁討牌文

임진왜란 당시 명나라 칙사였던 담종인譚宗仁이 내린 명령서, 금토패문의 전문이 처음으로 공개됐습니다. 왜군의 계책에 넘어갔던 그는 조선군을 향해 이렇게 명했습니다. "일본의 각 장수가 모두 갑옷을 풀고 돌아가고자 하니… 조선군이 왜군과 교전하면 처벌할 것이다."

그러나 이순신은 이 금토패문을 보고 크게 격노하며 장계狀啓를 올렸습니다.

왜는 간사스럽기 짝이 없어 신의를 지켰다는 말을 들은 적이 없습니다.

비록 상국인 명나라의 지시였지만 '받들 수 없다'는 거부였습니다.

그리고 400년이 지나 "사과는 이미 받았다. 더 이상 시간은 없다." 이제 싸움을 멈추라는, 그것도 소녀들의 고국인 우리 정부가 내린 명령서. '받들 수 없는' 시민들은 1년 전 오늘, 밀실에서 진행된 그 10억 엔짜리 합의를 인정할 수가 없습니다.

오늘 2016년의 마지막 수요집회는 마무리되었지만, 내년에도 후년에도 끝나지 않을 소녀들의 이야기… 남은 사람은 이제 40명뿐이고, 시간은 자꾸만 흐르지만… 시민들은 싸움을 그치라는 사람들을 향해 이렇게 말합니다.

나는 살아 있다.
나는 살아 있다.
나는 살아 있다.
　　　─실비아 플라스, 『벨 자』

"일본을 형님으로 모시겠소."

5·16쿠데타 직후인 1961년 11월 12일. 박정희 당시 국가재건회의 의장은 기시 노부스케岸信介를 비롯한 일본의 고위 정객들과 만나 머리를 깍듯이 숙이며 이렇게 말했다고 합니다. 이 일화는 그를 평가절하하기 위한 기록이 아니었습니다. 1965년 한일 국교 정상화의 주역인 이동원 전 외무부 장관은 당시 이 만남이 꺼져가던 한일회담에 다시 불을 지핀 계기가 되었다고 회고했습니다.

군사정변의 정당성을 획득하기 위해서라도 '경제'를 살려야만 했던 대통령. 고작 무상으로 받아낸 3억 달러에 위안부, 피폭자, 사할린 징용자 등 힘없는 피해자들은 뒷전으로 밀려났습니다. 가장 치명적이었던 것은 "완전히 그리고 최종적으로 해결된 것이 된다는 것을 확인한다"는 한일청구권협정 제2조였습니다.

"완전히 그리고 최종적으로…"

1965년에 던져진 이 단어들은 지금의 시대를 사는 이들에게 결코 낯선 단어가 아니죠.

"최종적 그리고 불가역적…"

우리는 50년이 지난 2015년, 그 아버지의 후계자를 자처한 대통령의 시대에 같은 말을 또다시 강요받아야 했습니다.

"일본을 형님으로 모시겠소." 우리는 아직도 그 시대에 살고 있는 것일까? 잘못된 역사의 매듭은 오랜 시간 상처를 남깁니다.

그래서일까. 85일 만에 다시 돌아온 일본대사는 밀린 빚이라도 받아내겠다는 듯 대통령 권한대행을 만나 담판을 짓겠다고 위세를 부렸습니다.

"대통령 권한대행 등을 만나 위안부 합의 실시를 강력 요구할 것"

—나가미네 야스마사長嶺安政(주한 일본대사)

그리고 일본대사가 돌아온 바로 그날. 이 봄에 떠난 또 한 소녀, 동백꽃 할머니… 꼿꼿함과 단아함으로 '동백꽃'이라 불렸던 아흔아홉 살의 소녀가 세상을 떠났습니다.● 그의 마지막 가는 길이 외롭지 않았음은 오로지 빈소를 가득 메운 소녀들의 배웅 때문이었을 뿐…

이른바 장미 대선에서 이기겠다고 벚꽃 유세는 한창인데… 누군가가 이기고 나면 그 누군가에게 일본은 형님이 아닐 수 있을까.

● 위안부 피해자 이순덕 할머니가 4월 4일 별세했다.

그런데 50여 년 후에도 그럽니까, 거기는?   **2017. 12. 27.**

　1964년의 초여름. 저는 제가 살던 서울 필동의 대한극장 앞 네거리에
서 있었습니다. 우리 나이로 아홉 살 제 앞에서 벌어진 풍경은, 연기 자욱
한 최루탄과 돌팔매질을 하던 대학생들. 그해 6월 3일을 기점으로 일어난
6·3항쟁의 시작이었지요. 아시는 것처럼 6·3은 당시 정부의 굴욕적인 한
일기본조약 체결에 반대한 운동이었습니다.

　일본의 침략 사실 인정과 가해 사실에 대한 진정한 사죄가 선행되지
않았고, 청구권 문제 등에서 한국 측의 지나친 양보가 국내에서 크게 논란
이 되었지만… 박정희 정부는 국가 재건에 필요한 돈을 일본으로부터 하
루속히 받아낸다는 명분으로 한일협정을 밀어붙였습니다.

　사실 이 한일기본조약의 태동은 그보다 2년 전인 1962년 그러니까 박
정희 소장이 쿠데타를 일으킨 다음 해, 즉 공화당 정권이 탄생하기도 전에
시작됐습니다. 당시 김종필 중앙정보부장과 오히라 마사요시大平正芳 일
본 외상 간에 밀실 협의에서 나온 이른바 김종필-오히라 메모.❋ 1965년
한일기본조약의 얼개가 그곳에 이미 들어 있었습니다.

❋ 김종필-오히라 메모(1962) : 일본이 한국에 제공할 청구권 액수에 관한 합의. 무상 3억 달러, 유상 2억 달
러, 수출입은행 차관 1억 달러 이상.

어찌 보면 과거사와 관련된 한일 관계의 모든 불협화음은 바로 그 메모에서부터 출발했다고 해도 과언이 아니지요. 그러나 당시 한일협정은 언론에 의해 정당화되었고, 김종필-오히라 메모가 나오기까지의 과정은 마치 영웅담처럼 미화되고는 했습니다.

36세의 김종필이 만난 청구권 협상 상대는 일본 외상 오히라 마사요시. 52세의 노련한 정치인.
JP는 '도요토미 히데요시처럼 두견새를 함께 달래서 울려보자'고 했다. 오히라는 '그 고사를 어떻게 아느냐'고 감탄했다.
— 김종필 증언록 '소이부답笑而不答', 『중앙일보』 2015. 05. 01.

결국 김종필은 이렇게 결심합니다.
"나라와 민족을 위해 이완용이 되겠다."

지금부터는 그로부터 반세기도 훨씬 더 넘겨서 나타난 데자뷔입니다. 대통령은 아버지에서 딸로 바뀌었고, 협상의 주인공은 역시 정보기관장인 이병기 국정원장과 야치 쇼타로谷內正太郎 일본 국가안전보장회의 사무국장.

'성노에 표현 불가' '소녀상 철거에 협조' '10억 엔의 위로금'. 그리고 결국 '위안부 문제의 불가역적 해결'. 밀실 협상의 결과였습니다. 53년 전 자신의 집을 찾아온 김종필을 맞이하기 위해 기모노 바람으로 뛰어나왔다는 자민당 부총재를 흉내낼 필요도 없이… 일본은 조급증에 젖은 한국 외교를 상대로 또 한 번 승리를 거둔 것일까.

그 옛날 6·3항쟁의 최루탄과 돌팔매 시위의 한가운데에 멋모르고 서 있었던 아홉 살 소년이 어느 드라마의 주인공처럼 이렇게 묻고 있습니다. "그런데 50여 년 후에도 그럽니까, 거기는? 그렇게 시간이 많이 흘렀으면 뭔가 많이 변했겠죠?"

오늘의 사족입니다.

저는 2008년에 일본의 방위대신이었던 이시바 시게루石破茂와 인터뷰한 바 있습니다. 그는 위안부 문제에서 일본이 자신을 정당화하는 것은 옳지 않다고 주장했습니다. 그러나 그는 인터뷰 내내 저의 얼굴을 쳐다보지 않았습니다. 그래서일까. 저는 그의 진심이 느껴지지 않았습니다.

내 몸속에는 여섯 개의 총알이…

"내 몸속에 일본 놈들의 총알이 여섯 개나 박혀 있습니다. 그건 죽음을 불사하는 항전의 거름이었습니다. 재판장님." ―영화 〈암살〉

그는 동지를 배신하고 일본의 앞잡이로 변신했으나 해방 이후에 독립군 행세를 하며 재판에서 무죄를 선고받고 살아남았습니다. 그것도 매우 명예롭게… 영화는 논픽션은 아니지만 실제 이야기를 모티브로 하고 있었으니, 그것은 청산되지 않은 역사의 긴 그림자였지요. 그 그림자의 한구석에는 마치 영화에서처럼 가짜 독립유공자 행세로 3대를 이어온 가족의 실화도 엄연히 존재합니다.

가짜 독립운동가, 어림잡아도 100명 추정돼
  ―『노컷뉴스』 2018. 10. 02.
3대에 걸친 가짜 독립유공자 사기꾼 가족, 떵떵거리며 살아
  ―『중앙일보』 2018. 10. 02.

하긴 친일파가 독립유공자로 둔갑해서 훈장을 받았다거나 심지어는 친일파가 그 훈장을 심사하는 위치에 있었던, 그리 오래지 않은 흑역사도 우리는 기억합니다. 식민 지배의 그늘은 그렇게 길고 오래 드리워져 있었던 것이지요.

그러나 생각해보면 그 길고 오랜 시간이라는 것은 이제 고작 한 세기도 채우지 못한 70여 년. 우리가 피지배의 아픔을 잊지 않았고 또한 잊으려 하지 않는 만큼, 저들도 지배의 기억을 잊지 않았을 고작 70여 년. 그래서일까… 지배와 피지배의 시기를 상징하는, 아니 상징할 수밖에 없는 하나의 깃발을 놓고 우리의 기억과 또한 저들의 기억은 서로가 부딪치면서 파열음을 내고 있는 중입니다.

욱일기, 본디 이름은 욱일승천기. 일본의 군국주의를 상징하며 그들의 힘이 떠오르는 태양처럼 뻗어나가길 고대하는 깃발. 이를 위해서 잔혹한 강압 통치와 강제징용 그리고 일본군 성노예까지 그 모든 것들을 담아내고 있는, 아니 담아낼 수밖에 없는 깃발. 그 깃발은 군대인 듯하면서도 군대가 아닌, 그러나 군대라 할 수밖에 없는 독특한 군국의 후예 자위대의 배에 걸려서 제주도로 올 채비를 하고 있습니다.●

"내 몸속에 일본 놈들의 총알이 여섯 개나 박혀 있습니다." ─영화 〈암살〉

동지를 배신하고 앞잡이로 나선 자가 득세했던 땅. '우리가 그깟 깃발 하나쯤이야…' 하고 받아넘길 수 없는 이유가 아직까지 너무나 많은 이 땅으로 말입니다.

● 2018년 10월 10일에 열리는 제주 국제관함식에 참석할 예정이었던 일본 해상자위대가 '욱일승천기'를 게양하는 것에 대한 논란이 있었다. 일제 침략을 겪은 우리로서는 욱일기 게양을 단순한 국제관례로 치부하기 어려운 게 현실이었다. 해군 측에서는 각국의 함대에 군기 대신 국기를 계양하도록 요청했고, 이에 대해 일본 외무성이 크게 반발하였다. 결국 일본은 불참했다.

1960년대 서울 명동 골목에는 일본 잡지를 파는 가게가 줄지어 있었습니다. 각종 여성잡지들이 열을 맞춰 놓여 있고 사람들은 들척들척 들었다 놨다 하다가 단골 구독하던 잡지를 하나 찾아내 사들고 돌아서곤 했지요. 생각해보면 광복을 맞은 지 불과 20년도 안 됐던 시기였습니다.

중간에 한국전쟁을 겪고, 4·19혁명과 5·16군사정변이라는 역사적 사건들을 겪어낸 후에 이제 조금씩 일상의 재미를 찾아가던 때… 사람들은 아직은 상대의 언어가 여전히 익숙했던 것도 사실이었지요. 그것은 식민지 시절 본의 아니게 몸에 익숙해졌던 것들 때문에 습관처럼 돼버린 무엇이 아니었을까.

당시 여성잡지의 표지 인물로 가장 많이 등장했던 인물이 바로 미치코 美智子 왕세자비였습니다. 왕실로 시집온 지 얼마 되지 않았던 그는 일본에서는 단연 화제의 인물이었고, 잡지에서는 앞다투어 그의 사진을 표지에 실었습니다. 그뿐만 아니라 그보다 몇 년 전인 결혼식 때는 텔레비전이 엄청나게 팔려나가 일본이 대량소비사회로 진입하는 계기가 되었다는 분석까지 나왔습니다. 남의 나라, 그것도 우리를 식민 지배했던 나라의 왕세자비가 뭐가 그리 관심의 대상이었을까 싶기도 했지만… 그의 얼굴이 표지로 등장한 잡지들은 서울 명동 골목에서도 꽤 많이 팔려나갔습니다.

그리고 50여 년… 그의 얼굴이 젊음에서 노년으로 옮겨가는 동안에 그 얼굴은 조금씩 더 온화해져가는 것 같았습니다. 그러나 그사이에 한국과 일본의 관계는 부침을 거듭하면서도 결론은 늘 변하지 않은 것으로 귀결되곤 했습니다.

오늘 그 일본 왕이 퇴위하는 날이라는데… 사실 한일 관계는 언제가 최악이랄 것도 없이 요즘도 최악이란 평가를 듣고 있죠. 전범이었던 그의 부친에 대한 반작용이랄까. 오늘 퇴위한 일왕은 그래도 한일 관계에 대해선 상대적으로 진보적인 입장이었습니다.

"일본이 한반도 여러분께 크나큰 고통을 안겨준 시대가 있었고, 그에 대한 슬픔은 항상 기억에 남아 있다." ─아키히토明仁 일왕, 1998년 김대중 대통령 방일 당시

그래서 오늘의 퇴위사에서도 사람들은 막 나가는 아베安倍와는 다른 무엇인가를 기대하고 있었습니다. 자신들이 저질렀던 일들에 대한 사과가 그토록 어려운 저 땅의 정치인들에게, 그의 진정성 있는 한마디가 필요했던 오늘.

"일본과 세계 여러분들의 안녕과 행복을 기원합니다." ─아키히토 일왕 퇴위사, 2019년 4월 30일

그의 옆에 미치코 왕비는 여전히 온화한 얼굴로 서 있었으니… 이래저래 또 한 시대가 가는데. 새로 오는 시대에는 무엇이 변할 것인가. 아니면 변하지 않을 것인가.

　　그는 무엇이든 허투루 대답하는 법이 없었습니다. 평범해 보이는 듯한 질문 하나에도 어떻게 대답을 할까 몇 번이고 생각하는 눈치였고, 사실 확인이 필요하면 옛날 자료까지 찾아와서 꼼꼼히 찾아본 다음에야 대답했습니다. 그러니 답을 다 얻을 때까지 시간은 속절없이 흘러갔지만 어찌 됐든 엉터리 대답을 듣지는 않았습니다.

　　일본 외무성 대변인 고다마 가즈오兒玉和夫와 인터뷰했을 때의 일이었습니다.

　　또 한 사람. 그는 처음부터 정해진 질문 외에는 받지 않겠다고 강짜를 부렸습니다. 저도 마지못해 그러자고 했습니다. 과연 그는 비서를 시켜 사전에 질문을 일일이 확인하고 저한테 재차 다짐까지 받고서야 겨우 자신의 사무실로 저를 불러들였습니다.

　　그러고는 특이하게도 인터뷰 내내 저의 얼굴을 한 번도 쳐다보지 않았습니다. 질문하는 사람 불편하게 말입니다. 즉, 자신은 미리 약속한 것만 기계적으로 대답할 뿐이지 인간적 교감은 필요 없다는 태도였지요. 저도 나중엔 부아가 돋아 준비되지 않았던 질문을 마구 던짐으로써 나름의 복수를 하긴 했지만 말입니다. 그래도 그 역시 어쩔 수 없는 정치인이어서였던가. 당신이 나중에 총리가 되면 다시 인터뷰하자고 했더니 그제서야 처음으로 제 눈을 쳐다보고 웃었습니다.

일본 방위대신 이시바 시게루石破茂. 우리로 치면 국방부 장관과 인터뷰 때의 일이었습니다.

마지막으로 인터뷰한 한 사람. 이 사람은 누구인지 미리 말씀드립니다. 스미다 나가요시住田良能. 그는 일본의 대표적 우익 신문인 『산케이신문産経新聞』의 사장이었습니다.

그는 아예 인터뷰를 대화가 아닌 기싸움으로 인식하는 것 같았습니다. 『산케이신문』의 모든 부장들 그러니까 정치부장, 경제부장, 사회부장 등 예닐곱 명이나 배석을 시켰습니다. 특이한 것은, 부장들이 제가 사장과 인터뷰하는 동안에 한마디도 하지 않고 인상만 쓰고 있었다는 것이었습니다. '어디 우리 사장한테 기분 나쁜 질문이라도 해봐라' 하는 분위기. 일종의 기죽이기였겠죠. 물론 그렇다고 기가 죽을 인터뷰어는 아니었지만 말입니다. 게다가 사장은 저에 대한 파일을 책 몇 권 겹쳐놓은 두께로 쌓아놓고 '당신에 대해선 이미 다 알고 있다'는 표정을 짓고 있더군요.

모두가 2008년 2월에 일본 도쿄 출장에서 있었던 일입니다.

당시의 일화를 왜 길게 말씀드렸는지 이미 아셨을 것 같습니다. 저는 세 번의 인터뷰를 하고 나서 그들의 치밀함에 놀랐습니다. 그리고 요즘 벌어지고 있는 일본의 경제보복이라는 것을 보면서 그 세 사람과의 인터뷰를 떠올렸습니다. 그렇습니다. 그들은 치밀하고 집요합니다. 그렇다면 우리는?

"운이 좋게도, 정말 운 좋게도 한국전쟁이 일어났다."

—아소 다로, 2005년 5월 영국 옥스퍼드대 강연

이것은 지난 2005년 아소 다로麻生太郞 당시 일본 총무상이 한 말입니다. 그는 지금 일본의 부총리 겸 재무상입니다. 실제로 일본은 한국전쟁 당시 어마어마한 전쟁 특수를 누렸습니다. 억지로 항복을 선언한 패전 이후 대공황의 위기마저 거론되었던 경제는 군수물자를 판매하면서 기적적으로 살아났으니까요.

아소 다로의 외조부이자 한국전쟁 당시 일본 총리 요시다 시게루吉田茂 역시 "한국전쟁은 신이 일본에 내린 선물이다" 하면서 가슴을 쓸어내렸다고 전해지지요. 한국전쟁의 최대 수혜자는 피 한 방울 흘리지 않고 막대한 부를 축적한 일본이었습니다. 그때 축적된 부는 그 극히 일부가 한일협정이라는 기울어진 협상의 결과물로 이 땅에 들어왔고, 불과 며칠 전 우리는 일본 극우 언론의 논설위원이 뱉어낸 다음과 같은 말을 또다시 들어야 했습니다.

"한일 국교 정상화를 계기로 3억 달러라는 그 금액이 지금 한국 발전의 기초가 됐다." —구로다 가쓰히로黑田勝弘(『산케이신문』 논설위원)

그는 10여 년 전 독도 논쟁이 불붙었을 때 "독도는 한국 것, 다케시마竹島는 일본 것"이라는 참으로 해괴하고도 편리한 논리를 설파했던 사람이기도 합니다. 일본 극우의 논리는 바뀐 적이 없으며 바뀌지도 않을 것입니다.

이른바 경제보복. 보복이란 피해를 입은 사람이 행하는 마지막 수단일 터인데 그들이 입은 피해란 대체 무엇인가. 가해자가 오히려 피해자임을 자처하는 모순은 혐오의 정치적 언어를 낳고, 그들이 쏟아놓은 정치의 언어가 양국의 선량한 시민들 마음까지 갈라놓는 현실은 어떻게 극복해야 할 것인가.

그리고 여기, 그들이 피해자가 되는 동안 오히려 가해자가 된 사람이 있으니… 1940년대 일본에 끌려가서 강제 노역에 시달리다가 이제는 노인이 되어버린 청년은 말했습니다.

"나 때문에 이런 일이 벌어진 것 같아 … 미안합니다."
— 이춘식(강제징용 피해자)

피해자이면서 졸지에 미안함을 느껴야 하는 이춘식 할아버지께. "한국전쟁은 신이 일본에 내린 선물이다"라고 한 일본 총리, 요시다 시게루가 했다고 알려지는 말을 한 마디 더 전해드립니다.

"이제 일본은 살았다."

追考　『산케이신문』의 구로다 가쓰히로는 과거에 세 번 인터뷰했다. 그때마다 독도 문제 등으로 논쟁을 벌였던 것으로 기억한다. 앞서「日人 3人 인터뷰 有感」에 나오는 스미다 나가요시 당시 『산케이신문』 사장과의 인터뷰 중 그가 보여준 나에 대한 파일철은 바로 구로다가 만들어서 자신의 사장에게 전달한 것이었다. 그 맨 윗장은 내가 MBC 노동조합 시절 파업 주동자로 감옥에 갔을 때 수갑을 차고 웃고 있는 사진이었다. 스미다 사장은 그 파일철을 내게 보여주면서 "이 인터뷰는 구로다 씨가 강력히 권했습니다. 그러니 한국에 돌아가면 구로다 씨와 친하게 지내시기 바랍니다"라고 했다. 일부러 그런 것은 아니지만, 그 이후로 구로다와 연락을 주고받은 적은 없다.

노회찬이 틀렸다? 맞았다!

"외계인은 절대 지구로 오지 않는다."

〈호텔 캘리포니아〉를 불렀던 이글스(Eagles)의 멤버 돈 헨리(Don Henley)는 자신의 곡을 통해서 이렇게 주장했습니다.

그들은 여기에 없고, 그들은 오지 않는다.

They're not here, they're not coming

지구는 너무 위험하고, 너무 이상해서

It's much too dangerous, it's much too strange

돈 헨리의 이른바 '외계인론'에 따르면 지구는 너무 위험하고 낯설고, 무엇보다도 오염돼 있기 때문이었습니다. 말 그대로 더러워서 안 온다고나 할까. 외계인이 그 넓은 우주를 놔두고 하필 지구로 내려온다니… 그는 "어림없는 소리(Not in a million years)"라고 일침을 놓았습니다.

한편 정반대로 생각한 사람도 있었습니다.

"외계인이 침공하면 힘을 합해야 하지 않겠습니까?"

—노회찬(통합진보당 대변인), 2012년 4월 6일

그는 7년 전 제19대 총선 당시에 야권연대를 비판하는 여당 의원을 향해 그 유명한 '외계인론'을 폈습니다. 우리나라와 일본처럼 툭하면 갈등 관계에 빠지는 사이라도 외계인이 쳐들어온다면 힘을 모아서 지구를 지켜내야 한다는 이야기. 당시의 여당을 외계인에 비유해서 야권연대의 명분을 설파한 것은 노회찬 특유의 어법이기는 했지요. 하긴 할리우드의 그 많은 영화 속에서도 역시 평소에는 앙숙이었다 하더라도 거대한 외계의 적이 나타나면 선택은 모두 같았으니까요.

노회찬의 비유에 따르자면, 공교롭게도 이번에 침입해온 외계인은 일본이 돼버렸죠. 우리는 그래서 힘을 합칠 수 있을까.

"치밀한 외교적 접근보다는   "힘을 합쳐도 모자랄 판에
반일 감정에만 편승하고 있다"   VS   백 태클만 반복"
—나경원(자유한국당 원내대표)   —이인영(더불어민주당 원내대표)

정부가 대책도 없이 반일 선동에 나서고 있다는 주장과 야권이 내부에서 오히려 태클만 걸고 있다는 비판이 맞서고 있는 지금…
미안하지만 노회찬은 틀린 것 같습니다.

아, 아닙니다. 노회찬은 맞았을지도 모릅니다.

일본 왕복 티켓값이 9만 원 혹은 그 이하. 여행객이 떨어지자 땡처리처럼 나온, 경우에 따라서는 공항을 오가는 택시비보다도 적은 돈.

일본산 맥주값이 6캔에 5,000원. 국내 대형 마트에서 재고를 정리한다면서 내놓은 가격. 생수값보다도 싼값.

그래도 안 가고 안 사 먹고 있는 민초들은, 어찌 보면 그의 말대로 하고 있는 셈이니까요.

울릉도와 독도는 서로 바라볼 수 있으니

우산(독도)과 무릉(울릉도)은 풍일風日 (날씨) 청명하면 서로 바라볼 수 있다.

1454년에 완성된 『세종실록지리지』에는 날이 좋으면 맨눈으로 동쪽의 섬들을 바라볼 수 있다 했습니다. 우리 국토 최동단에 위치한 울릉도와 독도. 마치 형님과 아우같이 늘어선 두 섬은 하늘과 파도가 맑으면 서로 그 형체를 알아볼 수 있을 정도로 가까이 보인다는 이야기였지요.

억지 반론도 존재합니다. 일본 학계에서 독도 연구에 정통한 것으로 알려진 가와카미 겐조川上健三는 『다케시마의 역사지리학적 연구』에서 "독도를 볼 수 있는 거리는 고작 59km 이내"라고 했는데… 그 말인즉슨 87.4km 떨어진 울릉도와 독도가 서로 보일 리가 없으니 『세종실록지리지』의 기록 또한 허구라는 주장이었습니다.

그러나 지난 2014년 11월 5일 '우산과 무릉은 풍일 청명하면 서로 바라볼 수 있다'는 기록이 사진으로 증명되었습니다. 사진가의 앵글은 울릉에서 꼬박 3년을 기다리며 그 순간을 담아냈고… 붉은 아침 해가 뜨는 가장 한가운데에 우리의 영토 독도는 또렷이 등장한 것입니다.

"일본 영토에서 이러한 행위를 한 것을 받아들일 수 없다."

　　　— 일본 정부

오늘 그들은 또다시 억지 주장을 꺼냈습니다. 우리 군이 우리의 영공을 침범한 러시아 군용기를 향해 경고사격을 한 것에 대한 반응이었습니다. 이렇게 해서 동해의 외롭지 않은 섬 독도는 한일 간 무역 분쟁의 와중에 또다시 그들의 무례한 입길에 오르내리게 되었지요.

물론 집요하고 매우 끈질긴 그들의 주장에 일일이 맞대응할 필요는 없을지도 모르나… 오늘은 울릉도에서 직접 바라본 해 뜨는 독도의 이 모습과 함께, 지난해 일본의 영토담당상이 했다는 다소 흥미로운 발언을 소개해드립니다.

울릉도에서 바라본 독도 일출 ©권오철

"저쪽 방향에 일본 고유의 영토가 있다는 걸 확신했다.

물론 독도가 보이진 않았지만…"

— 미야코시 미쓰히로宮腰光寬(일본 영토담당상)

독도와 제일 가까운 일본 섬은 오키섬. 그 거리는 157.5km. 울릉도보다 두 배쯤 멀리 있으니 보고 싶어도 못 봅니다.

기시 노부스케… '친서' 그리고 '훈장'

1961년 8월, 군부 쿠데타를 일으킨 지 석 달이 지난 후. 당시 국가재건 최고회의 박정희 의장은 일본에 친서를 보냅니다.

> 근계謹啓(삼가 아룁니다).
> 귀하에게 사신을 드리게 된 기회를 갖게 되어 극히 영광으로 생각합니다.
> ─1961년 8월, 국가재건최고회의 의장 박정희, '기시 노부스케 귀하'

그것은 한국의 최고 권력자가 일본의 막후 실력자에게 보낸 편지 글의 시작이었습니다. 편지를 받은 사람은 기시 노부스케. 1930년대 만주국 산업차관을 지내면서 식민지 수탈을 주도했고 1940년대 도조 히데키東條英機 내각에서는 상공부 대신을 역임한 A급 전범입니다. 1957~1960년 내각 총리대신을 역임했고 지금의 총리 아베 신조安倍晋三의 외할아버지이며, 아베에게는 절대적인 영향을 끼친 사람이기도 합니다.

과연 과거를 딛고 양국이 미래로 향해야 한다는 간절함 때문이었을까. 그는 2년 뒤인 1963년 8월에 두 번째 친서를 보냅니다.

> 한일회담의 조기 타결을 위하여 배전의 협조 있기를 바라 마지않습니다.
> ─1963년 8월, 국가재건최고회의 의장 박정희, '기시 노부스케 귀하'

친서를 직접 전달한 인물은 화신백화점 사장을 지낸 박흥식. 영화의 실제 모델*로도 잘 알려진 그는 해방 후 반민특위에 의해 첫 번째로 체포된 특급 친일파였습니다.

며칠 동안 〈뉴스룸〉은 1965년 한일청구권협정 체결 이후에 감춰진 이야기를 취재해서 전해드리고 있는 중입니다. 어제는 협정의 대가로 들어온 일본의 돈이 결과적으로는 다시 일본의 전범 기업으로 되돌아갔다는 내용을 보도해드렸고, 오늘은 박정희 전 대통령과 기시 노부스케 전 총리를 앞세운 한일협력위원회의 면담 문건을 입수해서 전해드렸습니다.

한국과 일본은 1965년의 그 협정 이후에 끈끈한 우애를 다졌다고 문건은 말하고 있는데… 그들이 다진 그 우애란 한국과 일본의 '국민'을 위한 것이 아니었고, 가해국과 전범 기업에 면죄부를 주는 동시에 서로의 정치적 입지를 다진 계기로 이용되었던 것입니다. 그 밀약 아닌 밀약은 빌미가 되어, 그의 외손자로 대표되는 일본의 극우는 '한국은 믿을 수 없는 나라'라면서 으름장을 놓고 있는 형국이지요.

오늘 보도해드린 내용 가운데 잘 알려지지 않은 역사적 사실은 또 하나 존재합니다. 1970년 한일 국교 정상화 5년을 맞이한 한국의 대통령은 강제징용과 식민지 수탈에 앞장섰던 2차 세계대전의 A급 전범 기시 노부스케에게 한국의 정부가 수여하는 1등급 훈장인 '수교훈장 광화대장'을

---

* 영화 〈암살〉에서 배우 이경영이 분한 강인국이라는 인물의 실제 모델이 박흥식이다.

수여했습니다. 아마도 그의 외손자인 아베 신조는 할아버지가 받은 그 훈장을 보면서 '한국은 믿을 수 없는 나라'라고 되뇌고 있을지도 모르겠습니다.

'거짓말의 나라'　—이영훈, 『반일 종족주의』

그는 한국인이 거짓말을 즐겨한다고 말했습니다.

한국의 거짓말 문화는 국제적으로 널리 잘 알려진 사실… 인구수를 감안한
1인당 위증죄는 일본의 430배 … 무고 건수는 … 일본의 1,250배
　　—『반일 종족주의』

근거가 무엇인지는 분명치 않지만 비슷한 얘기들은 심심하면 나와서,
그것이 얼마나 과장된 것인지는 이미 3년 전 저희 '팩트체크'에서 다 다뤄
드렸습니다.

거짓말하는 국민 / 거짓말하는 정치 / 거짓말하는 학문 / 거짓말의 재판

국민만 그런 것이 아니라 정치가 거짓말의 모범을 보여왔다는 주장은
갑자기 박근혜 전 대통령에 대한 안타까움으로 전환되지요.
　"박근혜 대통령은 결국 서릿말에 쓰러지고 말았다. 미용 수술, 마야, 밀
회 … 터무니없는 거짓말이 온 나라에 가득하였다." 그 거짓말 정치의 파
노라마 속에 결국 대통령마저 탄핵되었다는 것입니다.

과연 그런 것이었을까. 국정 농단의 그 많은 증거들은 그가 내세운 거짓말 프레임에 설 자리를 잃습니다. 그러고는 나라를 휩쓴 거짓말의 근원은 다름 아닌 역사학자들의 거짓말에서 시작됐다고 말합니다.

조선인을 노무자로 동원하여 노예로 부렸다는 주장은 악의에 찬 날조…
거짓말의 행진은 일본군 위안부 문제에 이르러 절정에 달했다.
　　　—『반일 종족주의』

일제가 조선의 쌀과 토지를 수탈했다는 주장은 거짓말. 노동자와 여성을 끌고 가서 노예처럼 부렸다는 주장 또한 거짓말. 그것은 모두 정치적 목적을 위한 이른바 '반일 종족주의'에 기인하고 있다는 것이 길고 긴 주장의 요지였습니다. 해방의 그날 이후 74년. 비뚤어진 역사를 두고 벌이는 우리의 전쟁은 아직 끝나지 않은 것일까.

조선인의 혈액에는 검푸른 피가 섞여 있다.
　　　—나가노 도라타로長野 虎太郎, 호소이 하지메細井 肇,『朋党士禍の検討』, 1926

일제강점기, 점령국 일본의 학자들은 분열과 다툼이 한국인의 독특한 민족성이라고 규정했습니다. 그들이 심고자 했던 것은 식민 지배를 용이하게 하기 위한 한국민의 '패배주의'였지요. 아마도 이영훈의 책은 그 오랜 식민사관에 의한 결과물일 수도 있겠다는 생각…

사실 그가 맨 처음 공개적으로 논란을 만들어낸 것은 2004년 제가 진행했던 〈100분 토론〉에서였습니다.

"정신대는 강제 동원 아닌 자발적 참여"
　　—이영훈(서울대 교수), 2004년 9월 2일

위안부 동원의 강제성이 없다는 취지의 당시 발언은 커다란 공분을 샀지요. 그날 그의 발언은 훨씬 더 논란의 여지가 있는 표현으로 가득했지만, 그 자신이 텔레비전 토론이라는 형식에 익숙지 않아 오해를 받았다고 주장했으므로 여기에 옮기지는 않겠습니다. 옮기지 않는 또 하나의 이유는 차마 옮기기가 부적절하기 때문이기도 합니다. 그는 〈100분 토론〉 출연 후 논란이 커지자 '나눔의 집'을 방문했고 너그럽게 용서해달라고 했습니다.

"심려를 끼쳐드려서 죄송 … 일제강점기 성노예자라는 역사 인식에 동의하며 … 학생들이 이곳을 견학할 수 있도록 적극 권할 것"
　　—이영훈, 2004년 9월 6일

그는 그날 큰절하고 사과하고 혼도 나고 모금함에 돈도 넣고, 심지어는 학생들이 이곳을 견학하도록 적극 권장하고 홍보하겠다고 했는데… 15년 뒤인 지금 그가 홍보하고 있는 것은 무엇일까.

"내 눈앞에서 날던 고추잠자리 ⋯ 담장 위에 앉았다. ⋯ 그 잠자리를 향해 손을 뻗었던 그 순간 ⋯" 그렇습니다. 그 순간은 1945년 8월 6일 오전 8시 15분. 미군 폴 티베츠(Paul Tibbets) 대령이 조종했던 B-29기 '에놀라 게이(Enola Gay)'가 히로시마에 원자폭탄을 떨어뜨린 시간이었습니다. 히로시마 평화기념관에는 이 글귀와 함께 그들이 겪은 전대미문의 비극이 매우 자세히 재연되어 있습니다.

일전에 앵커브리핑에서 말씀드렸던 일본의 방위상 이시바 시게루나 『산케이신문』 사장 스미다 나가요시 등과의 인터뷰 일화는● 2008년에 있었던 일이고, 저는 그 당시에 일본 외무성의 초청으로 일본을 방문 중이었지요. 그들은 저에게 일본 방문 중에 꼭 가보고 싶은 곳이 어디냐고 물어왔고, 저의 의사와는 상관없이 그들이 제게 꼭 가보기를 권한 곳이 바로 히로시마였습니다. 그들이 도쿄에서 800여km나 떨어진 히로시마까지 한국의 언론인을 꼭 데리고 가고 싶어 했던 이유는 분명했습니다. 즉, 일본인은 2차 세계대전의 '가해자'가 아닌 '피해자'라는 사실을 저의 머릿속에 넣고 싶어 했던 것이지요.

●「日人 3人 인터뷰 有感」, 2019. 07. 03. 이 책 89~90쪽 참조.

과연 그 평화기념관은 처음부터 끝까지 그 전시물을 다 보고 나면 '아, 일본은 피해자이기도 하구나' 하는 생각이 절로 들게 할 만큼 사실적이면서도 또한 사람의 감성을 자극하는 내용들로 가득 차 있었습니다. 그리고 여지없이 원폭이 떨어졌던 바로 그 중심, 마치 태풍의 눈과도 같이 핵폭풍으로부터 살아남은 건물을 구경하는 것으로 히로시마의 견학은 끝났습니다. 그리고 나서도 그들은 매우 집요했다고나 할까. 초청 방문을 마치고 귀국한 뒤에도 그들은 저를 만나보기를 청하더니 히로시마 방문 소감을 묻고 또 묻는 것이었습니다. 참으로 대단하지요. 그들이 2차 세계대전의 피해자임을 자처하는 것은 끊임없는 자기 세뇌라고나 할까.

히로시마와 나가사키는 그 모든 국민교육, 그리고 대외 선전의 중심에 있었습니다. 그리고 전범국 일본의 위정자들, 그러니까 전범들이 자신의 국민을 사지로 몰아넣고 난 뒤에도 그 책임을 면하는 방법 역시 집요하고도 교묘해서… 그들이 만들어낸 것이 이른바 '1억 총참회론'. 즉, 전쟁의 책임은 일본인 모두에게 있다 하여 결국 아무도 책임지지 않은 결과를 만들어낸 묘수라고나 할까.

이제 74년이 지난 지금. 그 후예들이 머리를 맞대고 다시 추구하고 있는 '전쟁할 수 있는 나라'는 무엇을 의미하는가.

히로시마 평화기념관을 나오면서 저에게 가장 인상 깊었던 것은 공원의 한구석에 아주 작은 미석으로 남아 있는, 그래서 아주 열심히 찾기 전에는 존재조차 알기 어려운 '한국인 원폭 희생자 위령비'였습니다. 마치 마지못해 만들어놓은 듯한 그 위령비…

몽골제국의 위대한 왕 칭기즈칸의 일대기를 그린 할리우드 영화의 제목은 〈정복자(The Conqueror)〉.

1954년에 찍은 이 작품은 좀 기이했습니다. 카우보이의 대명사였던 존 웨인(John Wayne, 1907~1979)이 동양의 영웅인 칭기즈칸 역을 맡은 데다 내용 또한 서구 중심적이어서, 평가는 당연히 박했던 것이지요. 그러나 정작 기이한 점은 따로 있었습니다. 주연배우인 존 웨인을 비롯해서 감독까지 포함한 영화 제작진 다수가 '암'에 걸렸다는 사실. 존 웨인은 영화 촬영 후 25년이 지난 1979년에 오랜 암 투병 끝에 숨졌습니다.

"누가 존 웨인을 죽였는가."

일본의 저널리스트이자 평화활동가인 히로세 다카시広瀬隆는 그 이유를 다음과 같이 추론했습니다. 영화가 제작되기 1년 전인 1953년, 미국 네바다주에서는 '클라이맥스'라는 원자폭탄 실험이 진행되었는데. 핵실험 이후 생긴 일명 '죽음의 재'가 영화 촬영 현장인 유타주 스노캐니언에 흩날리고 있었다는 것입니다.

> 영화 〈정복자〉의 배우 및 제작진 220여 명 중 … 91명이 암에 걸렸고 … 그중 웨인을 포함한 46명이 사망했다.
>
> —『피플(People)』 1980. 11. 10.

촬영지는 핵실험장으로부터 200km 이상 떨어져 있었지만, 주변 산맥과 지형을 타고 퍼져나간 그 죽음의 재는 220여 명의 제작진 가운데 91명에게 암을 유발해서… 그중 절반 이상의 목숨을 앗아가버렸다는 매우 두려운 추론이었습니다.

물론 이것은 말씀드린 대로 추론입니다. 그러나 영화 제작진 절반이 암에 걸린 이 기이한 통계 수치는 합리적인 의심을 가져오기에 충분했고, 당시에도 위정자들은 걱정하는 시민들의 목소리를 막는 데 급급했습니다.

"핵실험을 걱정 않는 것이야말로 가장 바람직"
　　—미국원자력위원회

"공산당이 핵실험 공포를 조작했을 가능성"
　　—조지 말론(George W. Malone, 네바다주 상원의원)

그리고 그와 비슷한 장면은 오늘날에도 반복되고 있습니다.

"후쿠시마 방사능 오염은 완전히 통제되고 있다." 　—아베 신조(일본 총리)

과연 그럴까? 그렇지 않다는 것을 일본 사람들이 누구보다 잘 알고 있을 것입니다. 오늘 전해드린 보도에 따르면 후쿠시마의 오염토는 처리할 장소조차 찾지 못해서 대충 옮겨놓은 채 이른바 '재건 올림픽', 즉 부흥 올림픽을 준비하고 있는 것. 그리고 모두가 우려하는 대로 100만 톤이 넘는 후쿠시마 '방사능 오염수'를 바다로 버릴 경우 그것은 '재건'이 아니라 '재앙'이며 우리의 아름다운 동해도 그것을 피할 수 없다는 것…

앞서 영화 〈정복자〉의 주인공 존 웨인의 불운을 말씀드렸지만, 이 영화의 또 다른 주인공이자 할리우드의 명배우였던 수전 헤이워드(Susan Hayward, 1917~1975) 역시 그보다 몇 년 앞서 존 웨인이 겪었던 비운을 겪었습니다. 아이로니컬하게도 수전 헤이워드가 아카데미 여우주연상을 받았던 작품의 제목은 〈나는 살고 싶다(I want to live!)〉였습니다.

3. 로봇물고기는 헤엄칠 수 없었다

이명박 정부를 규정하는 몇 가지 키워드 중 하나는 '로봇물고기'였다. 많고 많은 (긍정적이든 부정적이든) 키워드가 있을 텐데 굳이 '로봇물고기'냐고 할 수도 있겠다. 그러나 나의 생각에는 이명박 정부가 내세우고 실행했던 정책을 그만큼 상징적으로 나타내는 것도 드물다고 본다. 4대강, 자원외교, 그 밖의 대형 토건 사업 등은 물론 그가 시장 시절에 강행했던 청계천 사업도 마찬가지였다.

그는 현실을 가상의 실재로 바꿔내는, 그리하여 우리의 현실을 긍정적 낙원으로 인식하게 만드는 데 탁월했다. 4대강도, 청계천도, 그리고 논란 끝에 세워진 제2롯데월드도 그가 만들어낸 시뮬라시옹(simulation, 가상 실재)이다. 이 모든 것이 가상인 듯 실재하는 존재가 되었지만, 로봇물고기는 결국 실재하지도 못하는 가상의 존재가 되어버렸다.

이명박 씨는 지금도 감옥에 있으며, 그의 정부 또한 실패한 시뮬라시옹일지도 모르겠다.

4대강과 '낚시'… 국감서 로봇물고기 논란

"저건 낚시를 해도 미끼를 물지 않는다."

　— 이명박 대통령, '국민과의 대화', 2009년 11월 27일

지난 2009년 11월, 이명박 대통령이 깨끗한 수질 관리를 위해 4대강에 풀겠다던 로봇물고기 이야기입니다. 당시 대통령은 "너무 크면 다른 물고기들이 놀라니 작게 만들라"는 구체적인 지시까지 내린 바 있었습니다.

여기서 해묵은 로봇물고기 얘기를 다시 꺼낸 이유는 어제 국감에서 벌어진 한 장면 때문입니다.

"로봇물고기의 개발이 성공이라고 보십니까? 실패라고 보십니까?"

　— 배덕광(새누리당 의원)

"감사원의 감사 결과를 저희가 존중해야 될 것 같습니다."

　— 최양희(미래창조과학부 장관)

"미래창조과학부 장관의 발언으로서는 믿기지 않습니다. 이건 그야말로 값진 실패고, 이것이 바로 창조경제 …"

　— 서상기(새누리당 의원)

물론 과학은 한 번의 도전으로 성과를 내지는 못합니다. 실패조차 '값진 도전'이라 할 수 있겠습니다. 그러나 그 값진 실패가 무모한 국책사업

에서 비롯된 거라면 이야기가 달라집니다. 감사원 결과만 놓고 본다면 정부가 속도전으로 연구를 밀어붙인 로봇물고기 9개 중 8개가 고장 났고, 나머지 한 개는 불량품이었습니다. 미끼를 물기는커녕 헤엄조차 못 치는 고철덩어리로 막을 내린 겁니다. 예산만 총 57억 원이 들었습니다. 결국 낚이지도 않는 비싼 로봇물고기에 국민만 낚여버린 셈이 됐습니다. 그러나 로봇물고기 사업에 들어간 57억 원은 어찌 보면 새 발의 피, 조족지혈일지도 모르겠습니다.

JTBC 취재 결과 4대강 사업으로 인한 손해는 이만저만이 아니었습니다. '녹차라떼'라고까지 불린 녹조 제거를 위한 총인처리시설에만 이미 4,300억 원이 들어갔습니다. 또 재퇴적된 구간을 다시 파낼 경우 드는 비용은 감사원 추산 2,890억 원입니다. 팔리지도 않고 쌓아둔 준설토를 관리하느라 사용한 비용은 2,500억 원이었죠. 이 밖에도 4대강 사업에 국민이 낚인 비용은 가히 천문학적이고 앞으로도 계속될 것으로 보입니다.

그런데 어제 국감장에 출석한 정종환 전 국토해양부 장관이 이런 말을 했습니다. "4대강 사업은 낭비가 아니다. 꼭 해야 할 사업을 했다고 생각한다." 전임 장관은 4대강 사업이 '낭비가 아니었다' 하고, 일부 여당 의원들은 로봇물고기 사업도 '값진 실패'라고 말합니다. 그러나 그 값진 실패에 따르는 비싼 값은 과연 누가 치른 것일까요? 또한 앞으로 그 값은 누가 감당해야 하는 것일까요?

"만약 세상을 보다 나은 곳으로 만들기 어렵다면 적어도 더 나쁜 곳으로 만들지는 않도록 최선을 다해야만 한다."

네덜란드 건축가 헤르만 헤르츠버거(Herman Hertzberger)의 말입니다.

과연 4대강 사업은 우리가 사는 세상을 어떤 곳으로 만든 것일까요? 그리고 지금의 상황을 더 나쁘게 만들지 않도록 우리가 해야 할 일은 무엇일까요?

追考 2009년 11월 19일 우여곡절 끝에 내가 〈100분 토론〉에서 물러난 뒤 바로 다음 주에 이명박 대통령의 '국민과의 대화'가 있었다. 그날 가장 큰 화젯거리는 '로봇물고기'의 등장이었다. 이 프로그램을 제작했던 〈100분 토론〉의 제작진은 그 괴이한 물고기의 영상을 내보내지 않겠다고 볼멘소리를 했지만, 결국 낼 수밖에 없었다고 한다. 이명박 정부의 방송 장악은 '로봇물고기'를 앞세우고서였다.

통 큰 투자가 깡통으로? 자원외교의 '통'

통. 무언가를 담는 그릇을 말합니다. 사람의 도량이나 씀씀이를 뜻하기도 하죠. 통을 이야기하는 이유. '불도저'라는 별명답게 화통한 추진력을 보였던 이명박 전 대통령의 통 큰 투자 때문입니다.

> "기쁜 소식 한 가지를 전해드릴까 합니다. 어제 마침내 UAE(아랍에미리트연방) 유전 개발을 위한 본계약이 체결되어 '우리 유전'을 갖게 되었습니다."
>
> ─ 이명박 대통령, 2012년 3월 주례 라디오 연설

그러나 자원외교를 통해서 들어온 석유는 지금까지 없다고 하죠. 이명박 정부의 자원외교에 들어간 돈은 5년간 총 41조 원. 야당 추산에 따르면 앞으로 31조 원이 더 들어갈 것이라 하는데요.[*] 최근 자원외교가 '통 큰 투자'가 아니라 '깡통 투자'였다는 지적이 이어지고 있습니다.

> "2조 원 주고 산 에너지 업체를 200억에 되팔았다."
>
> ─ 노영민(새정치연합 의원)

석유공사가 자원외교를 위해 인수한 캐나다 에너지 업체를 투자금의

---

[*] 새정치민주연합, MB정부 국부유출 자원외교 진상조사위원회 추산, 2014년 11월 11일.

100분의 1 수준에 되팔았다는 주장이 이렇게 나왔습니다. 이에 대해 석유공사는 350억 원이라고 반박했지만, 200억이나 350억이나 대부분의 투자금을 날린 것은 틀림없어 보입니다. 당시 캐나다 현지 언론조차 "한국이 왜 부실덩어리 기업을 인수했는지 이해가 안 간다"며 의아해했다고 하니, 어찌 보면 이번 일은 예견된 실패였는지도 모르겠습니다. 총 41조 원이 투입된 자원개발사업의 회수율은 지금까지 13%입니다. 앞서 이명박 대통령이 자랑스레 말했던 유전 개발 역시 총 800억 원이 들어갔지만 회수율은 9%에 불과해 통 큰 사업의 성과라고 하기엔 그저 민망할 따름입니다.

'억울하다'고 주장하는 이들도 있습니다. 해외자원 투자는 세계적 추세였고, 장기적 안목이 필요한 자원외교를 단기 실적만 갖고 성급히 재단하지 말라는 이야기지요. 맞습니다. 지금의 결과만 놓고 자원외교 전체를 평가하는 것은 문제가 될 수도 있습니다. 그런데 최근 공개된 공기업의 이사회 회의록을 보면 생각이 좀 달라집니다.

"사실 사업성은 지금 잘 모르겠다고 말씀드렸다. 감은 좋다." 대표적인 MB맨으로 꼽히는 주강수 전 가스공사 사장이 40억 달러, 즉 약 4조 4,000억이 들어가는 가스전 사업에 대해 이렇게 말한 기록이 나왔고, "이미 하기로 다 한 거 아니냐. 한 걸 어떻게 막느냐?" 이렇게 말한 공기업 관계자도 있었습니다. 새누리당의 한 관계자 역시 이런 말을 전합니다. "대통령 형이 팡파르 울리고 돌아다니니 브로커와 현지 업자들은 기회다 싶어 작정하고 바가지를 씌운 것"이다.

다시 말해 성공 확률이 10~20%에 그치고 각종 브로커가 활개를 치는 불확실한 자원 개발에 우리 정부가 얼마나 신중한 검증 과정을 거쳐 투자를 결정했는가. 혹시나 수십조 원이 들어가는 사업을 단순히 정치적 치적을 위해 사용한 것은 아닌가. 의심해볼 여지가 생긴다는 겁니다.

"나는 불도저가 아니다. 컴퓨터가 달린 컴도저다." 이명박 전 대통령이 했던 말입니다. 뭐라 더 토를 달지는 않겠습니다.

追考 이명박 정부 시절 시행된 약 41조 규모의 자원외교는 2014년 겨울 야당에서 4대강 정비사업, 자원외교, 방산 비리를 통칭한 이른바 '사자방' 비리를 문제 삼으면서 수면 위로 드러났다. 이명박 씨는 본인의 회고록을 통해 "자원외교는 그 성과가 10년에서 30년에 걸쳐 나타나는 장기적 사업"이며 실패한 사업만 추려내 공격하는 것은 적절치 않다고 주장했다. 나는 2007년 대선 국면에서 각 당 후보들의 개별 토론을 진행했는데, '컴도저'는 이명박 후보가 출연했을 때 본인이 했던 말이다. 자원외교에서 그 컴퓨터는 고장이 나 있던 것일까?

패연하우霈然下雨. '비가 넘치도록 내린다'는 뜻의 한자어입니다. 요즘 한국 사람이라면 누구나 간절히 바라는 바입니다.

조금 후에 구름과 바람이 일어나서 하늘이 캄캄하여지며 큰비가 내리는지라.
— 『구약성서』 '열왕기상' 18 : 45

선지자 엘리야의 기도로 비가 내렸다는 성서 중 한 구절입니다. 비를 간절히 바라는 마음은 동서양을 가리지 않았지요. 중국 은나라의 탕왕 역시 가뭄 앞에서는 육사자책六事自責, 즉 여섯 가지를 자책하며 하늘 앞에 통렬한 반성의 제를 올렸다 합니다.

(태조가 왕위에 오르자) 억수같이 비가 내리니 백성이 크게 기뻐하였다.
— 『태조실록』 태조 1년(1392) 7월 18일

조선왕조실록 역시 태조 즉위 바로 다음 날 큰비가 내렸다는 걸 강조하고 있습니다. 다른 왕들 역시 가뭄이 극심하면 삼베옷을 입고 거적 위에 올라 기우제를 지냈습니다. 치수治水로 문명이 흥하고 쇠퇴했던 부명한 사례들은 차고 넘칩니다. 이처럼 예나 지금이나 '치수', 물 관리는 국가의 몫이었고, 그만큼 쉽지 않은 일이었습니다.

"물그릇을 크게 만들겠다." 치수를 제대로 해보겠다며 이명박 정부 내내 20조 원 넘게 들여 밀어붙인 4대강 공사. 정작 가두어진 물은 흐르지 못해 이른바 녹조 라떼가 되어가는데, 무슨 영문인지 인근 논밭은 바짝 타들어간다는 소식을 전해드렸습니다. 상습 가뭄 지역이 아닌 엉뚱한 곳에 보를 지었기 때문이라고 하지요. 더구나 4대강이 되레 지천과 지하수 수위를 낮춰놓았다는 증거들도 여럿 발견되고 있습니다. 물그릇을 크게 만들기는 했는데 그냥 만들기만 했지 쓸모는 없다, 그런 얘기가 된 셈입니다.

천수답天水畓. 벼농사에 필요한 물을 오로지 빗물에만 의존하는 매우 전통적인 방식의 논을 말합니다. 수십조 원 예산을 들여 거대한 물그릇을 만들어냈다지만, 그 비싼 물그릇을 앞에 둔 채 또다시 기우제나 지내야 하는 천수답으로 돌아가게 생겼습니다.

저녁부터 서울을 비롯한 몇몇 지역에는 조금씩 비가 내리고 있습니다. 내일은 반가운 소나기가 예고되어 있다는군요. 그래봤자 해갈에는 아직 멀긴 했지만… 가뭄과 역병으로 깊이 갈라진 마음들. 빗소리로나마 좀 위안이 됐으면 합니다.

패연하우. 넘치도록 주룩주룩 내리는 반가운 빗소리를 기대하면서 내친김에 옛날 노래로 마무리해볼까 합니다.

♪ 호세 펠리치아노, 〈레인(Rain)〉, 1969.

오늘 앵커브리핑은 기우제가 돼버렸습니다.

국정원 해킹 프로그램 구매 논란··· '내 귀에 도청 장치'

2015. 07. 13.

"내 귀에 도청 장치가 있다." 너무도 유명한 방송사고였습니다.❋

피해망상 장애가 있는 한 전직 선반공이 방송사에 침입해 벌인 일이었지요. 27년 전 일이었지만 어제 일처럼 생생한 장면입니다. 사실 제게는 잊지 못할 이유가 또 있습니다. 이 청년으로 인해 잠시 중단되었던 당시 앵커의 리포트 소개가 바로 제가 취재했던 리포트였기 때문입니다.

축구를 하다가 다친 귀가 먹먹해진 현상을 '도청 장치'라 오해했던 청년. 이 웃지 못할 사건이 두고두고 회자되는 이유는 1980년대 시대적 상황과 무관치 않아 보입니다. 툭하면 잡혀가곤 했던 이른바 '막걸리 보안법'의 시대를 떠올리게 했다는 겁니다. '누군가가 나의 일거수일투족을 지켜보고 있다.' 마치 영화 속 이야기처럼 생각만 해도 등골 오싹해지는 이야기들은 지금도 낯선 풍경만은 아닌가 봅니다.

지난 2005년에 국정원의 전신인 안기부가 비밀도청팀 '미림'을 만들어 주요 인물들의 대화를 도청한 것이 알려졌습니다. 이후 국정원은 "모든 도청 장치를 용광로에 폐기했다"고 밝혔습니다. 그러나 사찰은 끊임없이

❋ 1988년 8월 4일 MBC 9시 〈뉴스데스크〉 생방송 도중 한 청년이 다가와 앵커의 마이크에 대고 "여러분 제 귀에 도청 장치가 있습니다"라고 소리쳤다. 이 소동으로 19초간 방송이 중단되었다.

계속되어왔지요. 5년 뒤엔 국무총리실의 민간인 사찰이 문제가 됐고, 10년 뒤 국정원과 주소가 같은 것으로 확인된 우리나라의 5163부대가 전 국민의 PC와 휴대폰을 모두 들여다볼 수 있는 감청 프로그램을 구입했다는 의혹이 나오고 있습니다. 사실이라면, 평범한 우리 시대 모든 이들을 향해 사찰의 범위는 더 넓어진 셈입니다.

사람의 생각과 감정 모든 것들을 감시할 수 있고, 그렇게 마치 원형감옥의 감시자처럼 모든 걸 통제하는 게 현실이 된다면… 우리가 사는 이 세상은 어디로 가는 것일까요? 항상 모두가 무언가를 의심하고 경계하는 이 편집증적인 의심사회가 일상화된다면… 27년 전 우리가 미쳤다고 믿었던 한 청년의 외침은, 그가 미친 것이 아니라 실은 이 세상의 실체를 무려 27년 전에 미리 알아버렸다는 걸 얘기해주는 것일지도 모르겠습니다.

'내 귀에 도청 장치'. 이제는 한 청년이 아니라 시민 모두가 이 말을 합창해야 하는 걸까요?

"사건이 미궁으로 빠질 위기에 있다."　— 새정치민주연합 현안 브리핑

　국가정보원 불법 감청 의혹에 대한 야당의 최종 분석 결과가 나왔습니다만, 사실상 손에 잡힌 것은 없다는 얘깁니다. 국정원의 자료 제출 거부와 새누리당의 감싸기, 검찰의 뒷짐지기가 합쳐져 진상규명이 벽에 막혀버렸다는 비판입니다. 결국 지난 40일간 스마트폰을 쓰는 시민들을 오싹하게 만들었던 이 사건은 그저 의혹만 흩뿌린 채 사그라들고 있는 중입니다.

　국정원은 요지부동입니다. '안보'상 자료를 공개할 수 없다는 것. 여당 원내대표 역시 '갈택이어竭澤而漁', 즉 연못의 물을 말려 고기를 잡는다는 고사까지 인용하며 불가 입장을 밝혔습니다. 실체도 없는 물고기를 잡기 위해 안보의 연못을 말릴 순 없다는 이야기. 이 말은 얼마 전 있었던 피라니아 소동을 연상하게 했습니다.

　강원도 어느 저수지에서 식인 물고기 피라니아가 잡히자 그동안 배스나 블루길 같은 외래종으로 고생해온 정부는 극약 처방을 내렸습니다. 혹시라도 더 있을지 모를 피라니아를 찾기 위혜 저수지의 물을 모두 빼버린 것이지요. 허옇게 배를 드러낸 저수지에 피라니아는 없었지만, 사람들은 적어도 '안심'하고 다시 물을 채워 넣을 수 있었습니다.

이번 국정원 사건을 여기에 비한다면 어떻게 될까요? 자살한 직원을 둘러싼 의혹은 실종 신고에서부터 수색, 현장 조사, 증거물 처리 등 모든 절차에 물음표가 달렸습니다. 사건의 '본안'인 해킹 의혹은 더할 나위 없었지요.❈ 매번 오락가락 달라진 국정원의 말들은 일일이 열거하기도 힘듭니다.

물론 여당의 지적대로 국가 안보는 아무리 강조해도 지나치지 않습니다. 그러나 가득한 연못 안에 무시무시한 무언가가 들어 있을지도 모른다는 의혹이 충만하다면… 그럼에도 불구하고 일방적으로 '없다'는 믿음만을 강요한다면… 당국이 이야기하는 그 안보의 연못은 탄탄한 신뢰의 연못이 아닌 깊은 불신의 연못이 되어버릴 수도 있습니다.

저희 JTBC가 이번 불법 해킹 의혹에 대해 끊임없는 시선을 보내고 있는 것 역시 마찬가지 이유입니다. 바로 그 '안보' 그리고 국가기관에 대한 '믿음'을 되찾고 싶기 때문입니다.

❈ 국가정보원이 해외의 불법 감청 프로그램을 구매하여 한국 국민을 대상으로 사용했다는 의혹. 이병호 국정원장은 대북 및 해외 정보전을 위한 연구개발용이었을 뿐 민간 사찰과 같은 불법행위는 없었다고 주장했다. 하루 전인 2015년 8월 18일 경기도 용인에서 국가정보원 직원 임 모씨가 극단적 선택을 한 사건이 일어났다. 그는 숨지기 직전까지 문제의 해킹 프로그램 도입 및 운영 등과 관련해 국정원 내부의 특별감찰을 받았던 것으로 확인됐다.

"사람들의 심리를 잘 이해하고 충분히 반복하면 사각형이 사실은 원이라는
것을 증명하는 것도 불가능한 일은 아닐 것이다."

— 파울 요제프 괴벨스(Paul Joseph Goebbels, 1897~1945)

히틀러와 나치 정권 미화의 선봉장 괴벨스의 말입니다. 사각형과 원이
란 무엇인가? 결국 단어에 지나지 않아서 비록 왜곡된 사실을 담은 단어라
해도 반복하고 반복해서 귀에 심으면 대중들 마음속에는 점차 진실로 자
리 잡게 된다는 논리.

그 역시 사각형을 원으로 만들기 위해서 괴벨스가 얘기한 충분한 반
복, 아니 차고도 넘치는 반복을 무기로 삼았습니다.✱

"(이명박 대통령은) 금세기 최고의 대통령"

"안철수나 문재인이 대통령 할 바에 개나 소나 …"

"기호 1번 대한민국, 2번 북조선인민공화국"　— 국정원의 댓글 조작 내용

✱ 이명박 정부 시절 국정원장으로 재직하며 정치 개입, 특수활동비 불법 사용, 뇌물 공여 혐의로 재판을 받은
원세훈 전 국가정보원장에게 2021년 11월 징역 9년의 실형이 확정됐다. 앞서 원세훈 전 원장은 2012년 총
선과 대선에서 국정원 심리전단 직원을 동원해 특정 후보를 겨냥한 댓글을 달게 하여 선거에 영향을 미친
혐의로 기소돼 2018년 4월 징역 4년을 확정받았다.

돌이켜보면 2012년 겨울. 대통령 선거를 며칠 앞두고 덜미가 잡힌 국정원 댓글부대의 여론 공작 활동, 그것 역시 선거 결과를 사각형에서 원으로 만들려 했던 어두운 반복 활동의 정점에 있었던 사건이 아닐까. 그날 문제의 오피스텔 앞에선 이틀 밤에 걸친 대치전이 벌어졌고, 마침내 모자와 목도리로 얼굴을 숨긴 국정원 직원이 모습을 드러냈을 때 사람들은 직감했습니다. 진실은 저렇게 가려질 것이다.

'셀프 감금'은 강압에 의한 감금으로 둔갑했고 수사팀은 좌천됐으며, 검찰총장은 이른바 찍어내기로 날아가는 동안에 진실은 그렇게 가려졌습니다. 그리고 5년이 지난 지금. 항소심과 상고심, 다시 파기환송심을 거치면서 재판이 우여곡절을 겪어온 사이에 JTBC가 보도한 국정원 댓글 사건의 진실은, 반복된 세뇌에도 불구하고 사각형은 그냥 사각형이란 사실을 절감하게 해줍니다.

> "국민의 일부를 처음부터 마지막까지 속일 수는 있다. 또한 국민의 전부를 일시적으로 속이는 것도 가능하다. 그러나 국민 전부를 끝까지 속이는 것은 불가능하다." ─ 에이브러햄 링컨(Abraham Lincoln, 1809~1865)

괴벨스는 링컨의 이 말을 믿지 않았을까? 추측건대 괴벨스는 알고 있었을 것입니다. 국민이 결국 진실을 알게 되더라도 이미 때는 늦을 것이라는 것을… 먼 길을 돌아 진실에 닿을 때까지 우리는 너무 많은 것을 잃었습니다.

"만수무강하옵소서."

고등학교 시절 사회 과목 선생님은 늘 수업을 시작하기 전 창밖을 향해 허리를 한껏 굽히시고는 그렇게 외쳤습니다. 그가 허리를 굽힌 쪽은 바로 그 시대의 최고 권력자가 있던 곳, 청와대였습니다. 그 직전에 10월 유신이 있었고 그 최고 권력자는 바야흐로 종신 대통령을 꿈꾸고 있었을 때였지요. 그러니 '만수무강하시라'는 얘기는 소원대로 평생 동안 권력을 누리시라는 얘기였습니다.

그러나 우리는 그것이 반어법을 쓴 비아냥이라는 것을 알고 있었습니다. 차마 하고 싶은 말을 할 수 없었던 선생님은 매일 빠짐없이 만수무강을 외치며 허리를 굽혔고, 우리는 박장대소로 그 선생님을 응원하는 것을 마치 의식처럼 치러냈습니다. 선생님과 우리만이 아는 그 의식은 눌려 있던 시대의 탈출구, 바로 풍자였습니다.

"트럼프 대통령, 당신의 에미상이 여기 있다."

어제 미국의 에미상 코미디 부문 조연상을 수상한 배우 알렉 볼드윈(Alec Baldwin)은 이렇게 말했습니다. 기억하시겠습니다만 그는 90년대를 풍미한 배우 중 한 명이었지요. 그런 그가 다시 인기를 얻은 것은 다른 것도 아닌 트럼프에 대한 풍자 덕분이었습니다. 언론의 자유를 수정헌법 1조에 내세우고 있는 나라이지만 그들에게도 풍자는 필요했던 모양입니다. 그래도 대놓고 풍자하고 상도 주고받으니 우리가 겪어온 것에 비하면 나은 것일까요.

오늘, 이 땅에서는 또 한 명의 코미디언이 검찰에 출석했습니다.[●]

> "정말 요즘 말대로 '실화냐?' 묻고 싶다"
> — 김미화(코미디언)

그렇습니다. 모두가 그렇게 생각하고 추측하고 있었지만 이제 와 드러난 걸 보면, 김미화 씨 그건 모두 실화였습니다. 은밀하게 때로는 조잡하게 사방을 옥죄고, 나아가 아예 비판 자체를 말살시키고자 했던 먹빛의 세상은 이어지고 있었던 것입니다.

그래서 우리에게 광장이 없었더라면… 그 먼 옛날 사회 과목 선생님의 "만수무강하옵소서" 그 반어법적 풍자가 또다시 필요했을지도 모른다는 생각에 잠시 어지러움을 느끼는…

[●] 김미화 씨가 이명박 정부 시절 작성된 '문화계 블랙리스트'와 관련해 참고인 신분으로 검찰에 출석했다. 문화계 블랙리스트 명단에는 김미화를 비롯하여 조정래, 진중권, 이창동, 박찬욱, 봉준호, 김제동, 신해철 등 80명의 이름이 올라 있었다. 국정원의 이런 공작은 지금까지도 관련 문건이 발견되고 있다.

기원전 480년. 30만의 페르시아군과 이들을 호위하는 함대는 그리스
의 영토와 에게해 앞바다에 그 위용을 드러냈습니다. 이들과 맞서 싸운 이
들은 최정예 스파르타군 300명이었습니다. 조국이 그들에게 내린 임무는
'싸우다 죽는 것'. 그들은 임무를 완수했고 역사상 가장 유명한 최후의 저
항 전쟁이었던 테르모필레 전투는 신화가 되었습니다.

이들 300명의 스파르타는 21세기 대명천지에 엉뚱한 곳에서 부활했으
니, 그들의 이름 또한 '스파르타'. 당연히 테르모필레 전투를 배경으로 한
영화 〈300〉에서 따온 이름으로 추정됩니다.

"스파르타라는 이름은 댓글 요원이 대략 300명쯤 되는 점에 착안해 영화
〈300〉에서 따온 것 같다."
　　—국방부 사이버 댓글 조사 TF

이명박 정부 시절 국방부 직할 정보 수사기관인 기무사가 구성한 최정
예 스파르타 군사들. 그러나 그 무적의 300명에게 주어진 임무는 조직적
댓글 공작이었습니다.

"투철한 국가관"을 가진 "최고의 전사들".•

그들은 국정원의 댓글부대 그리고 국군 사이버사령부 심리전단과 연합해서 유한한 정권에 무한의 권능을 얹어주고자 했던 것이지요.

여기에 믿기 힘든 그 한마디도 추가되었습니다. "확실한 우리 편을 뽑으라"는 이명박 대통령의 요구가 있었다는 것입니다. 특정 지역 출신을 배제하고 이념과 성향 분석을 통해 국가관이 투철한 이른바 '우리 편'을 가려냈다고 하니… 국민을 아군과 적군, 국민과 비국민으로 가르려 했던 시도는 4·3과 5·18을 넘어 면면히도 지속돼왔던 셈입니다.

기원전 480년. 스파르타의 용맹한 300명 군사들이 맞서 싸운 상대는 외부로부터의 적이었습니다. 그들은 가족과 조국을 위해 싸웠고 신화가 되었지요.

지나는 자여, 가서 스파르타인에게 전하라.
우리들 조국의 명을 받아 여기에 잠들었노라.
— 시모니데스(그리스 시인)

서기 2000년도 한참 지난 오늘날. 시민을 지켜야 할 대한민국의 스파르타군은 시민을 적으로 몰아 용맹하게 싸웠으니, 그들은 어떠한 신화가 되어 후대에 남을 것인가.

• 김관진 당시 국방부 장관은 그들이 '투철한 국가관'을 가졌다고 했고, 남재준 당시 국정원장 또한 그들을 '최고의 전사들'이라고 칭하였다.

오늘의 사족.

그럼에도 불구하고 그리스의 도시국가 스파르타는 미담으로만 끝낼 수는 없습니다. 그들은 전쟁과 외교가 나라의 존립 이유였고 예술과 철학을 등한시했습니다. 300명의 댓글 스파르타군을 키워낸 정권을 두고 예술과 철학을 논할 수 없는 것도 공통점이라면 공통점입니다.

1995년 12월 2일 찬바람 부는 겨울의 초입. 그는 꼿꼿한 목소리로 성명을 읽어 내려갔습니다. 검찰의 출두 통보 바로 다음 날 오전 9시에 전격 단행된 이른바 '골목성명'이었습니다. 방송사들은 급히 특보를 편성해 내용을 중계했죠.

"온 나라가 극도로 혼란과 불안"
"전 정권을 타도와 청산의 대상으로 규정한 것은 좌파 운동권의 일관된 주장"
"검찰 수사는 현 정국의 정치적 필요에 따른 것" ― 전두환, 1995년 12월 2일

군형법상 반란수괴 혐의를 받은 전직 대통령의 뒤편에는 측근들이 도열해 있었고, 그의 목소리엔 노기가 서려 있었습니다. 그러고는 호기롭게 국립 현충원에 참배했고 고향인 합천으로 내려가버렸지요.

그리고 찬바람 가득했던 지난 일요일. 22년 전 연희동 골목길에서 들어보았던 익숙한 단어들은 또다시 시민들의 앞에 등장했습니다.

"개혁이냐 감정풀이냐, 정치적 보복이냐"
"국론을 분열"시키고, "외교 안보를 더욱 위태롭게 만든다"
― 이명박, 2017년 11월 12일

4분에 걸친 이른바 '공항성명'이었습니다. 그의 목소리에도 또한 '역정'이 묻어났습니다.

마치 데자뷔와 같이 다른 듯 닮아 있었던 1995년의 '골목성명'과 2017년의 '공항성명'. 하긴 연희동 골목성명에 담겨 있었던 그 말들은 바로 얼마 전 또 다른 전직 대통령의 법정 진술에도 등장했다 하니… 청산 대상이 된 전직 대통령들에게는 이른바 표준 작문법이라도 있는 것인지 모르겠습니다.

> "모든 책임은 저에게 …
> 여타의 사람들에 대한 정치 보복적 행위가 없기를"
> ―전두환

> "역사적 멍에와 책임은 제가 …
> 법치의 이름을 빌린 정치 보복 마침표가 찍어졌으면"
> ―박근혜

그러나 결기 있게 쏟아낸 주장은 되레 그가 처한 현실을 더욱 극명하게 드러내주고 있었으니… 당시의 국방 장관은 구속 수감되어 "우리 편을 뽑으라" 했다는 대통령 지시를 실토했고, 이른바 '우리 편'으로 구성된 국가정보기관 요원들이 댓글과 내부 사찰에 내진하는 사이, 정작 안보에는 구멍이 뚫려 북한 김정일의 사망조차 파악하지 못했습니다.

22조 원을 쏟아부은 4대강 비난 여론을 잠재우기 위해서, 더 나아가서는 차기 대선판마저 흔들기 위해서 막대한 댓글 비용을 지불했다는 의심을 받고 있는 정권. 그 정권의 수장이 역정을 섞어 던진 안보와 경제라는 단어를 어떻게 받아들여야 할 것인가.

다른 듯 닮은… 1995년의 '골목성명'과 2017년의 '공항성명'.
그들이 걱정한 것은 나라의 안위였을까, 그들의 안위였을까.

너무 많이 먹어 슬픈 짐승, 코끼리

"코끼리는 나라에 유익한 것이 없고 먹이는 꼴과 콩이 다른 짐승보다 열 곱절
이나 되어 하루에 쌀 2말, 콩 1말씩이온즉 … 도리어 해가 되니 바다 섬 가운
데 있는 목장에 내놓으소서."

　—『세종실록』세종 3년(1421) 3월 14일

　조선 땅에서 코끼리는 천덕꾸러기 신세를 면하지 못했습니다. 일본 무
로마치 막부에서 선물 받은 코끼리는 실수로 양반을 밟아 죽여서 귀양까
지 가게 되었고, 각 지역의 관찰사들은 코끼리 사육의 어려움을 앞다투어
호소하는 상소문을 올렸습니다.

"청컨대 충청·경상도까지 아울러 명하여 돌아가면서 기르도록"

　—『세종실록』세종 2년(1420) 12월 28일

"1년에 소비되는 쌀이 48섬이며, 콩이 24섬입니다."

　—『세종실록』세종 3년(1421) 3월 14일

　너무 많이 먹어서 슬픈 짐승. 조선 땅에 건너온 코끼리의 죄는 그러했
습니다.

　흰 코끼리를 신성시하는 고대 태국의 국왕들은 얄미운 신하를 골라 흰

코끼리를 선물하고는 했다는군요. 왕의 선물을 받은 신하는 신과도 같은 코끼리를 정성을 다해 키워야 하는데… 엄청난 먹이를 먹어치우는 코끼리 때문에 오히려 고통을 받게 된다는 얄궂은 이야기입니다. 이러나저러나 코끼리는 너무 많이 먹어서 슬픈 짐승. 그러니 흰 코끼리는 우리 식으로 말하자면 '돈 먹는 하마'쯤의 의미가 되겠지요.

화이트 엘리펀트(white elephants) 돈만 많이 들고 쓸모는 없는 것
— 『가디언(The Guardian)』

영국 일간지 『가디언』이 전 세계의 건축 사업 중 천문학적인 비용이 들어갔으나 정작 쓸모는 없는 아홉 개의 건축 사업을 선정했습니다. 그 아홉 마리의 흰 코끼리 가운데 한국의 4대강 사업이 포함되었다는 소식. 『가디언』은 '4대강 공사 이후 오히려 수질 악화가 우려되고 있으며 앞으로도 막대한 유지 비용이 투입될 것'이라는 내용을 보도하면서 우리의 낯을 뜨겁게 만들었습니다. 그가 습관처럼 자주 입에 올렸던 '국격'이라는 단어는 바로 그들 자신에 의해 무너지고 있는 것은 아닐까.

"코끼리는 나라에 유익한 것이 없고 너무 많이 먹어 … 도리어 해가 되니 …
바다 섬 가운데 있는 목장에 내놓으소서."

너무 많이 먹어서 슬픈 짐승 코끼리는 그 이후에 어떻게 되었을까. 아쉽게도 귀양까지 다녀온 그 코끼리에 대한 기록은 세종 3년(1421) 이후 실록에서 사라졌습니다.

그리고 그 또한 너무 많이 먹어서 슬픈 짐승. 흐르는 물을 가두어버린 이 거대한 건축물을 우리는 이제 어찌해야만 할 것인가.

오늘의 사족입니다. 요즘 식으로 말하지요.

#그런데_로봇물고기는?

이미 잊으셨을지 모르겠지만 로봇물고기의 역할은 강물의 오염도를 측정하는 것이었습니다. 결국 오염 측정은커녕 뇌물로 얼룩졌지만 말입니다.

선조들은 나비 중에서도 범나비, 즉 호랑나비를 유독 편애했습니다. 옛 시조는 물론 민화와 화병 속에도 호랑나비는 자주 날아다녔고, 봄이나 아침에 호랑나비를 보면 길하다는 속설도 있었습니다. 크고 화려한 날개 때문이었을까. 호랑나비는 날갯짓 한 번으로도 사람들의 시선을 모아냈습니다.

그리고 우리에게 친숙한 호랑나비. 1989년 곡 〈호랑나비〉의 가수 김흥국 씨가 새삼 세간의 시선을 모으고 있습니다. 이명박 정부 국정원과 MBC가 이른바 블랙리스트 방송인을 퇴출하는 과정에서 의외로 보수 성향의 김흥국 씨가 포함된 곡절이 알려졌기 때문이었습니다. 알고 보니 그의 방송 퇴출은 '위장용'이었다는 사실…

> 보수 연예인은 김흥국 한 명이지만, 축출 대상 종북 방송인은 여러 명.
> 김흥국의 희생은 1 대 4~5의 값어치가 있는 것으로 판단
>   —『경향신문』 2017. 12. 04.

국정원의 문건 속에 등장하는 방송사의 간부는 이렇게 말했습니다. 자신들이 몰아내고자 했던 이른바 '종북 방송인'을 순조롭게 축출하기 위해서… 아니 그들의 말을 빌리자면 "국정에 부담을 주지 않고 가장 지능적이

고 신속한 방법으로 일을 처리"하기 위해서… 구색 맞추기 식으로 다른 연예인을 퇴출 명단에 함께 포함시켰다는 말이었습니다. 이것은 나비효과가 아닌 이른바 '호랑'나비효과라고나 해야 할까요.

"이제는 지나간 사건" —김흥국(가수)

당시 삭발까지 해가면서 항의했던 김흥국 씨는 이제 그 일에 대해 언급하고 싶지 않다고 말합니다. 하긴 불과 몇 년 전에 있었던 그 웃지 못할 비정상을 다시는 떠올리고 싶지 않은 사람들은 비단 김흥국 씨 한 사람뿐만은 아니겠지요. 그리고 보면 호랑나비가 꿈에 등장한다는 '호접몽胡蝶夢'은 잠에서 깨고 나면 그만인, 한없이 덧없고 덧없는 인생사를 상징하기도 합니다. 김흥국 씨의 그 노래 말미에 나오는 헛헛한 웃음소리처럼 말입니다.

오늘의 사족입니다.
블랙리스트와 형평을 맞춘다는 꼼수를 위해 김흥국 씨를 퇴출한 그 방송사의 간부는 "가장 지능적이고 신속한 방법으로 일을 처리"하겠다고 장담했다지만… 사실은 당시에 이미 모두 그 사실을 알고 있을 정도로 크게 티가 났으니, 뭐 그리 지능적이진 않았던 것 같습니다.

"지금 이 순간에도 속기 위해 태어나는 사람들이 있다."

쇼 비즈니스의 창시자 피니어스 테일러 바넘(Phineas Taylor Barnum, 1810~1891)의 말입니다. 바넘은 화려한 서커스 쇼를 만들어 세상을 매료시킨 사업가였습니다. 그는 계산에 밝았고 언론플레이의 귀재였으며 노이즈 마케팅의 원조였습니다. 무일푼으로 시작했던 그의 삶은 성공을 거듭했지만, 그 성공의 이면은 세상을 현혹시킨 특출한 능력으로 가득 차 있었습니다. 80대 흑인 노예를 일컬어 161세라 선전한 것을 시작으로, 열차에 치여 죽은 코끼리를 박제해서 새끼를 구하려다 죽었다는 스토리를 입혀 홍보한 내용은 유명한 일화이기도 합니다.

그의 삶은 매혹적인 모순으로 가득했고, 자신의 사기 행각마저 기록해서 선전한 그의 자서전은 19세기 말 성경을 제외하고 가장 많이 팔린 책으로 회자되기도 했습니다. 그의 삶을 영화화한 작품의 제목은 이러했습니다. 〈위대한 쇼맨(The Greatest Showman)〉.

우리가 아는 또 한 사람. 그의 인생 또한 영화와도 같았습니다. 무일푼으로 시작했으나 타고난 사업가였고 승부사였으며 계산에 밝았던 사람. 그는 성공에 성공을 거듭하여 대중의 지지를 받았고 마침내 권력을 얻었습니다.

그의 별명은 자칭 '컴도저'. 컴퓨터와 불도저를 합친 말. 치밀한 계산과 추진력, 그는 정말 그랬던 것 같습니다. 특히 다스와 관련해서는 말입니다. 단 한 주의 주식도 가지지 않았으며 배당도 받은 적 없다고 했던 항변과는 달리, 그의 이름을 또렷이 적시한 검찰의 영장은 서로 정반대의 이야기를 하고 있었습니다.

"실주주 이명박" ─이병모(청계재단 사무국장) 구속영장

그것이 지난 10여 년간 던져진 질문에 대한 답변으로 우리 앞에 내려진 검찰의 결론이었습니다.

"대중은 자신이 속는 줄 알면서도 즐거워하는 경향이 있다."

19세기 말 위대한 쇼맨이었던 바넘이 던진 그 말은 적어도 그것이 쇼의 영역이기 때문이었을 것입니다. 그러나 정치는 쇼가 아니라 우리의 삶이므로…

"새빨간 거짓말입니다. 여러분. 저는 그러한 삶을 살아오지 않았습니다.
누가 나에게 돌을 던질 수 있습니까."
─이명박, 한나라당 제17대 대통령 후보 선출 선거 합동 연설회, 2007년 8월 17일

지금 우리는 즐겁지 않습니다.

"각하가 사라지고 있다."

한 팟캐스트 진행자의 발언이 논란이 됐습니다. 그는 언론의 미투 보도 탓에 전직 대통령의 더 커다란 범죄가 가려지고 있다고 지적했습니다. 그러나 세상이, 그가 이야기하는 '각하'를 잊어본 적이 있었던가. 그의 주장과는 정반대로 이명박 전직 대통령은 내일 전 국민이 바라보는 가운데 검찰청 포토라인에 서게 될 것이고, 그를 향한 수많은 의혹의 불은 켜질 것입니다.

또다시 전직 대통령을 포토라인에 세우게 된 나라. 그렇습니다. 그런 나라는 흔치 않습니다. 더군다나 그가 재임 시 늘 부르짖었던 '국격'을 떠올리면, 그의 입장에서 볼 때 대한민국의 국격은 또다시 땅에 떨어지는 것일지도 모르지요.

하지만 과연 그럴까. 돌이켜보면 전직 대통령들의 포토라인 출두는 그 자신들에게는 비극이었지만 공화국에는 대부분 진보였습니다. 한국의 시민사회가 여전히 민주화를 추동하고 그 결과로 전직들을 포토라인에 세웠으며, 그 대가로 우리의 공화국은 조금씩 더디게라도 민주화로 나아갔으니까요. 국격을 외치던 전직 대통령 그 자신이 20가지에 가까운 혐의로 검찰에 출두하면서, 국격의 진보를 가져올지도 모르는 아이러니…

저는 2007년의 대선 후보 검증 토론을 기억합니다. 이명박 후보는 대선 후보들 가운데 가장 마지막으로 제가 진행하던 토론에 나왔습니다. 그는 예의 '컴도저론'을 내세우면서 자신만만했지요. 그러나 그 자리에 있었던 어느 시민의 질문은 날카로웠습니다. 질문자는 그의 수많은 전과 사실을 지적하면서 "이미 수차례 법을 위반했는데… 법과 질서를 시민에게만 엄격하게 요구"할 수 있느냐고 물었습니다.

"하여간 연구를 많이 하고 오신 것 같습니다."

— 이명박(대선 후보), MBC 〈100분 토론〉 2007. 10. 11.

그는 질문에 정면으로 대답하지 않았습니다.

이제 그는 또다시, 20개에 가까운 혐의점에 대해서 이번에는 정면으로 대답해야 할 시간이 왔습니다. 그리고 우리는 다시, 착잡함 속에 그 결과를 지켜볼 것입니다. 이 모든 과정과 결과는, 다시 말씀드리지만…
세상이 '각하'를 잊지 않았기 때문이기도 합니다.

4. 땡볕의 웨이팅… 그 아이의 햄버거

오늘 태어난 아이와 오늘 죽은 사람, 가장 힘 있는 사람과 가장 힘없는 사람, 가장 부자인 사람과 가장 가난한 사람, 가장 기쁜 사람과 가장 슬픈 사람. 그 사이에 저 널리즘이 있다. 앵커브리핑도 그러했다. 무엇을, 무엇에 대해, 무엇을 위해 쓸 것인가. 돌고 또 돌다 보면 그냥 자연스레 당도하게 되는 곳. 그곳으로 향하는 것이 우리의 마음을 편하게 했다. 다음의 앵커브리핑들은 우리가 어느 곳으로 향했는지를 보여준다.

이번만큼은 별로 떠난 가슴 아픈 그 아이를 위해…

책문 속 고민과 수능 출제방식 재검토

책문策問. 조선시대 왕이 관료를 뽑을 때 출제한 일종의 논술시험 문제를 말합니다. 당시 왕들은 이런 문제들을 냈다고 하는군요. "그대가 공자라면 어떻게 정치를 하겠는가?"(중종 10년, 1515) 중종이 출제한 시험문제입니다. 30대의 광해군은 "섣달 그믐밤의 서글픔. 그 까닭은 무엇인가"(광해군 8년, 1616)라는 책문을 내놓았습니다. 당시 여든을 넘긴 급제자가 나온 것이 화제가 되었을 만큼 암기와 벼락치기로는 절대 풀 수 없는 문제들입니다. 수많은 독서와 사색을 통해야만 답안을 써넣을 수 있는 문제들… 선비들의 학문적 깊이를 보여주는 사례라 할 수 있겠지요.

"수능 출제방식을 재검토하라."

어제 박근혜 대통령이 이런 지시를 내렸습니다. 무려 64만 명이 응시한 수능은 올해로 2년 연속 출제 오류 사고를 냈습니다. 실수 안 하기 경쟁이 되어버린 수능시험이 정작 출제에서 실수를 저지른 셈이었죠. '수능'이 아니라 '무능', 수학능력 '시험'이 아니라 수학능력 '실험'이란 비아냥이 나올 만큼 수능은 어느새 조롱거리로 추락했습니다.●

● 2022학년도 대학수학능력시험에서도 출제 오류가 있었다. 출제 기관인 한국교육과정평가원의 원장이 사과하며 사퇴했고, 교육부는 출제방식과 이의심사 제도 개선 방안을 마련하겠다고 밝혔다. 그러나 한국에 처음으로 수능 제도를 도입한 박도순 초대 한국교육과정평가원장은 딱 한 번 시험 쳐서 줄 세우는 수능은 이미 시효가 다했다고 말했다.

미래학자인 앨빈 토플러(Alvin Toffler, 1928~2016)가 이런 말을 했더군요. "한국 학생들은 하루 열 시간 이상을 필요치 않은 지식을 배우느라 아까운 시간을 허비하고 있다."

아마도 금방 대책은 나올 겁니다. '출제방식을 바꾸라'는 대통령 지시가 있었고, 제도에 대한 문제점이 불거질 때마다 어떤 식으로든 해법은 나왔으니까요. 그러나 지금 우리는 단순히 수능 출제방식을 바꾸는 것을 넘어 보다 근본적인 고민을 시작해야 할 것 같습니다. 단 한 번의 시험으로 12년 배움의 결과를 측정하는 것이 마땅한가… 그리고 그 시험을 통해 64만 청춘의 인생 등급을 매기는 것이 합당한가… 시대의 과제는 무겁고도 깊습니다. 여기서 다시 조선시대 '책문'을 꺼내 봅니다.

"우리의 교육제도는 어떠하며 어떻게 개선해야 할지 말해보라."
― 명종 13년(1558)

1558년 명종 13년 생원회시에 출제된 문제입니다. 아, 그때도 이런 고민이 있었던 거군요. 지금과는 비교도 안 되는 시대에도 그런 고민은 분명히 있었던 모양입니다. 이 시험에 급제한 조종도(1537~1597)는 책문에 이렇게 답변했습니다.

"수많은 사람을 한꺼번에 경쟁시켜 등용하고 그 다음엔 의심치 않으니, 교육이 쇠퇴하는 주된 원인은 바로 이것 때문이다."

담뱃세 인상과 '공초'… "더 태우시렵니까?"

"개별소비세법 일부개정법률안(담뱃값 2,000원 인상)에 대한 수정안은 가결되었음을 선포합니다." (땅! 땅! 땅!) 🔨
— 정의화(국회의장), 2014년 12월 2일 국회 본회의

전국 애연가들의 가슴을 내리치는 소리가 아니었는지 모르겠습니다. 어젯밤 담뱃값 2,000원 인상안이 국회 본회의를 통과했습니다. 애연가들의 여론은 부글부글 끓고 논란은 뭉게뭉게 퍼지고 있습니다. 마치 담배 연기처럼 말이죠.

애연가들의 원망은 정치권을 향합니다. 무려 80% 인상안을 밀어붙인 여당은 물론, 늘어나는 세금을 어디다 쓸 것인가에만 매달린 야당 역시 눈총 받긴 매한가지입니다. 부족한 나라 곳간 때문이든 아니면 정말로 국민 건강 때문이든, 국가가 벌인 담배와의 전쟁은 알고 보면 유래가 깊습니다.

"조선을 담배의 나라로 만들겠다. 담배를 '치국의 도'로 삼는다."
정조는 담배 사랑이 대단했습니다. "가슴이 답답한 고질병. 오로지 이 남령초(담배)에서만 도움을 얻었다"라고 말했을 정도라지요. 『동의보감』에도 담배의 효능이 적혀 있더군요. "연초는 한독寒毒(한기가 심해 생기는 병), 풍습風濕(습기로 뼈마디가 쑤시고 아픈 병)을 몰아내며 살충 효과가 있다.

냉한 음식에 체한 데 쓰면 신효神效(신기한 효험)하다.˝

그러나 당시에도 역시 돈 이야기가 나왔습니다. 18세기 실학자 이덕리는 『기연다記烟茶』라는 책에서 이런 주장을 폈습니다.

전국 360개 고을마다 만 명 넘는 흡연자가 있으니 비용을 한 사람당 하루 1문(푼)으로 쳐도 1년에 1,260만 냥이 된다. 온 나라에 흉년이 들어도 충분히 구휼할 수 있는 큰 재물이다.

한 냥이 지금 물가로는 7만 원가량이라는 학자들의 견해가 있으니, 담배를 금함으로써 절약되는 1,260만 냥은 지금 돈 9,000억 원에 육박합니다. 어마어마하게 큰 액수지요.

담배를 금하는 대신 백성을 구휼하자는… 돈을 둘러싼 담배전쟁, 돈 전錢 자를 사용한 '전쟁錢爭'이 벌어진 것인데요. 얼핏 보면 담뱃세를 올려 국민 건강을 구제하겠다는 지금의 정부 발상과 일맥상통해 보이기도 합니다. 그러나 국회는 담뱃갑에 흡연경고 사진을 넣는 것조차 무산시켰지요. 조선시대 이덕리는 구휼이라는 복지적 관점에서 금연론을 펼쳤다지만 우리는 그렇다면 무엇을 위해 담뱃값을 올린 것일까요?

나와 시와 담배는… 삼위일체

공초空超 오상순 시인의 작품 「나와 시와 담배」 중 한 구절입니다. 담배를 너무 사랑해서 호를 공초라 지었던 시인. 세수할 때조차 담배를 놓지 않았다는 일화로 유명했습니다. 그러나 세상이 변하고 사람들의 인식 또한 달라지면서 이제 담배의 낭만은 옛이야기가 되어버렸습니다.

답답한 마음에 담배나 한 대 더 태우시렵니까? 아니면 저처럼 앉은 자리에 풀도 안 난다는 금연의 길로 들어서시렵니까? 애연가들에게 잔인하게 다가올 2015년은 이제 겨우 한 달 남았습니다.

크리스마스이브 'Santa 訪問'

"Santa 訪問"

쉬운 말 놔두고 군이 영어와 한자를 섞어 쓴 이유는 따로 있습니다. 얼마 전 인터넷에서 화제가 되었던 한 유치원의 가정통신문 때문입니다. 'Santa 訪問에 관한 안내문'이라는 제목인데요. 몇 줄 읽어볼까요?

> 이 안내문을 英語와 漢字를 섞어서 쓰고 봉해 보내는 이유는 우리 어린이들이 Santa에 대한 神秘感을 지니게 하여 동심의 즐거운 追憶을 주기 위해서입니다.

어른들이 읽기에도 어렵군요. 혹시나 아이들이 발견해도 내용을 이해 못하게끔 고난도의 장치를 심어놓은 것이지요. 산타를 믿는 아이들을 위한 선생님의 재치가 돋보입니다.

산타의 방문. 내가 잠든 사이 누군가 몰래 선물을 두고 간다는 이야기는 산타를 믿지 않는 우리 어른들에게도 한 번쯤 다시 경험해보고 싶은 판타지일지도 모르겠습니다.

1843년 발표된 찰스 디킨스의 소설 『크리스마스 캐럴』을 기억하실 겁니다. 인정머리라곤 없는 지독한 구두쇠 스크루지는 성탄 전날에 과거와 현재, 미래를 기적적으로 경험한 뒤 이웃과 함께 행복한 크리스마스를 맞이합니다. 오 헨리의 단편소설 『크리스마스 선물』에도 탐스러운 머리카락을 팔아 남편의 시계줄을 산 아내와, 시계를 팔아 아내의 머리핀을 준비한 남편의 이야기가 나옵니다.

이런 낭만적이고도 아름다운 고전들이 오랜 시간 회자되는 이유는 그만큼 어른들이 사는 세상이 조금은 황폐하고 삭막하다는 이야기가 되겠지요. 오늘만큼은 산타가 되어야 하는 엄마 아빠도, 혹은 아직도 산타의 선물을 기대하는 누군가에게도 마법 같은 판타지가 실현되면 좋겠습니다.

"아이들이 9시까지 깨어 있을 것이라고는 생각 못했다." 지난 2011년 미국 〈폭스뉴스(Fox News)〉의 앵커 로빈 로빈슨(Robin Robinson)이 한 말입니다. 뉴스 진행 도중 '산타는 없다'고 말해 시청자의 거센 비난을 받은 로빈슨은 다음 날 바로 공식 사과방송을 했다지요.

그나저나 지금 시각 역시 9시가 다 되어가는군요. 이미 눈치챈 분들도 있겠지만 저희는 이미 여기에 '경고등'을 켜놓고 있었습니다.[*] 13세 이상만 보셨기를 바랍니다. 아, 혹시 13세 이상이어도 산타를 믿는 분들을 위해… 마지막으로 산타가 없다고 주장하는 분들께 질문을 하나 드리지요.

산타 할아버지가 없다는 것, 과학적으로 증명하실 수 있습니까?

---

[*] 이날 특별히 〈뉴스룸〉 방송 화면 오른쪽 상단에 '13'이란 숫자를 올려놨다. 13세 이상 어른들만 몰래 시청해달라는 당부였다.

'팔조법금'··· 간통죄, 반만년 만에 일단락 2015. 02. 26.

후한시대 역사서 『한서漢書』에 따르면 고조선에는 여덟 조목의 법률, 즉 '팔조법금'이 있었습니다. 여기 '간통죄'가 포함돼 있었다는 견해가 통설이라 하더군요. 기원전 1750년경 고대 바빌로니아의 함무라비 법전에도 간통죄 규정이 있었다 하니··· 알고 보면 '간통죄'는 동서양을 막론하고 지금까지 이어져온, 그야말로 '반만년 정조법'이라 할 수 있을 것 같습니다.

간통은 오래된 만큼 논란의 역사도 깊습니다. 1926년 10월 23일 자 신문 기사입니다.

> 첩을 둔 남편을 혼내달라며 발악을 하여 법관을 웃기는 중
>
> —『동아일보』1926. 10. 23.

간통 혐의로 법정에 서게 된 여성이 첩을 둔 남편도 함께 혼내달라 주장했는데 법관들이 웃었다는 이야기입니다. 과거에는 간통죄가 부녀자만 처벌해왔기 때문이었습니다. 이런 상황이 이어져왔으니, 그로부터 한참 뒤인 1954년 정비석이 쓴 소설 『자유부인』이 던진 파장은 한국 논쟁사에 남아 있을 정도입니다.

금지와 위반, 자유와 처벌에 대한 사회적 고민이 지속되는 사이 법에 대한 논란은 이어졌고, 오늘 드디어 반만년 만에 일단락이 지어졌습니다.

법은 시대와 함께 호흡하는 것이 필요합니다. 1973년에 나온 개정「경범죄처벌법」을 기억하시는지요. 미니스커트와 장발, 불경한 차림을 단속했던 이 법은 지금 눈으로 본다면 '시대착오'. 실소를 자아내게 하는 장면입니다. 그러나 이 법은 올림픽이 열렸던 1988년까지 존속했다고 하는군요.

최근 논란이 된 이른바 '장발장법' 역시 마찬가지입니다. 배가 고파 분식집에서 현금 2만 원과 라면 10봉지를 훔친 사람이 징역 3년 6개월을 받았고, 남의 밭에서 배추 두 포기를 뽑아 도망가다가 마을 주민을 때렸던 사람은 강도상해죄로 3년 6개월 형을 받았습니다. 가난한 농경 사회였던 60년 전 제정된 형법이 한 번도 정비되지 않았던 까닭에서입니다.

"중공군 50만 명에 해당하는 이적 행위다." 1950년대 소설『자유부인』의 신문 연재를 비판하던 황산덕(1917~1989) 당시 서울 법대 교수의 말입니다. 심지어 '북괴의 사주를 받은 이적 소설'이라는 말까지 나왔고… 급기야 작가 정비석은 치안국, 특무부대 등 고발과 투서가 들어간 곳마다 불려가 조사를 받았다고 합니다. 그때나 지금이나 색깔론은 여전합니다.

이젠 간통죄가 역사 속으로 사라지게 됐으니 이런 논쟁도 더 이상 필요 없게 됐는지도 모릅니다. 다만 한 가지 멈춰 서서 생각할 것은 있습니다. 이 법의 폐지는 과연 소설 제목처럼 모두를 자유롭게 하는 것인가… 벌써부터 주식시장에서는 어떤 종목이 뛰어올랐다는 등, 주로 불륜을 소재로 했던 어떤 드라마는 막을 내릴 것이라는 등 우스갯소리가 들리는 지금. 간통죄의 폐지가, 우리 사회가 그럼에도 불구하고 추구하고 지켜내야 할 가치를 마냥 자유롭게 해방시켜야 한다는 뜻은 물론 아니겠지요.

'혼밥족, 2인 1닭' 슬픈 신조어… '미안하지만'

2015. 03. 05.

'혼밥족'이라는 신조어가 있습니다. 혼자서 15분도 안 되는 빠른 시간 동안 밥을 먹는다는 이 혼밥족은 주로 20~30대 젊은 층이 대부분입니다. '독강족獨講族', 즉 혼자 강의를 듣는 대학생 역시 늘고 있다고 하는군요. 심지어 언제부턴가는 이런 말도 생겼습니다. '2인 1닭'. 치킨을 시켜도 혼자선 다 먹기 힘든 싱글족들이 치킨을 같이 시킬 사람을 모집한 뒤에 2인 1닭, 사이좋게 반반씩 나눠간다는 겁니다. 물론 같이 먹는 것은 아닙니다. 반반씩 나눈 뒤에 그냥 쿨하게 헤어진다는군요.

'개인화, 파편화가 일상화된 요즘 젊은이들답다.' 이렇게 여길 수도 있 겠지만 차라리 혼자가 편한 이유는 무엇일까. 자세히 들여다보면 마음은 사뭇 짠해집니다.

● 연애, 결혼, 출산, 대인 관계, 내집 마련 중 포기한 것이 있나?

결혼(50.2%) > 내 집(46.8%) > 출산(45.9%) > 연애(43.1%) > 대인 관계(38.7%)

—취업포탈 사람인

한 취업포털 업체가 2030세대에게 질문을 해봤습니다. 연애, 결혼, 출 산, 대인 관계, 내집 마련 중 포기한 것이 있는가? 열 명 중 여섯 명(57.6%) 의 젊은이가 고개를 끄덕였고, 이 중 절반(50.2%)이 '결혼을 포기했다'고 답했답니다. 이들의 곤궁한 생활은 공식 통계에서도 엿보입니다.

11.2%	7%	-0.8%	-0.6%	4.1%
30대 미만	30대	40대	50대	60대 이상

가구주 연령별 가계부채 증가율

0.7%	2.9%	7.2%
30대 이하	40대	50대

전년 대비 가계소득 증가율(2인 이상 가구)
─통계청, 2014

젊은 층의 가계부채 증가율이 눈에 띄게 증가했습니다. 반면 20~30대 2인 이상 가구의 작년도 소득 증가율은 0.7%. 물가 상승을 감안한다면 사실상 제자리 혹은 마이너스입니다. 청년 실업률은 9%. 임시직, 일용직, 취준생 그리고 구직을 단념한 이들을 포함하면 체감 실업률은 21.8%(107만 명). 청년 다섯 중 한 명꼴이라지요. 이렇듯 젊은 층은 여기저기서 통증을 호소하고 있는데, 그저 아프니까 청춘이라고 위로하면 되는 걸까요?

미안하지만 나는 이제 희망을 노래하련다

─기형도, 「정거장에서의 충고」

기형도 시인의 작품 한 구절입니다. 어린 시절 가난이 상처였던 시인은 '미안하지만'이라는 단서를 붙이며 희망을 노래하고 싶다고 말했습니다. 그리고 지금 시대 역시 희망을 말하기 위해서는 여전히 '미안하다'는 말을 앞에 붙여야 할 것 같습니다.

이들 뒤면 이 젊은 시인이 세상을 떠난 지 꼭 26주기가 됩니다. 살아 있었다 해도 그는 자신의 시대에 그랬던 것처럼… 자신의 다음 세대에게도 늘 미안해했을 것 같습니다.

꿀알바.

정신이 아득할 만큼의 힘든 노동이 아니라 쉽게, 그리고 많은 돈을 벌
수 있는 그야말로 꿀 같은 아르바이트 방법을 말한다고 합니다. 요즘 신조
어입니다.

그런데 말이 '쉽게'이지 자칫 몸을 축낼 수도 있는 알바가 있습니다. 매
혈, 즉 임상시험을 위해 피를 뽑는다는군요. 아르바이트거리를 찾지 못하
거나 일거리 하나로는 견뎌내기 힘든 학생들이 이런 식의 '꿀알바'를 찾는
다고 합니다. 그리고 이건 비단 요즘의 얘기는 아닙니다.

지난 1955년 영등포공업고등학교 야간학부에 다니는 신동균이란 학
생이 있었습니다. 고학생이었던 신 군은 아버지 제사비를 마련하기 위해
이른바 매혈을 결심합니다. 혈액 1그램에 10환짜리, 혈액은행에 피를 파
는 행렬에 동참했지요. 그러나 피를 팔아서 돈을 쥔 신 군은 결국 고향에
가지 못했습니다. 사후 처치를 제대로 하지 않아서인지 끝내 목숨을 잃게
된 겁니다.[*] 당시 어려운 사정은 누구나 마찬가지여서 피를 팔아 생계를
이으려는 사람들이 혈액은행 앞에 장사진을 이룰 정도였다고 하지요.

---

[*] 『동아일보』 1955년 6월 20일 자에 소개된 고등학생 신동균의 사연.

혈액은행을 통해 본 민생고. 이른 아침부터 장사진.

제 '피'를 팔려고 모여드는 극빈자.

— 『동아일보』 1955. 06. 29.

여기에서 나온 말이 바로 '쪼록꾼'입니다. 매혈을 일삼는 사람을 '쪼록꾼'이라고 불렀다는군요. 유리병 속으로 피가 들어갈 때 나는 소리를 흉내 낸 겁니다. 그러니 그 '쪼록'이란 의성어는 얼마나 가슴이 짠한 소리였을까요.

중국 작가 위화余華의 작품 『허삼관 매혈기』 속에도 허삼관이라는 가난한 노동자가 가족을 위해 매혈, 즉 피를 팔아 돈을 버는 장면이 등장합니다. 피를 판 날 허삼관은 식당을 찾아가 이렇게 주문합니다. "볶은 돼지 간 한 접시와 황주 두 냥. 아, 황주는 따뜻하게 데워서."

가난한 시대를 견뎌내야 했던 이들이 갖고 있는 비릿하고 아픈 추억일 겁니다.

앞서 1부 리포트에서 임상시험을 위해 피를 뽑는 학생들의 모습을 전해드렸습니다. 그들의 모습에서 그 시절 비릿한 냄새를 맡았다고 한다면, 지나친 논리의 비약이 되는 걸까요? "투잡(two job)이 가능한 데다 보수가 높아 돈이 급할 때 한다"는 임상시험 참가 대학생의 이야기는 나이 많은 세대의 마음을 부끄럽고 미안하게 합니다.

밤 기차를 탄다 피를 팔아서
함박눈은 내리는데 피를 팔아서
뚝배기에 퍼담긴 순두부를 사 먹고
어머님께 팥죽 한 그릇 쑤어 올리러
동짓날 밤 기차를 탄다
눈이 내린다

시인 정호승의 「매혈」 중 한 구절입니다. 물론 지금의 이른바 꿀알바와
그 옛날 처절했던 매혈기를 같다고 얘기할 수는 없을 겁니다. 또 임상시험
을 위해 피를 뽑는다는 요즘의 매혈이 예전의 그 매혈과 같을 수는 없겠죠.

그러나 시대가 다르고 정도의 차이가 난다고 한들 자신의 피를 돈과
바꿔야 하는 그 짠함은 크게 다르지 않을 것 같습니다. 어찌 보면 모두가
비슷하게 못 살던 시대의 매혈보다 100층 이상의 빌딩이 올라가는 시대의
매혈이 한결 더 애잔한 것일지도 모르지요. 정호승 시인이 탔던 동짓날 밤
의 기차. 아직도 달리고 있는 것 같습니다.

저녁밥 잘 드셨습니까? 한국인에게 유독 중요한 것. 밥입니다. 밥은 사람의 마음을 대신하기도 하지요. "밥 먹었느냐?" 인사의 의미로 쓰이고요. "밥 한번 먹자!" 자주 건네는 이 말은 친교의 의미로 쓰입니다. 누군가를 걱정할 때는 이렇게 말하지요. "밥은 먹고 다니느냐?" 단순히 한 끼니로만 풀이하기 어려운 것. 바로 밥입니다.

세종대왕은 재위 초기인 1419년에 이렇게 말했습니다. "백성은 나라의 근본이요, 밥을 하늘로 삼는다." 정조 역시 1783년 경기도에 흉년이 들자 "나의 한결같은 걱정은 오직 백성의 먹을 것에 있다"고 말합니다.

식위민천食爲民天(백성은 밥을 하늘로 삼는다). 즉, 밥을 근본으로 삼은 나라의 지극히 자연스러운 풍경일 겁니다.

2015년 대한민국의 오늘에도 밥과 관련된 몇 가지 풍경이 있습니다. 전남대가 지난 1일부터 아침밥 굶는 학생을 위한 건강밥상을 시작했습니다. 아침식당 밥을 1,000원에 내놓은 겁니다. 학생들은 엄마 밥의 따스함을 느꼈다고 입을 모았습니다. 가난한 이들의 든든한 한 끼를 위한 1,000원 밥상을 차렸던 광주 '해 뜨는 식당'의 경우는, 지난달에 주인 할머님이 돌아가셨지만 주변 상인들이 식당을 계속 이어가기로 했답니다. 천 원 밥집을 이어가달라는 할머님의 유언 때문이었습니다. 식위민천. 든든한 밥

한 공기로 이어지는 푸근한 마음들입니다.

한 고등학교에서 이른바 '급식비 검문'이 있었다는 소식을 전해드렸습니다. 친구들이 모두 지켜보는 앞에서 벌어진 교감 선생님의 이른바 '눈칫밥'이었습니다. 뭔가 다른 사정이 있어서 그러셨기를 저희는 간절히 바랍니다. 그러나 어찌 됐든, 선별급식이 돼도 학생들 마음은 다치지 않게 하겠다던 일부의 주장이 무색해진 순간이었습니다.

보편적 급식이 중단된 경상남도에서는 학부모에게 보낸 도의원의 답변 문자가 논란이 되기도 했습니다. "항의 문자 보낼 돈으로 급식비 내라. 어릴 때부터 공짜 좋아하는 아이로 키우면 안 된다"는 내용이었다지요. 이분은 상대편 학부모가 순수한 학부모로 보이지 않아서 그렇게 대꾸했다고 했습니다. 순수한 학부모… 기억하시는 것처럼 세월호 유가족도 그렇게 갈라서 보고 싶어 하는 사람들이 있었습니다.

우주의 중심은 어디?

식탁 한가운데 오른 밥

…

고가도로를 과속으로 달려와, 밥

앞에 무릎을 꿇네

뜨겁게 서려오는 하얀 김

…

밥이 무거운 법法이네   ─김석환, 「밥이 법이다」

「밥이 법이다」라는 제목의 이 시구처럼 뜨거운 밥이 우주의 중심일진
데. 적어도 아이들의 마음속 우주는 지금⋯ 어찌 보면 어른들로 인해 흔들
리고 있는 중입니다. 그것도 예로부터 식위민천, '밥은 하늘'이라 강조해
온 이 땅에서 말입니다.

追考　그해 경상남도는 교육청에 지원하는 무상급식 예산 지원 중단을 선언했
다. 그러나 1년 뒤 경상남도 교육청과 경상남도의 협의로 무상급식을 재개했다.
그보다 전에 아이들 무상급식 논란 끝에 서울시장이 바뀐 경험을 돌이켜보더라
도 아이들 밥값을 아끼는 문제는 예외 없이 첨예하다.

교사, 선생님, 스승.

스승까진 아니더라도 선생님 정도는 돼야 부르는 사람도 듣는 사람도 뭔가 살갑고 정이 갑니다. 공식 명칭은 교사이지만 너무 직업적이고 정도 들어가 있지 않습니다. 그래서 가능하면 방송에서도 교사라는 말은 쓰지 않으려 하는 편입니다.

중·고등학생에게 희망 직업을 물었더니 '선생님'이 1위를 차지했다고 합니다. 하긴 임용시험에도 이미 '고시'라는 단어가 붙은 지 오래됐지요. 그런데 이러한 통계는 다르게 보면 조금 서글프기도 합니다. 선생님이 되고 싶다던 한 학생이 이런 말을 했답니다. "일찍 끝나는 데다 방학 때 쉴 수 있고 신분이 안정적이라서."

이 경우 스승도 아니고 선생님도 아닌, 그냥 교사가 되고 마는 것이겠지요. 그렇다면 학생들이 그토록 희망하는 직업, 교사가 된 선생님들은 어떨까? 선생님 5명 가운데 1명은 '교사가 된 것을 후회한다'고 답했습니다. 우리가 툭하면 인용하기 좋아하는 OECD 국가 중 최하위였습니다.

『중앙일보』가 실시한 SNS 단어 10억 건 빅데이터 분석 결과를 보니 지난 1년간 교사 관련 검색어 1위는 '임용'이고 2위는 '사건 사고'였습니다.

국민 10명 중 8명(83%)은 '선생님이 존경받지 못한다'고 생각한다는 조사 결과도 있었으니… 지금 세상은 어느샌가 선생님과 스승은 사라지고 정말 말 그대로 직업인인 '교사'만 남은 것은 아닌지 모르겠습니다.

오늘 아침에 대길이가 맛동산 한 봉지를 가지고 와서 내 앞에서 봉투를 쭉~ 찢더니, 할머니가 선생님은 6개 주라고 했다면서 나에게 맛동산을 준다. 오늘은 행복했다.
— 김용택, 「맛동산」, 『아이들이 뛰노는 땅에 엎드려 입 맞추다』

전북 임실의 작은 학교에서 아이들을 가르쳤던 김용택 시인의 산문 중 한 구절을 읽어드렸습니다. '맛동산 6개'. 달콤한 과자 몇 알에 행복해진 제자와 선생님. 시골 분교의 동화 같은 풍경이 눈앞에 그려집니다. 이 이야기가 아름다운 이유는, 현실은 그렇지 못하기 때문일 수도 있겠지요.

얼마 전 초등학생 학부모인 저희 제작진 한 사람은 이런 단체 문자를 받았다고 합니다. "청렴한 학교를 위해 불법찬조금, 금품, 향응, 간식 제공 근절 협조 당부합니다."

김용택 시인이 행복해했다던 '맛동산 6개', 그 간식 제공이었습니다.

하루 10시간… 잠자는 봄, 잠 못 자는 봄 2015. 05. 20.

통계 두 가지를 보여드립니다.

첫 번째, '취업이 하고 싶지만 취업을 해본 경험조차 없다'고 답한 20~30대 청년들의 숫자가 9만 5,000명. 12년 만에 최고치를 기록했습니다. 기업들이 이른바 초짜보다는 경력자를 우대하기 때문이라고 합니다. '취업절벽'이라는 말이 나올 만큼 찬바람 부는 청년고용시장을 상징적으로 보여주는 수치입니다.

어제 나온 통계, 두 번째입니다. 서울대 의대에서 중장년층의 수면 패턴을 조사했더니 하루 6시간도 자지 못한다는 남성이 10명 중 1명입니다. 대부분 업무와 미래에 대한 스트레스 때문이었습니다.

반면 하루에 10시간 이상 푹 자는 사람들도 있었습니다. 혹시 부러우십니까? 그런데 이렇게 답한 사람 중에서 직업이 없는 사람이 취업자에 비해 2배나 많았다고 합니다.

두 가지 통계를 다시 한번 들여다봤습니다. 청년 실업자가 날로 늘어나고 그런 자식들 걱정에 잠 못 이루는 부모도 날로 늘어나지만… 거꾸로 아예 구직조차 포기한 취업포기자들이 할 수 있는 일이라곤 그저 밖에 나가 돈 쓰는 대신 10시간 넘게 잠이나 잘 수밖에 없는… 서글픈 현실이 되어버린 건 아닐까요?

잠 못 이루는 사람들과 잠이라도 자야 하는 사람들. 묘한 대비를 이루는 통계들입니다. 그리고 짐작건대, 그들이 잠 속에서 만나게 될 꿈은 그리 아름답지는 못할 것만 같습니다.

♪ 돌배 꽃 꽃잎에 쌓여

　어느새 잠이 든 낮달

　잠 깨워 데려갈 구름 없어

　꽃 속에 낮잠을 잔다

　꿀벌아 멀리 멀리 가거라

　선잠 깬 낮달이 울면서 멀리 떠날라 ♬

〈어느 봄날〉이라는 제목의 동요를 듣고 계십니다. 청아한 노래의 가사처럼 봄의 꿈, 고운 꿈을 꾸고 싶지만… 냉정한 현실은 찰나의 아름다운 꿈조차 허락하지 않습니다.

수십억 원의 세금이 국회의원들의 특별활동비라는 명목으로 쌈짓돈이 돼간다는 뉴스의 한편에… 또한 그에 못지않은 돈이 어느 기업가 출신 의원이 살아 있을 때 로비 자금으로 왔다 갔다 했다는 뉴스의 한편에…

가까운 미래조차 불안한 사람들의 불면과, 먼 미래는 오히려 사치스러운 사람들의 긴 잠이 통계로 나온… 2015년의 어느 봄날은 그렇게 흘러갑니다.

고용부, 취업 성형 블로그… '절망이 기교를 낳고'

"업종에 맞게 필요한 부분만 고쳐라." "좋은 인상을 주는 얼굴로 바꾸는 게 중요하다." 이른바 '취업 성형' 이야기입니다. 얼굴을 바꿔서라도 취업하고 싶은 절실한 마음들. 올해 청년 실업률 10%를 처음으로 넘긴 답답한 현실을 반영합니다. 그런데 이 답답한 현실만으로도 부족해 더욱 답답한 마음 들었던 이유. 방금 전 소개해드린 이 '취업 성형'에 대한 조언이 고용노동부 공식 블로그에 올라와 있었기 때문입니다.

성형. 취업 7종 세트 조건으로 자리 잡다.

기업이 선호하는 얼굴 스타일이라며 견본 사진까지 제시한 이 게시물에 대해 '고용성형부'로 바꾸라는 비판이 쏟아졌습니다. 고용부는 즉각 해명과 함께 게시물을 삭제 조치했습니다. 대학생 기자단의 실수였고, 웃는 인상이 가장 중요하다는 내용을 강조하려 했다는 겁니다. 그러나 이번 논란은 우리 사회 일그러진 자화상을 그야말로 적나라하게 내보였습니다.

〈가타카(GATTACA)〉. 에단 호크(Ethan Hawke)가 주연한 1997년작 SF 영화입니다. 타고난 유전자로 신분이 결정되는 미래 세계. 주인공은 우주 비행사가 되기 위해 우성 유전자를 밀거래하여 신분을 세탁합니다. 취업 성형을 넘어 유전자 성형까지 하는 이야기입니다. 어찌 보면 이 공상과학

같은 '성형' 이야기가, 정부가 운영하는 공식 블로그에서 '현실화'되어버린 것이지요.

취업의 이름으로 성형당하는 것은 비단 얼굴뿐만이 아닙니다. 대학들은 취업에 쓸모없는 인문계를 줄이는 학과 성형에 나선 지 오래이고, 인문학도들은 인문계에 적을 두고 있으되 이공계를 공부해야 하는 전공 성형마저 강요받고 있습니다.

아마도 이번 '취업 성형' 소동은 쌓이고 쌓인 젊은 그들의 절망감을 건드렸던 것은 아니었을까, 하는 생각이 듭니다. 까마득한 취업절벽을 만들어놓은 기성세대들이 취업을 위해 죽을 둥 살 둥 애쓰는 젊은이들을 향해서 '패기가 없다' '해외로 나가라' 떠밀기만 해왔던 사회. 정부의 블로그에 고작 올라온 것이 얼굴을 고치라는 얘기였으니 말입니다.

절망이 기교를 낳고, 기교 때문에 또 절망한다.
—『시와 소설』 1936. 3. 권두 '편편상片片想'

1930년대를 살았던 젊은 시인 이상(1910~1937)의 말입니다.

"아들, 밥은 먹었느냐" 힘없는 아버지의 심정 2015. 08. 17.

"딸이 대학 내내 A학점을 받았는데 취업이 쉽게 되지 않았다."

한 야당 의원의 '취업 청탁' 전화가 논란이 됐습니다. 로스쿨을 졸업한 딸의 취업을 위해 대기업에 청탁을 넣었다지요. 의원은 사과했고, 채용은 없던 일이 됐습니다. 다른 여당 의원 아들의 취업도 문제가 됐습니다.[*] 정부 기관이 채용 기준까지 바꿔가면서 국회의원 자녀를 경력 변호사로 채용했다는 의혹입니다.

"아들, 밥은 먹었느냐" 오늘 앵커브리핑은 이 땅의 힘없는 평범한 부모들. 그 속 타는 심정을 이야기해볼까 합니다.

한국 사회에서 힘깨나 쓰는 부모들은 그 위세가 생각보다 대단합니다. 특히 자식들의 학력과 취업 앞에서는 말입니다. 이름난 법무법인들이 이른바 고관대작의 자녀들을 우선적으로 영입하고 있다는 이야기를 들어보셨는지요. 얼마 전 국내 최대의 어떤 로펌은 유능한 자원이라며 서둘러 채용했던 한 로스쿨 학생이 변호사 시험에 통과하지 못해 뉴스가 되기도 했습니다. 논란의 당사자는 한 국립대학 총장의 딸이었습니다.

---

[*] "한 야당 의원", "다른 여당 의원"이라 쓰고 굳이 이름을 밝히지 않은 이유는, 특정하지 않아도 이런 사례들이 차고 넘쳐서 누가 언제 그랬는지 구분하기조차 쉽지 않기 때문이다.

서울대 입학생 중 특목고 출신은 40%가 넘고, 강남 3구 출신은 넷 중 하나. 여기에 서울대 로스쿨 입학생의 88%는 이른바 SKY라고 불리는 명문대 출신이라는 자료들은 이제는 듣기에도 지겨운 얘기가 돼버렸습니다.

"돈도 없고 빽도 없고 악다구니도 못 쓰는 사람은 그러면 어떻게 해야 돼?"

장강명의 소설 『한국이 싫어서』에 등장하는 젊은이들은 이렇게 말합니다. 그들은 도통 답이 나오지 않는 이 땅, 한국을 떠나고자 합니다.

부모의 지위에 따라 어쩌면 태어나기도 전부터 격차가 존재하는 것이라면… 과거 신분의 벽을 넘지 못해 산으로 갔던 홍길동의 시대와 일상의 소소한 행복조차 찾지 못해 조국을 떠나겠다는 지금 젊은이들의 시대가 무엇이 다른가. 그리고 지금도 누군가에게 '잘 부탁드린다'는 청탁조차 할 곳 없이 그저 속만 끓이고 있을 이 땅의 성실한 부모들은…

♪ 현관문 열리는 소리에 부시시한 얼굴. 아들, 밥은 먹었느냐
　　―이설아, 〈엄마로 산다는 것은〉

그저 미안한 눈으로 자식들을 바라볼 뿐입니다.

모든 사라져가는 것들에게 경의를

육교. 1960년대부터 생겨나 도시를 상징하는 풍경 중 하나가 됐습니다. 과거엔 선진 도시의 상징이었다지만 세상이 달라지면서 육교는 오히려 도시 발전을 가로막는 요소로 인식되기 시작했지요.

그렇게 달라진 세상과 발맞춰, 땅과 땅을 이어주던 육교는 하나둘 빠르게 자취를 감추는 중입니다. 1980년도에 지어진 노량진 육교 역시 그중 하나입니다. 모레부터 철거 작업이 예고돼 있습니다.

> 노량진에서 한강은 유속을 잃고 고여서 기신거렸다. 밤에는 검은 물이 기름처럼 번들거렸고 그 위에 한강철교의 불빛이 떠 있었다.
>
> ―김훈, 「영자」

지하철 1호선 노량진역. 전동차가 멈추면 수많은 이들을 쏟아내는 그곳은 섬은 아니되 도시 속 섬처럼 떠 있는 곳입니다. 1970년대 말, 도심 부적합 시설로 분류된 학원가가 즐비하게 들어서면서 이곳은 도전하는 청춘들이 모여드는 '섬'이 됐습니다. 노량진역을 나와 학원가로 들어가려면 반드시 육교를 거쳐야 했고, 폭 4m 길이 30m의 이 땅 위 다리는 그야말로 유일한 통행로였습니다. 다리 너머는 시험에 합격해야 갈 수 있는 장소, '속세'라고 불렸다지요.

172 | 손석희의 앵커브리핑 1

노량진 육교 ⓒ이정회

　그렇게 어찌 보면 비루한 젊음의 기억을 품은 그 육교가 사라진다는데 사람들의 반응은 조금 의아했습니다. 낡은 육교와의 결별에 아쉬움을 표하는 사람들… 그 바닥엔 무엇이 가라앉아 있을까요.

　"내 젊은 날이 살아 숨 쉬었던 곳"
　한때 이곳에서 공부했던 어느 공무원의 말입니다. 강 건너 여의도 불꽃놀이가 보이던 육교를 건널 때면 "니만 빼고 모두가 잘살고 있다"는 생각에 참담하기도 했을 그들은 모두 이곳에서 가장 빛나던 젊은 시절을 통과했습니다. 그 결과가 성공이었든 그렇지 못했든 모두가 힘들었기에…

같은 공간에 있는 것만으로도 위로가 되던 작은 도시. '앞으로 앞으로' 도전하려 했던, 어찌 보면 무모했을 그 시절의 나를 잊고 싶지 않은 그런 마음들 때문은 아니었을까요.

한 발 한 발 힘겹게 오르내리던 육교. 속세로 향하는 그 다리가 사라지면, 그리고 편리한 횡단보도가 만들어지면… 이른바 속세로 가는 길도, 살아가는 일도 그만큼 쉬워질까요?

계단을 오르내리던 한 시민은 이틀 뒤면 사라질 오래된 육교 위에 이런 글을 남겼습니다.

"모든 사라져가는 것들에게 경의를…"

노인충을 위한 변명

늙은 부모를 산에 내다 버리는, 일본의 기로 풍습을 그린 영화 〈나라야 마 부시코楢山節考〉. 예순아홉 살인 주인공 오린은 하루빨리 일흔 살이 되어 산에 버려질 날만을 손꼽아 기다립니다. 먹을 것이 모자라 갓난아기가 버려지고 소금 한 줌에 여자아이가 팔려 가는 현실. 오린은 차마 자신을 버리지 못하는 아들을 위해, 자신이 죽을 만큼 쇠약해졌다는 걸 알리기 위해, 스스로 돌절구에 자신의 생니를 부딪쳐 깨버립니다. 고통에 일그러진 피투성이 얼굴 그리고 잔잔한 미소. 그렇게 오린은 아들의 어깨를 짓눌렀던 물질과 마음의 짐을 모두 짊어지고 홀로 산에 남겨집니다. 패륜과 야만… 우리가 이들을 이 단순한 잣대로 재단할 수 있겠는가.

'혐로사회嫌老社會' '약육노식若肉老食'

요즘 일본에선 노인 혐오가 심각한 사회문제로 떠올랐다고 합니다. 저출산·고령화로 젊은 층의 고통이 커지면서 세대 간 갈등이 표면 위로 드러난 겁니다. 여기에 아베 정권의 노인 정책은 젊은이들의 분노를 부채질했습니다. 연간 830조 원에 달하는 고령자 사회보장액, 그에 비해 고작 60조 원에 불과한 아동과 복지 수당. 노인충의 높은 투표율과 확고한 지지에 대한 아베의 확실한 '보은'이라는 분석이 나왔습니다.

일본같이 저출산·고령화 과정을 겪고 있는 우리나라도 노인 혐오 현상이 고개를 들고 있습니다. 어버이란 이름으로 권위를 지키려 애썼지만 이미 '꼰대'로 전락한 지 오래. 현실은 '노인충老人蟲'… "경로 무임승차를 없애라." "옛날 65세와 지금 65세가 같냐." 이렇게 세금을 축내는 존재로 비하되기도 하죠.

그러나 같은 노인 혐오에 시달리고 있지만 일본과 우리나라의 노인 형편은 말 그대로 천양지차입니다. 일본의 노인 빈곤율은 19%에 불과하지만, 우리나라의 노인 빈곤율은 50%입니다. 부끄럽게도 OECD 1위, 그것도 압도적인 1위입니다. 우리나라의 평균 빈곤율이 12.5%인 걸 감안하면 적어도 '노인을 위한 나라'는 아닌 듯합니다. 높은 투표율로 확고한 지지를 보냈지만 기초노령연금 약속조차 제대로 지켜지지 못했고, 우리의 노인들은 여전히 가난합니다.

그래서일까요. 최소한의 의식주와 기본 치료조차 스스로 포기한 '자기방임 노인'이 늘고 있다는 소식입니다. 어쩌면 〈나라야마 부시코〉의 오린처럼…

그리고 그 위로 또다시 선거의 나팔 소리는 울리고 있습니다.

호구조사, 부끄러움의 기억

초등학교 시절, 아니 국민학교 시절. 신학기가 되면 피하고만 싶었던 장면이 하나 있습니다. 아이들의 집안 형편을 조사하는 이른바 '호구조사' 였습니다. 텔레비전, 전화, 냉장고, 심지어는 재봉틀까지. 대부분의 집에는 없을 법한 가전제품들이 조사표 위에 나열돼 있었고, 간혹 가다 있는 가전 제품에 동그라미를 쳐야 했던. 그러나 대부분은 없어서 그 빈 여백이 부끄 러웠던…

부모의 학력을 가늠하는 질문도 있었지요. 대졸, 고졸, 중졸. 내려갈수 록 잘못도 아닌데 주눅이 들었던 그런 기억들 말입니다. 심지어는 이렇게 써내지 않고 아예 담임 선생님의 질문에 공개적으로 돌아가면서 답을 해 야 하기도 했습니다. 어른들의 무심함은 어린 동심에게 가난은 '부끄러움' 이라는 것을 강요했습니다.

시간이 흘러 지금은 그런 식의 호구조사가 이른바 변별력을 발휘하지 못하는 시대. 호구조사는 모습을 바꿔서 다시 등장합니다. 24명의 로스쿨 합격자가 자기소개서에 아버지는 물론 조부나 친인척의 이름을 슬그머니 적이 냈다고 합니다. 물론 가족이 이른바 사회 권력층일 경우에만 해당됩 니다. 그것은 '자기소개서'가 아닌 '가족소개서'.

학벌주의 청산을 요구해온 시민단체 '학벌없는사회'가 얼마 전에 자진 해산했다고 합니다. 해산의 이유는 학벌주의가 사라져서가 아니었습니다. 학벌보다 더 막강한 것이 따로 있었으니, 그것이 바로 요즘 운위되는 금수저, 흙수저. 즉, '태생'이었다는 것입니다. 그래서 그만 모임을 해체하기로 했다는 얘기입니다. 하긴 기업은 물론이고 교회까지 대물림하는 시대이니까요.

공개적으로 호구조사를 실시했던 그때. 무심하게도 남에게 상처를 주었던 낡은 그 시절은 가난에 대한 부끄러움은 있었지만… 개천에선 종종 용이 나왔고, 노력하는 사람에게는 '자수성가'라는 칭찬의 말도 붙여졌습니다. 요즘은 '개천에서 용 된 사람 잡았다가는 개천에 같이 빠진다'는 씁쓸한 농담도 있다지요.

돌이켜보면 그 옛날 호구조사를 하던 선생님은 가난이 단지 부끄러움일 뿐 좌절은 아니라는 것을 미필적 고의로 가르쳐주었던 것인지도 모르겠습니다. 그래서, 나의 아버지가 검사장이라고 쓰는 이즈음 로스쿨의 자기소개서보다는… 기껏해야 재봉틀 정도에 동그라미를 쳤던 초등학교, 아니 국민학교 시절의 호구조사표가 더 정겨운…

땡볕의 웨이팅… 그 아이의 햄버거

'땡볕의 웨이팅'. 40도를 육박하는 폭염 속에 얼마 전부터 서울 강남역 인근에는 때아닌 진풍경이 펼쳐졌습니다. 미국 뉴욕에서 왔다는 햄버거 체인이 문을 열었는데, 호기심 많은 손님들이 이 무더위에도 불구하고 몇 시간씩 줄을 지어 순서를 기다리고 있다는 겁니다.

도시 노동자의 바쁜 시간과 허기를 줄여주는 값싼 음식이었던 햄버거는 시대가 달라지면서 점점 자기 진화를 통해 급을 달리하게 됐습니다. '수제버거' '웰빙버거'가 나오기 시작하더니 어느새 고급 음식으로 격상되기도 했지요. 매장을 몇 바퀴 돌 정도의 긴 줄이 만들어졌다는 그 미제 햄버거, 그 우화와도 같은 이야기 뒤로… 지난 주말 또 다른 햄버거 이야기가 전해졌습니다.

네 살 여자아이가 마지막으로 입에 넣었던 음식은 바로 햄버거였습니다. 아이는 28시간 동안 물과 음식을 먹지 못했습니다. 오랜 학대와 굶주림 끝에 햄버거를 먹은 아이가 아파서 쓰러졌을 때, 엄마는 꾀병을 부린다며 아이의 머리를 밀쳤습니다. 그렇게 햄버거와 함께 마무리된 아이의 슬픈 4년.

팍팍한 세상 때문이겠지요. 얼마 전 스위스 국제경영개발원이 발표한 한국의 사회적 결속 점수는 4년 전보다 무려 절반 수준으로 줄어들었습니다. 그만큼 삶은 숨 가쁘고, 내가 아닌 남을 돌아볼 여유는 없어졌습니다.

미국 체인 햄버거 가게 앞에 늘어선 긴 줄. 그 풍요로운 냄새 뒤쪽에는 지금도 어딘가 감춰져 있을지도 모를 또 다른 햄버거의 그 아이… 같은 세상을 살아가고 있는 우리가 잊어서는 안 될 것들은 너무도 분명합니다.

사흘 뒤인 금요일 밤 10시에 하늘에선 페르세우스자리 별똥별 우주쇼가 펼쳐진다고 합니다. 떨어지는 별을 향해 소원을 빌면 그 소원이 이뤄진다는 속설이 있습니다. 각자 빌어야 할 소원들은 많겠지만… 이번만큼은 별로 떠난 가슴 아픈 그 아이를 위해…

"내 더위 사가시오~"

정월 대보름날 아침에 행하는 이른바 '더위팔기' 풍속입니다. 한겨울 추위가 절정이었을 정월 대보름부터 여름철 무더위를 미리 팔아치운 걸 보면 조상들이 겪었던 여름 역시 가혹했던 모양입니다.

에어컨도 선풍기도 없었을 그 시절에 다산 정약용 선생이 「소서팔사消暑八事」에서 소개한 여덟 가지 더위 이기는 방법 몇 가지를 보겠습니다.

松壇弧矢 송단호시　　솔밭에서 활쏘기
槐陰鞦遷 괴음추천　　느티나무 아래에서 그네 타기
淸簟奕棋 청점혁기　　대자리 깔고 바둑 두기
東林聽蟬 동림청선　　동쪽 숲속에서 매미 소리 듣기

어떠신지요? 다산 선생께는 좀 송구하지만, 이건 팔자 좋고 시간 많은 양반님들의 신선놀음이고… 일과 시간에 쫓기는 지친 사람들에겐 멀고 먼 안드로메다 얘기처럼 들리기도 하는군요.

차라리 이게 더 현실적일지두 무르겠습니다. 조선 선조 시절 『계암일록溪巖日錄』에 등장하는 일화입니다. 한 노비가 너무나 더운 나머지 시장통에서 남의 얼음 한 조각을 입에 넣었다가 얼음주인댁 노비와 싸움이 붙었습니다. 얼마나 더우면 그랬을까. 다툼 끝에 노비는 옥에 갇혔고 사나운 매를 스물한 대나 맞았다는 얘기입니다.

"누진제 완화하면 부자감세가 될 수 있다."
"합리적으로 사용하면 요금 폭탄 아니다."
—산업통상자원부

얼음 도둑… 더위를 참지 못해 가정용 에어컨을 켰던 우리들 역시 얼음 도둑으로 몰린 그 노비와 같은 신세가 된 것은 혹시 아닐까. 사나운 곤장 대신 돌아올 것은 전기요금 폭탄이고 말입니다.

"에어컨 모셔놓고 구경만 하는 게 부자냐???!!!"
"여기서 부자감세라는 단어를 듣게 될 줄은 상상도 못했다."

어제 댓글에서도 소개해드렸지만, 이 정부에서 부자감세 걱정하는 것도 반어법으로 말하면 신선하기까지 하고… 어떻게 사용해야 '합리적'이 되는 건지는 아무리 생각해도 잘 떠오르지 않고…

그래서 전기료 얘기가 나오면 정부가 예를 자주 드는 미국의 사례를 들어보겠습니다. 오래된 얘기이긴 합니다만, 제가 예전에 머물렀던 미국 미네소타주에서는 매년 초봄이 되면 전력 당국이 소비자들의 신청을 받아 극빈층의 경우에는 여름 내내 전기료의 상한선을 두었습니다. 한 달 30달러 정도면 여름 내내 에어컨 전기값을 걱정하지 않아도 됐지요.

우리 조상들은 정월 대보름 때부터 사갈 사람도 없는 더위를 팔았지만, 그 나라 정부는 초봄부터 어려운 사람들이 겪을 더위를 실제로 미리 사갔다는 얘기.

금메달 따지 않아도… '4등도 좋다'는 위선?

어쩌면 우리 모두를 불편하게 만드는 얘기일지도 모르겠습니다. 2014년 소치동계올림픽이 끝난 뒤 미국 『뉴욕타임스』는 각 종목의 4등 선수들을 인터뷰했습니다. 이 중에 한 독일 선수가 이런 말을 했더군요.

> "누군가는 4등을 해야 하는데 그게 나다."
>
> ──안디 랑겐한(Andi Langenhan, 독일 루지 국가대표)

지난 런던올림픽 은퇴 무대를 4등으로 마감한 장미란 선수는 마지막 바벨에 따뜻한 손키스를 남기고 그의 아름다운 별명 로즈란의 모습 그대로 경기장을 떠났습니다. 물론 얼마 전 당시 3위를 했던 선수가 약물에 걸려 동메달은 결국 장미란 선수에게 돌아올 것으로 전망되긴 합니다.●

여기까지 말씀드리고 나니까, 아주 솔직히 말씀드리면 제가 위선인 것 같습니다. 꼭 메달, 그것도 금메달을 따지 않아도 그 과정에서 흘린 땀과 눈물을 기억해야 하고… 세상은 경쟁에서 이긴 자만이 살아남을 수 있는 것은 아니다? 이런 뻔한 얘기가 아직도 통할까?

● 2016년 11월 21일 IOC는 런던올림픽에 참가한 역도 선수들의 도핑테스트 결과 12명을 제재한다고 발표했다. 이 명단에 무제한급 동메달리스트 흐리프시메 쿠르슈디안(아르메니아)이 포함되었고, 이에 장미란은 뒤늦게 동메달을 받게 됐다.

차라리 이 얘기는 어떨까요?

〈4등〉. 수영 대회에서 매일 4등만 하는 한 초등학생의 이야기입니다. 아들의 부진한 성적에 애를 태우던 엄마는 용하다는 새로운 코치에게 아이를 맡깁니다. 그리고 나서 갑자기 아이의 실력이 일취월장하는데, 그 비결은 알고 보니 '체벌'이었습니다.

"예전에는 안 맞아서 만날 4등 했던 거야, 형?"
"난 솔직히 준호 맞는 것보다 4등 하는 게 더 무서워."
　　─ 영화 〈4등〉

4등을 하느니 차라리 맞으면서 3등, 아니 1등을 하자. 이것이 솔직한 세상일지도 모릅니다. 이번 올림픽 역시 조정, 사이클 등 비인기 종목 선수들은 언제 경기가 치러졌는지도 모르게 순위에서 밀려났고, 메달권에 들지 못한 선수들은 마치 죄라도 지은 듯 하나같이 사과했습니다. 간혹 그들이 의외로 선전하면 세상은 열광하지만 솔직히 그것도 잠시뿐입니다.

"왜 올림픽 때만 관심을 가져주느냐? 정말 화나고 좌절하고 싶을 때도 있다."
　　─ 임영철(여자 핸드볼 국가대표팀 감독), 2004년 8월 29일

지는 것은 낙오이고 이기는 것이 선이 되는 세상. 여기서 4등을 해도 괜찮으니 그저 최선을 다하는 것이 중요하다고 말한다면 한국 사회의 불편한 진실에 눈을 가리고 있는 것. 때리고 맞아서라도 4등에서 벗어나야 나와 가족의 미래가 담보되는 것. 이렇게 말씀드리는 것이 위선도 위악도

아닌 것 같긴 한데, 그대로 끝내자니 또한 너무나 불편한 그 무엇… 오늘의
브리핑에 불편을 느끼는 분들이 많이 계실수록 이 브리핑의 반전도 빨리
준비될 수 있는 것이겠지요.

우리는 누구나 한 장의 연탄이다

©김원

어찌 보면 특별할 것 없는 사진 한 장. 그러나 자세히 들여다보면 매우 특별할 수도 있습니다.

서울 동자동 작은 공원 입구에 놓인 구식 난로 하나. 연탄불로 덥히는 난로 위에는 물이 보글보글 끓어오르는 주전자가 놓여서 지나는 이들에게 눈인사를 건넵니다. 행여나 눈이나 비를 맞을까… 난로 위에는 까만 우산 하나가 놓여 있는 수박한 풍경이지요. 오랜 세월 동안 연탄불은 1년 365일 하루도 꺼지지 않고 자리를 지키고 있다 하는데, 사연은 무엇일까?

알고 보니 연탄불의 주인은 길 건너 간판 없는 구멍가게의 주인 할머니였습니다. 광주가 고향인 여든아홉의 할머니는 300원짜리 봉지커피와 컵라면을 팔면서 오가는 사람들을 위해 물을 끓여왔습니다.

"새벽 다섯 시가 되면 사람들이 줄을 잔뜩 서 있어…"
——가게 주인 할머니

채 동이 트기도 전에 일하러 나가는 사람들과 시퍼런 새벽 추위를 녹이는 따뜻한 커피. 가장 매서운 한파가 찾아온 오늘 새벽에도 할머니는 어김없이 연탄불을 피웠고, 사람들은 연탄불로 데운 300원짜리 커피와 컵라면으로 차가운 마음을 녹였을 것입니다. 그 따뜻함의 가치를 모두가 알고 있기에 거기서 나온 연탄재, 누구도 함부로 차버린 적이 없었겠지요.

가파르게 내려간 기온 탓인가. 가난이 불러온 소식들은 줄을 잇고 있습니다. 지난 주말 '달방'이라 불리던 곳에서 끝내 나오지 못했던 사람들의 이야기와 라면을 끓이려다 불이 나 목숨을 잃은 쪽방촌의 주민. 고마웠던 집주인에게 편지와 전 재산을 남기고 세상을 떠난 노인의 사연까지…

한편에선 수억 원대의 특활비 논란이 무성한 가운데 또 다른 한편에선 짙게 드리워진 가난의 그늘… 1년 365일 하루도 꺼지지 않는 동자동의 그 연탄불은 그래서 세상을 향해 질문합니다. 우리의 마음은 지금 풍요로운가?아니면 허허로운가?

한 장의 연탄으로—저리 곡곡을 내리던 대설★雪과, 저리 얼던 수도의 결빙 結氷을 견뎌본 인간이라면, 그런 인간이라면, 누구나 알고 있을 것이다. … 우리는 누구나 한 장의 연탄이다. … 그 온기를, 지금 당신은 누군가에게 전하고 있는가.

　　　—박민규,「연탄」

　오늘은 겨울 중에 가장 차가웠던 날. 신새벽 엄동설한에 연탄불 위 커피를 기다리며 줄 섰던 여든아홉 할머니의 이웃들에게… 오늘의 앵커브리핑을 드립니다.

작가가 아니더라도 대부분의 젊은이들이 한 번씩은 거쳐야 하는 과정이 있습니다. 취업을 위한 자기소개서죠.

> 자기소개서 : 가장 대중적이고 절박한 문학
> — 최태섭, 『잉여사회』

눈앞에 펼쳐진 백지 위에 짧게는 스무 해, 혹은 서른 해 가까이 차곡차곡 나름대로 쌓아온 스펙과 인생을 정리해 내보이는 작업입니다.

> 나는 잘났고
> 나는 둥글둥글하고
> 나는 예의 바르다는 사실을
> 최대한 은밀하게 말해야 한다. 오늘밤에는
> — 오은, 「이력서」

젊은 시인의 말처럼 그 얇은 백지 안에는 고심에 고심을 거듭하며 추리고 추린 한 장의 인생이 담겨 있습니다.

본디 제품의 사용설명서라는 의미를 줄여 만든 '스펙'(Specification : 설명서·사양)이라는 그 단어처럼… 세상이 원하는 규격화된 기준을 채워야 함은 물론이고, 자신이 타인보다 많은 역경을 극복해왔으며 타인과 다른 특별한 능력을 갖추고 있음을 내보여야 하는 치열한 백지 한 장의 경쟁. 그 두터운 중압감을, 무거운 마음을 세상은 헤아리고나 있는 것일까.

오늘 발표된 공공기관 채용 비리 전수조사 결과는 사실 더 이상 새로울 것도 없는 내용이었는지도 모르겠습니다.

공공기관 80%가 '채용 비리' 109곳은 수사 의뢰…
— 〈뉴스룸〉 2018. 01. 29.

자신의 이력이 아니라 가족과 지인의 이력을 통해 누군가의 자리를 대신 비집고 들어간 사람들의 사례는 이미 세상에 넘쳐나고 있었으니까요. 그러나 저희 JTBC 보도에 따르면 부정이 적발된 이후에도 '이미 합격한 사람을 어찌할 것이냐'는 논리에 따라 그동안 관련 조치는 이뤄지지 않았다 하니… 얇은 백지 한 장, 그러나 안간힘을 다해 그 한 장을 채워내려 했던 젊음들은 무엇이 정의로운 법칙인가를 세상에 묻고 있었습니다.

이력서 쓰기가
특기가 된 이력 위로
그나마의 스펙은 스팸으로 쌓이고
눈 붉은 불면의 밤은 무겁고도 더디다
—서숙희, 「원룸시대」

지금으로부터 꼭 3년 전인 2015년 겨울, 앵커브리핑에서 인용했던 문구를 다시 꺼내 듭니다. 세 번의 해가 지나간 오늘. 잠 못 이루던 그 젊은 이는 갈 곳을 찾았을까… 아니면 오늘 밤도 가장 대중적이고 절박한 문학, 자기소개서를 앞에 두고 눈 붉은 불면의 밤을 보내고 있을까…

성서 속의 인물 삼손. 이스라엘의 판관으로 초인적인 괴력의 소유자였습니다. 그의 힘은 사자를 맨손으로 죽일 수 있을 정도였으니 삼손은 그리스 신화 속 헤라클레스에 비견될 만했습니다. 그 힘의 원천은 바로 머리카락이었다고 하지요. 삼손은 블레셋 그러니까 지금의 팔레스타인 사람들에게는 공포와 원망의 대상이었는데… 그도 그럴 것이 사자를 죽이는 그 힘으로 블레셋 사람들을 부지기수로 죽였으니까요.

블레셋 사람들은 데릴라라는 첩자를 삼손의 연인으로 삼게 했고 결국 그 막강한 괴력의 비밀을 알아내게 됩니다. 이후, 루벤스의 〈삼손과 데릴라〉에 나오는 장면처럼 삼손은 데릴라의 무릎에서 잠든 사이에 머리카락을 잘리게 되고, 그 힘도 사라져버리게 된다는 이야기. 물론 머리가 자라면서 그 힘을 다시 얻어 이야기의 결말을 향하게 됩니다만.

머리카락은 인간에게 무엇일까. 삼손의 괴력은 물리적인 것이었지만 그것을 자유와 상상력 또 창조적 힘과 치환해서 생각한다면… 머리카락을 자르거나 강제로 깎아버리는 것은 바로 통제와 부자유, 억압과 맞닿아 있지 않을까.

우리는 이미 오래전 독재국가의 권위주의를 관철하기 위해서 시민의 머리카락을 통제했던 경험을 갖고 있습니다. 선생님들은 졸지에 엉터리 이발사가 되어 학생들의 머리에 일자로 열차 길을 내놓곤 했고, 가위와 바리캉으로 무장한 경찰들도 광장에서 유원지에서 골목길에서 시민들을 감시했습니다. 비틀스와 레드 제플린이 긴 머리를 휘날리며 최고조에 다다른 전성기의 영감을 쏟아낼 때 말입니다.

우여곡절과 많은 논란이 계속된 끝에 한국 사회는 21세기가 가까워서야 학생들의 머리에 자유를 주기 시작했습니다. 이른바 두발 자유화. 사실 그 명칭조차도 매우 권위주의적 분위기를 풍기면서 말이지요. 그리고 오늘 서울시 교육청은 이른바 두발 자유화를 말 그대로 완벽하게 실천하라고 했습니다. 얼마큼 기르든, 염색을 하든 파마를 하든, 맘대로…

그걸 왜 교육청까지 나서느냐는 볼멘소리 한편으로, 이제는 지난 세기부터 버리지 못하고 쥐고 있었던 '두발 자유화', 그 전근대적인 단어마저도 떨쳐버리게 되는가 싶긴 합니다. 그래서 우리의 아이들도 삼손의 괴력에 맞먹는 상상의 힘과 창조적 힘을, 머리 길이와 모양과 색깔만큼 자유롭게 갖게 된다면…

다만 삼손은 그 엄청난 힘으로 인해 결국 불행한 영웅이 됐다는 것만 조심한다면… 이렇게 말하면 혹시 아이들이 보기엔 꼰대일까, 잠시 불안해지는…

우리 신문도 그날은 출판 아니 할 터이요

우리 신문도 그날은 출판 아니 할 터이요. 이십팔 일에 다시 출판할 터이니 그리들 아시오.

1897년 12월 23일 자 『독립신문』에 실린 공고문입니다. 세계 만국이 일 년 중 제일가는 명절로 여기며 온종일 쉬다던 그날은 크리스마스였습니다. 지금으로부터 120여 년 전 이 땅의 언론인들은 새로 들어온 서양 명절을 핑계 삼아 그야말로 꿀 휴가를 보냈던 셈입니다. 신문마저 당당히 쉬겠다고 선언한 이날은 이후 조선 땅에서 쭈욱 축제로 기록됩니다.

한국전쟁이 마무리된 1953년의 크리스마스 전야. 이날 딱 하루만큼은 통금이 해제되어 사람들은 긴긴 밤을 새워가며 그 나름의 축제를 즐겼습니다. 그것은 긴 전쟁의 공포에서 해방되었다는 위로와 안도의 표현이기도 했습니다.

그런가 하면 1960~70년대의 성탄절은 '고요한 밤 거룩한 밤'이 아닌 '소란한 밤'이 되었다는 우려 섞인 기사들이 나왔습니다. "엄마 아빠 일찍 집에 돌아가주세요." 아이들이 캠페인을 벌였고, '크레이지마스(Crazymas)'(광야제), '크리스마스 차일드(Christmas child)'라는 신조어까지 등장했습니다.

이즈음의 크리스마스란… 글쎄요, 단지 나이가 들어 그만 한 정열이 덜해서인가… 아니면 나이가 청춘이라 해도, 아니 청춘일수록 그렇게 신날 일이 덜해서인가… 따지고 보면 그 어느 해 크리스마스이든 아프고 힘든 사람들이 없었던 것도 아니고, 명동성당 앞마당엔 일터를 빼앗긴 사람들의 천막이 가득했던 것도 다반사였는데. 2018년의 성탄절은 진정 온 것일까.

하늘에 떠 앉은 노동자들과 함께… 하필 가장 추운 계절에 아프게 세상을 떠난 이들과 함께… 기독교를 믿든 믿지 않든 크리스마스라는 이름이 가져다주는 이미지는 뭔가 들뜨고 설레고, 안 될 일도 될 것 같은 그런 것. 적어도 이 땅에서는 120년 전부터 그래왔던 것입니다.

한때는 크레이지마스의 꼴불견을 모두가 한탄할 때도 있었지만… 그래도 일 년에 한 번쯤은 들썩들썩할 일도 있었으면 하고 바라는 오늘. 성탄절은 진정 온 것일까.

일 년 중에 제일가는 명절로 여기며 온종일 쉰다고 하니 우리 신문도 그날은 출판 아니 할 터이요.

이미 120여 년 전의 오늘 그 신문도 갓 들어온 서양의 명절을 전함에, 짐짓 아닌 척하면서도 크리스마스 휴일의 설렘을 행간에 담고 있었으니…

빈부를 갈라준 건 옥수수빵

점심때마다 학교에서는 옥수수빵이 나왔습니다. 한 반에 30명 정도가 그 옥수수빵을 받아먹었지요. 가난한 아이들을 위한 무상 배급이었습니다. 대부분의 학생이 옥수수빵을 먹었다고 오해하시진 말길 바랍니다. 당시 한 반의 학생 수는 대략 100명 정도 됐으니까요. 그래서 점심시간의 풍경은 이랬습니다. 70명 정도는 도시락, 30명 정도는 옥수수빵.

노오란 옥수수빵이 먹음직스럽다고 느낄 때도 많았고 그래서 어린 마음에 그 빵을 먹는 게 부럽게 느껴지기도 했지만… 현실은 가난한 아이들과 그 가난에서 겨우 벗어나 있는 아이들을 명확하게 갈라주는 것이 바로 그 옥수수빵이었습니다.

도시락을 먹는 아이들 중에는 우유를 먹는 아이들도 있었습니다. 한 달에 당시 돈으로 천 원 정도를 내면 매일 우유가 나왔습니다. 물론 돈을 내지 않으면 우유는 어림도 없었습니다. 그러니까 정정해서 말씀드리자면 점심시간의 풍경은 이랬습니다. 부러움을 한 몸에 받으며 도시락과 우유를 먹는 아이들, 도시락만 먹는 아이들, 그리고 옥수수빵만 먹는 아이들.

이것은 그냥 겉으로 드러난 풍경일 뿐 아이들의 마음속은 참으로 착잡했습니다. 좁은 교실 안에서 이미 나뉘어버린 계층… 자신들의 의지와 상관없이 말입니다. 어른들이 만들어놓은 제도는 그렇게 가끔씩 아이들을 힘들게 합니다. 어제 보도해드린 지역아동센터 문제도 마찬가지지요.

- 한부모가족 증명서
- 장애인증명서
- 차상위계층 확인서
- 기초연금 수급자 확인서

가난의 기준을 정해놓고 그 기준에 맞아야 받아주는 순간 차별과 소외는 시작됐습니다.

"제가 여기 다니는 거 알면 친구가 안 놀아줄까 봐…"

— 지역아동센터 이용 학생

벌써 10년 전 정해놓은 그 기준은 이제 헌법 소원의 대상이 됐습니다.

앞서 말씀드린 옥수수빵과 우유 얘기는 벌써 50년도 훨씬 넘은 과거의 얘기입니다. 그때나 지금이나 빈부에 따른 차별의 구조는 바꾸기가 힘든 모양입니다.

"이전 세대의 가난은 미담 또는 자랑, 보편… 그러나 지금은 비밀이자 수치…"

1980년생 작가 김애란은 그렇게 정의했지요. 그러나 김애란 작가의 말이 다 맞은 것은 아닙니다. 50여 년 전 교실의 아이들이 그러했듯이… 가난은 이전 세대에도 부끄러운 건 마찬가지였습니다.

일하다가 배고픕니다. 소주 마십니다. 외롭습니다. 소주 마십니다. …
다칩니다. 소주로 씻어내고 소주 마십니다. …
동료와 시비 붙습니다. 소주 마시면서 화해합니다.

　　—한창훈, 『내 술상 위에 자산어보』

작가의 말처럼, 술이란 삶에서 떼어내기 어려운 참으로 요망한 '무언
가'입니다. 어른이 되어야 알게 되는 맛. 아버지가 반주로 곁들이면서 '캬
아~' 하는 모습을 도통 이해 못 하던 시절도 잠시, 아버지만큼 나이를 먹으
면 똑같이 '캬아~' 하는 소리를 내게 되는 것.

"내 입맛을 키운 것은 팔 할이 소주였다"고 말한 작가도 있었고, 술이
너무 좋아서 시집 이름을 아예 『안동소주』로 붙인 시인도 있습니다. "새벽
쓰린 가슴 위로 차가운 소주를 붓는다" 「노동의 새벽」에 등장하는 소주의
위로는 차가웠지만 동시에 뜨겁기도 했지요.●

한국인에게 술이란, 소주란 무엇인가.

● 권여선은 『오늘 뭐 먹지?』에서 "내 입맛을 키운 것은 팔 할이 소주였다"라고 했으며, "나는 요즘 주막이 그
　립다 / … / 까무룩 안동소주에 취한 두어 시간…"라고 「안동소주」 시를 쓴 안상학은 시집 제목을 아예 『안
　동소주』라 이름 붙였다. 「노동의 새벽」은 박노해의 시이자 시집 제목이다.

도수가 자꾸 내려가 순해지는 걸 반기면서도 또 한편으로는 옛날 이십 몇 도짜리의 이른바 '오리지널 소주'의 추억을 그리워하는… 그러니까 소주란 그 변천사마저도 우리에게 체화되어 있는 무언가…

그 소주를 너무 많이 마셔서 문제가 된다고 했습니다.

- 음주 관련 사망자 : 4,910명
- 음주로 인한 건강보험 환자 : 2,881만 명
- 음주로 인한 건강보험 급여액 : 2조 2,064억 원

—통계청·국민건강보험공단, 2018

그래서 나온 대책은 술병에 붙은 연예인 사진을 떼겠다는 것이었지요. 물론 유난히 술에 관대한 문화 탓에 피해는 끊이지 않고… 담배는 규제하면서 술은 왜 내버려두느냐는 볼멘소리도 있으니 필경 궁리 끝에 내놓은 대안일 터인데… 그 모든 맥락을 이해하면서도 왜 사람들은 선뜻 공감하기가 어려운 것일까.

정작 세상에 술을 권하는 주체란 아이유도 아이린도 아닌, 우리가 살아가고 있는 이 사회이기 때문은 아닐까.

일하다가 배고픕니다. 소주 마십니다. 외롭습니다. 소주 마십니다. …

다칩니다. 소주로 씻어내고 소주 마십니다. …

동료와 시비 붙습니다. 소주 마시면서 화해합니다.

작가의 말처럼, 일하다가 마시고 외로울 때 마시고 싸우다가도 마시는 술. 시대가 바뀌었어도 술 마실 이유는 그대로인데… 기껏 술병에 붙은 누군가의 사진이 우리를 술로 이끄는 것일까?

이렇게 말하면 큰돈 들여서 모델을 구하고 그 덕에 매출이 올랐다고 자찬했던 소주회사나 광고회사에선 서운할지 모르나. 아무튼 그건 아이유 때문도, 아이린 때문도 아니라는 것.

착륙을 준비합니다

각자 다른 차선에서 달리는 버스 기사들이 서로를 향해서 경례를 하거나 눈인사를 나누는 장면들 자주 보셨을 것입니다. 아주 친밀한 사이가 아니더라도 상대방의 고됨을 헤아리고 있기에 서로가 서로에게 보내는 위로와 격려의 신호… 비행기를 조종하는 기장들 역시 마찬가지라고 합니다.

> 아프리카의 한층 적막한 하늘에서 한밤중에 지루한 밤샘 비행을 할 때 다른 항공기가 접근하는 걸 보면 착륙등을 잠깐 깜박일 것이다.
>
> ─마크 밴호네커(Mark Vanhoenacker), 『비행의 발견』

영국 항공의 선임 부기장인 마크 밴호네커는 그 장면을 묘사하며 "각각의 비행기가 상대편에게 빛의 이정표가 돼주기 위해서 창공을 비행하는 것 같다"고 했습니다.

오늘 점심 무렵 구름 위에 하늘의 모습은 어땠을까. 비행기들의 항로를 표시해주는 사이트를 들여다보니, 오늘 낮 1시 5분부터 40분까지 35분 동안 지상 3km 이상 상공에는 수많은 항공기들이 동글동글 맴을 돌며 착륙을 기다리고 있었습니다.

"기장입니다. 수능시험 관계로 착륙이 잠시 지연되고 있습니다. 모두 같은 마음으로 학생들을 응원해주시길 바랍니다."

— 정창재(에어부산 기장)

행여나 수능시험 듣기평가에 영향을 주지 않을까를 우려한 모두의 배려였지요. 해외의 어느 언론은 시험 하나에 온 나라가 멈춰 서는 소동을 비웃었다 하지만… 어린 시절부터 무려 12년, 혹은 그 이상의 시간 동안 최선을 다해온 학생들에게 세상이 보내는 그 응원의 마음은 함부로 폄훼하기 어려운 그 무엇.

그리고 이제, 오늘 시험을 마친 학생들은 지금쯤 다들 집으로 돌아갔을까… 한편으론 홀가분한 밤을 보내고 있겠지만 저마다의 마음은 부대낄 것입니다. 세상일이란 교과서처럼 공평하지도, 그리 정의롭지도 않다는 것을 이미 그들도 알게 되었을 터이니 말입니다. 그래도 오늘 밤만은 그 길고도 고된 비행을 마치고 무사히 착륙한, 평범해서 기댈 곳 없었던 모두에게 보내고 싶은 짧은 위로와 격려의 신호…

모든 착륙은 … 가능성에서 확실함으로 돌아가는 것이고 아마도 누군가의 사랑으로 귀환하는 것이다.

— 『비행의 발견』

5. 우리의 연민은 정오의 그림자처럼 짧고

다 늦은 나이에 미국 대학원에서 공부할 때, 한 세미나 수업은 한 달 내내 마르크시즘을 놓고 토론하고 있었다. 언어도 힘든데 마르크시즘이라니… 나는 수업이 끝난 후 교수에게 말할 수밖에 없었다. 내가 대학 다닐 때는 마르크시즘 공부는 꿈도 못 꿀 일이었다고. 그는 빙긋이 웃으면서 내게 그냥 개념만 알고 와도 된다고 했다. 하긴 마오쩌둥도 『자본론』은 다 읽어보지도 못했다는데…

생산수단을 가진 자와 못 가진 자, 경제적 하부토대와 상부구조, 네오 마르크시즘과 정치경제학… 이런 이론으로 머리를 싸매고 있었던 즈음의 나를 떠올린다. 그것이 현실 세계를 이해하는 데 얼마나 도움이 됐을까. 한국 사회에서는(꼭 한국만 그렇지는 않겠지만) 그런 계급적 관점에 극적 요소를 더하는 것이 있으니 바로 '갑질'이다. '땅콩'으로 촉발돼 드러난 한 집안의 단체 갑질은 '한없이 작은 일에도 한없이 크게 분노해도 되는' 한국 사회의 비뚤어진 '갑'들에게 경종을 울렸을까. 아니면 격려가 되었을까.

마르크시즘으로 거창하게 시작해 겨우 땅콩이라니…

조현아 부사장과 '넛츠'… "말도 안 돼"

넛츠(nuts). 땅콩을 포함한 견과류를 말합니다. 그리고 또 다른 뜻이 있더군요. '말도 안 되는' '과도하게 흥분한' 등등의 의미도 갖고 있습니다.

대한항공 조현아 부사장이 장안의 화제입니다. 물론 좋은 뜻으로가 아니지요. 승무원이 땅콩을 잘못 가져다준 바람에 일어난 일이었는데 그 파장이 며칠째 계속됐습니다. 결국 그는 대한항공 내 모든 보직에서 사퇴했습니다.

한국 경영자들의 연설문을 모아둔 책에는 조양호 회장의 이런 말이 담겨 있습니다.

> 인사는 시스템에 의해 이뤄져야 한다. 고객의 불만도 임시변통 양해만 구할게 아니라 근본 원인을 찾아내 바꾸라.
> ―조양호(한진그룹 회장), 「리더십의 증거」

조현아 부사장은 고객의 불만을 과대하게 생각한 것이었을까요? 결국 기내 안전과 서비스를 책임지는 사무장을 내려놓은 채 비행기는 늦게 출발했습니다. 한국을 대표하는 국적기, 대한항공에서 일어난 이번 소동은 외신에서도 커다란 관심거리가 됐습니다. 외신의 한 구절은 이렇습니다.

대한항공 부사장, 서비스 때문에 'go nuts', 즉 과도하게 화를 내서 비행기를 지연시키다.(Korean Air executive goes 'nuts' over service, delays plane.)

안 그래도 글로벌 항공사들의 경쟁이 피를 말리는 상황에서 대표 국적 선사에 대한 이런 외신 기사들은 뼈아픕니다.

아까 말씀드린 책. 한국 경영자들의 연설문을 모아놓은 『열정은 詩보다 아름답다』 가운데는 마침 조현아 부사장의 할아버지이자 창업자인 고 조중훈 선대 회장의 말도 있더군요.

사람 얼굴을 조각할 때 처음엔 코를 크게 눈은 작게 만들라. 한번 깎은 코는 크게 할 수 없고 크게 음각한 눈은 작게 할 수 없다.
— 고 조중훈(전 한진그룹 회장), 「얼굴조각」

그만큼 신중하지 않으면 나중에 후회하게 된다는 뜻이겠지요.

그나저나 뉴욕 공항에서 내려 몸과 마음이 외톨이가 됐을 사무장의 심정은 어땠을까 갑자기 궁금해집니다. 혹시 혼잣말로 이렇게 외치진 않았을까요? "NUTS!(말도 안 돼!)"

"내려오면 안 돼요?" 떡국 한 그릇과 '체공'

하늘에 머물러 있는 여성, 체공녀滯空女. 지금 사람들 귀에는 매우 듣기 낯선 이 단어는 1931년 언론이 대서특필하면서 세상에 나왔습니다.

> 평양 을밀대에 체공녀 돌현突現
>
> ─『동아일보』 1931. 05. 30.

평양 대동강 변 을밀대 지붕에 올라간 여성은 평원 고무공장에서 일하던 서른한 살 강주룡이었습니다. 힘든 노동에 낮은 임금을 견디며 일하던 와중에 회사가 임금을 더 깎겠다고 하자 억울함을 호소할 장소로 택한 곳이 40척, 12m 을밀대 지붕 위였습니다. 당시 신문은 그가 새벽 1시에 올라가 아침 8시 40분까지 머물렀다고 전합니다. 이렇게 강주룡은 우리나라 첫 고공 농성자로 역사에 기록돼 있습니다.

체공인들은 지금 우리 주변에도 있습니다. 서울 한복판 20m 광고탑 위, 또 평택 쌍용차 공장 70m 굴뚝 위… 그런가 하면 저 멀리 구미 스타 케미칼 공장에도 있습니다.● 80여 년 전이나 지금이나 하늘은 노동자들에

● LG유플러스와 SK브로드밴드 협력업체 노동자 2명이 통신 비정규직 문제를 해결하라며 서울 한복판 20m 광고탑 위에서 12일째 농성을 이어갔고, 평택 쌍용차 공장 노동자들은 67일째, 구미 스타케미칼 공장 노동자들은 267일째 고공 농성을 하고 있었다.

게 있어 법도 더 이상 내 편이 안 된다고 여길 때, 억울하고 답답함을 호소할 길이 없어 찾는 마지막 공간이 되고 있습니다.

내일부터 우리는 닷새간의 기나긴 설 연휴에 들어갑니다. 사람들이 썰물처럼 빠져나간 텅 빈 도시와 공장… 그 하늘에서 보내는 고공 농성자들의 시간은 어느 때보다도 힘들 것 같습니다.

"설 되기 전에 내려오면 안돼요?" "아빠, 지금 내려와서 축구하자."
굴뚝 농성하는 아빠들 앞으로 아이들이 보낸 그림과 꼭꼭 손으로 눌러 쓴 편지입니다. 아빠들 마음이야 한걸음에 사다리를 타고 내려오고픈 심정이겠지요.

그렇다고 해서 이번 설에 고향으로 향하는 다른 이들의 발걸음이 가벼운가 하면, 꼭 그렇지도 않다는 뉴스를 바로 어제 전해드린 바 있습니다.

● 임금체불 노동자 : 29만 2,558명

● 임금체불액 : 1조 3,194억 원

— 고용노동부, 2014년 기준

보너스커녕 월급조차 받지 못하는 노동자들이 지난해 신고한 이들만 29만 명이라지요. 기나긴 불황 속에 마음마저 움츠러들어 고향 가는 걸음이 더 무거울지도 모르겠습니다.

밥상 한편에 식어가는 떡국 한 그릇

어머니는 설날 아침

떡국을 뜨다 목이 메이신다

박남준 시인의 「떡국 한 그릇」입니다. 한 손 가득 선물이 없어도… 두둑이 찔러줄 세뱃돈이 없어도… 가족끼리 둘러앉아 따뜻한 떡국 한 그릇 나눠 먹는 것만으로도 행복한, 그런 설이 모두에게 되었으면 하는 바람입니다. 물론 지금 하늘에 의탁한 고공 농성자 체공인들에게도 그런 날이 빨리 오기를… 그들의 아이들과 함께 소원합니다.

반찬값 몇 푼? 세계 여성의 날과 '장미'

2015. 03. 09.

2014년에 개봉한 영화 〈카트〉는 우리 사회에 참 많은 질문을 던져줬습니다. 이 장면 역시 마찬가지입니다.

"반찬값이나 벌자고 나온 여사님들을 누가 꼬셔가지고 참…"
"저 생활비 벌러 나와요. 반찬값 아니고…"
　　— 영화 〈카트〉

남매를 키우면서 생활비를 버는, 극 중 선희 씨의 대사입니다.
'반찬값'. 회사가 일하는 여성을 어떻게 여기고 있는지. 그리고 '생활비'.
여성 노동자들이 왜 일을 하고 있는지 한마디로 보여주는 단어들입니다.

통계는 우리가 처한 현실을 좀 더 선명하게 드러내곤 합니다. 일하는 여성들의 삶을 조금 더 들여다볼까요? 서울시의 작년 통계를 보면 결혼, 임신, 출산 등으로 인해 경력이 단절된 여성의 비율은 34.2%, 3명 중 1명 꼴이었습니다. 또 여성 취업자 가운데 45.2%는 비정규직이었습니다. 최저임금조차 받지 못하는 여성의 비율은 16.9%로 남성의 두 배가 넘고, 남녀 간의 임금 격차는 OECD 회원국 중 가장 컸습니다. 그럼에도 불구하고 생업을 위해 직장이라는 전쟁터에 뛰어든 여성이 반찬값, 즉 부업하러 나온 아줌마로 격하되고 있는 까닭은 무엇일까요?

1930년대 나치 독일은 남성의 일자리를 늘리기 위해 여성의 일자리를 줄이는 일종의 편법을 사용했습니다. "가정으로 돌아가라." 일자리에서 여성을 내몰았지요. 독일이 전통적으로 규정해온 '3K', 즉 Kinder(자녀)·Küche(부엌)·Kirche(교회). 여성의 이 세 가지 역할이 재차 강조된 겁니다.

이러한 공식은 지금 시대에도 비슷하게 적용이 되는 것 같습니다. 취업과 직장에서의 생존 자체가 힘들어진 무한경쟁 시대에서 여성이 반찬값, 즉 저임금 노동을 통해 돈을 버는 것은 인정할 수 있지만… 그것이 남성의 영역을 침해해서는 안 된다는 이중적인 잣대가, 생활비를 벌러 나온 여성에게 '반찬값 몇 푼 쥐어주면 되지' 하는 잘못된 인식으로 나타나고 있다는 것이지요.

자, 지금쯤 〈뉴스룸〉을 보고 계신 남성분들 가운데는 조금씩 반감이 자라나기 시작할 수도 있습니다. 어쩌다가 세상이 이렇듯 여성만 생각해주는 사회가 되었느냐? 남자들이 오히려 역차별 받고 있는 게 지금의 현실 아니냐? 그래서 사실 이번 앵커브리핑을 준비하면서 어찌해야 할 것인가를 놓고 고민도 많았습니다. 그러나 조금만 더 냉정하게 들여다본다면… 아직 우리 사회는, 남성들의 그러한 반감에 대한 여성들의 반론이 더 크게 존재하는 사회라는 것을 통계가 말해주고 있습니다.

어제는 '세계 여성의 날'이었습니다. 1908년 3월 8일, 미국의 여성 섬유노동자들이 참정권과 노동권을 요구하며 시위를 벌인 것이 시작입니다.

그리고 1912년 미국 메사추세츠주 로렌스 직물공장 여성들의 파업에는
이런 내용의 손팻말이 등장했습니다.

BREAD AND ROSES STRIKE GIVE US BREAD BUT GIVE US ROSES!

우리는 빵을 원한다. 그리고 장미도!

일상에서 가장 많이 사용하는 A4 용지. 이 한 장의 무게는 어느 정도나 될까요?

5그램입니다. 작은 초콜릿 한 조각, 배드민턴 셔틀콕 하나 혹은 탁구공 두 개의 무게, 플라스틱 볼펜 한 자루의 무게와 같다고 합니다. 그러나 이 5그램에 불과한 작은 종이는 날카로운 단면을 갖고 있어 자칫하면 손가락을 베일 수도 있습니다. 더 나아가 사람의 마음을 베이게 할 수도 있습니다.

"을의 모든 종업원은 갑의 직원에 대하여 친절하게 대하여야…" 정부 공공기관 용역계약서에 적혀 있는 내용입니다.

- 3회 이상 불친절하면 교체
- 작업 중 콧노래 금지
- 이적 행위 우려되면 해고

'갑'의 횡포를 보장하는 지시어로 가득한 이 작은 종이 한 장은 받아 보는 이들의 마음에 깊은 생채기를 냅니다. 정부기관조차 감싸주지 않는 '을'의 처지를 상징적으로 보여주는 사례이기도 하지요.

'갑甲'과 '을乙'. 올 한 해 〈뉴스룸〉에서 많이 다뤄왔던 이슈입니다. '갑'은 사용자, 그리고 '을'은 고용된 자. 우리는 대부분 '을'의 처지에 놓여 있지만 때로는 '갑'의 위치를 누리면서, 또 다른 수없이 많은 '을'들을 만납니다. 그리고 사람과 사람 사이를 '갑'과 '을'로 규정한 그 갈등은… 눈물을, 절망을, 분노를… 때로는 죽음까지 가져오기도 했습니다.

여기 조금 다른 단어를 제안한 곳이 있습니다.

同幸(동행)계약서

서울 성북구 아파트 주민들이 경비원들과 계약을 맺으면서 '갑을'계약서가 아닌 '동행'계약서를 사용한 겁니다. 서로가 필요에 의해 맺는 계약이라는 뜻과 동시에 동행… 함께 행복하자는 의미를 담고 있다지요. 성북구는 아예 이를 제도화하기로 했답니다.

사실 계약서 명칭 하나 바꾸는 게 무에 대수인가. 무슨 세상을 바꿀 만한 일인가 싶기도 하지만, 이름과 틀을 바꿈으로써 마음가짐도 조금 달리할 수는 있겠지요. 그들이 함께 서명한 종이 한 장은 그저 단순한 종이 한장이 아닌 두툼한 공존의 무게가 될 수도 있습니다.

오늘의 키워드 '5그램'. 또 어떤 것이 있나 살펴보니 작은 상처치유 연고 하나의 용량도 대략 5그램이더군요.

5그램. 작은 종이 한 장으로도 세상은 이렇듯 울고 웃습니다.

아무것도 하지 않고⋯ 멍 때리기 대회 2016. 03. 22.

'멍 때리기 대회'. 2년 전에 열린 행사였습니다. 숨 가쁜 삶에 지친 현대인들을 잠시나마 쉬게 하겠다는 취지로 만들어졌습니다. 잠을 자선 안 되고 그렇다고 딴짓을 해서도 안 되고, 그저 아무것도 하지 않고 오래 앉아 있는⋯ 이른바 '멍 때리기의 고수'를 뽑는 대회였습니다.

그러나 사람은 어찌 되었거나 생각하는 동물입니다. 어른들은 '멍' 하고 싶었으나 '멍' 할 수가 없었고, 1등을 차지한 사람은 초등학교 2학년. 아이는 그저 학원이 다니기 싫었다고 합니다.

그리고 여기, 원치 않는 '멍 때리기'를 해야 하는 사람이 있습니다. 그는 회사가 권유하는 명예퇴직을 거부한 단 한 사람. 대기업 계열사인 회사는 '명예'로운 퇴직을 거부한 그에게 이른바 면벽수행을 명했습니다. 벽을 마주한 채 종일 책상에 앉아 무한대기. 10분 이상 자리를 비워서도 졸아서도 안 되고, 전화 통화는 물론 컴퓨터와 독서조차 허용되지 않았던 잔인했던 그 시간들⋯ 지켜보는 동료들은 숨을 죽여야 했습니다. 그리고 모양과 형식만 다를 뿐 희망퇴직을 종용하는 회사들의 퇴사 압박은 지금 이 순간에도 어디선가 조용히 진행 중일 테지요. 그러나 그들은 그만둘 수가 없었습니다.

5. 우리의 연민은 정오의 그림자처럼 짧고 | 217

얼마 전 저희 JTBC 기자가 만났던 또 다른 명예퇴직 대상자의 이야기. "왜 버티시는 건가요?"라는 물음에 돌아온 대답은 "아들 녀석이 고등학생…"이었습니다. 퇴직이라는 글자 앞에 붙은 '희망' '명예' 따위의 아름다운 수식어와 삶은 별개였고… 자녀의 학비, 가족의 생계가 걸려 있는 그들에게 '자존감'은 사치였던 겁니다.

버티는 삶과 밀어내는 누군가… 냉정한 세상 속에 정답을 내긴 쉽지 않습니다만 최소한의 존엄, 가장으로서의 삶… 자본주의는, 우리가 사는 이 사회는, 이 모든 것을 무너뜨릴 정도로 저 혼자 미래화되어 있는 것인가.

정치가, 그리고 세상이 함께 고민해야 할 답은 수북이 쌓여 있는 가운데… 아시는 것처럼 정치는 지금 제 밥그릇이 더 급하고, 그 밥그릇 챙기기가 종내에는 국민들의 밥그릇 챙겨주기로 연결될 것이란 믿음을 갖기에는… 우리는 멍 때리기 대회에서 우승했던 그 초등학교 2학년생보다 너무 나이가 들어버렸습니다.

"우리는 문제의 원인을 알았지만 아무것도 하지 않았습니다. 죄송합니다."

서울 구의역 승강장 사고 현장에는 한 시민의 추모 글이 붙어 있었습니다. 열아홉 생일을 하루 앞둔 그 젊음은 아직은 어린 소년이었습니다. 그리고 그의 가방에서 나온 건 스테인리스 숟가락과 나무젓가락 그리고 컵라면 한 개. 세상은 그저 짐작할 수밖에 없었습니다. 밥 먹을 시간조차 없이 분주했을 노동의 현장과, 라면 국물이라도 떠먹으려 수저를 챙겼던 배고픈 마음.

지금까지 지하철 안전문 수리 사고로 생명을 잃은 사람은 4명입니다.

성수역 2013년 / 독산역 2014년 / 강남역 2015년 / 구의역 2016년

해마다 똑같은 사고가 반복되었습니다. 안전을 위해 만든 안전문을 고치다가 안전을 지킬 수 없어 목숨을 잃는 아이러니… 그리고 그 뒤에 자리 잡고 있는 오로지 저비용 고효율을 위한 폭력적 구조… 하청에 재하청, 최저가 입찰과 그로 인한 일거리의 폭주로 이제 고등학교를 갓 졸업한 미숙련 노동자는 혼자서 안전문을 고치다가 사고를 당해야 했습니다.

왜 배곯는 어린 청년이 허겁지겁 라면 끼니라도 때우고 싶어 했는지… 왜 그들은 2인 1조라는 그 있으나 마나 한 매뉴얼을 지킬 수 없었는지… 모른다기엔 무책임하고, 안다기엔 무기력한 2천 하고도 16년의 한국 사회.

'정치는 서민의 눈물을 씻어주는 것'이라는 고전적 미사여구조차 운위되지 않다가 모두들 갑작스레 구의역으로 달려간 오늘. 뉴스의 한편에선 전관들의 돈 냄새 나는 거래가 여전히 오가고. 그 뒤편에 물러나 있는 우리 사회의 보이지 않는 눈물 위로 그저 생색내기식 일자리 정책이 반복되면서… 젊은이들의 노동은 목숨을 걸어야 하는 밥벌이가 되어버렸습니다.

채 뜯어보지도 못한 컵라면과 숟가락.

고장난 안전문을 고치려 안간힘을 써왔을 그 젊음의 배고픔을 세상은 끝내 수리해주지 못했습니다. 승강장 앞에 붙어 있던 그 추모 글처럼 '문제의 원인을 알았지만 아무것도 하지 않았던' 것은 아니었을까. 그리고 그 추모의 글마저 서울시장의 심기를 걱정한 공무원들에 의해 떼어졌다 붙여졌다를 반복한…

라면이 익어가는 시간, 3분

라면을 처음으로 먹었던 날을 기억합니다. 1963년 9월, 53년 전이군요. 당시의 우리에게 첫선을 보였던 라면값은 10원. 짜장면값이 30원일 때였습니다. 다른 모든 음식을 처음 대했던 날은 기억에 별로 없지만 라면만큼은 왜 이리 선명히 기억에 남았는지…

대표적 작가 두 분의 묘사로 그 이유를 설명해드리는 게 낫겠습니다.

노랗고 자잘한 기름기로 덮인 국물에 곱슬곱슬한 면발 …
철은 … 아주 공손하게 라면을 먹기 시작했다.   ─이문열, 『변경』

TV 광고에서 라면 국물을 쭉 들이킨 연기자가
아, 하면서 열반에 든 표정을 지을 때   ─김훈, 「라면을 끓이며」

이 표현들에 동의하지 않을 분은 없을 것 같습니다. 제 기억 속의 첫 라면보다 5년 앞선 58년 전의 오늘, 1958년 8월 25일은 이름만 들어도 군침부터 돌게 하는 인스턴트 라면이 세상에 처음 나온 날입니다. 그날로부터 라면은 세상을 얼마나 바꿔놓았던가… 처음엔 신기함에 라면을 '공손'하게 대했다지만, 시간이 흐르면서 라면은 시간과 비용에 쫓기는 숨 가쁜 서민을 위로하는 한국인의 소울푸드가 되었습니다.

기억하시는지요. 70년대 개발독재 시대에 공단으로 갔던 많은 누나와 형들의 주된 음식이 라면이었고, 소화가 잘 되지 않아 오히려 길게 느꼈던 그 포만감으로 이른바 수출입국을 이끌었다는 찡한 얘기들… 그 찡한 얘기는 그로부터 반세기 가까이 지난 2016년의 우리에게도 여전히 현실로 남아 있습니다. 가방 속에 컵라면과 숟가락을 넣고 다녔다던 그 청년… 누군가는 그의 비극에 공감하는 것은 위선이라 일갈했다지만,[●] 청년을 기억하고자 하는 이들이 쪽지 글을 모아 책을 출간한 지금도… 세상이 그렇게 바뀐 것은 없어 보이기도 합니다.

'모든 학교는 구의역이다.' 오늘 〈뉴스룸〉은 비정규직 급식조리사들의 열악한 근무 형태를 전해드렸습니다. 그들은 학교라는 이름의 또 다른 구의역에서 목숨을 담보로 일하고 있었습니다.

시급이 아닌 분급. 분 단위로 매겨지는 임금 탓에 정작 자신의 안전을 돌보지 못하는 에어컨 설치 기사들 역시 올여름 논란이 됐습니다. 끓는 물에 3분. 짧다면 아주 짧은 시간이지만, 세상은 이들에게 그 행복한 3분마저도 쉬이 허락하지 않을 모양입니다.

오늘은 라면의 생일. 오늘 밤도 누군가는 열반에 든 표정으로 라면 국물을 들이켜겠지만… 우리는 그 라면 하나로 왜 이리 만감이 교차해야 하는가.

● 구의역 스크린도어를 수리하다 숨진 김 군에 대해 나향욱 당시 교육부 정책기획관은 "그 일이 내 자식의 일처럼 생각된다고 말하는 건 위선"이라고 말했다.

중국집에 갔을 때의 영원한 고민. 짜장면을 먹을 것인가, 짬뽕을 먹을 것인가. 심리학에서는 이런 갈등을 유사갈등類似葛藤(Pseudo conflict)이라고 한다지요. 즉, 갈등인 것 같지만 사실은 쉽게 풀어낼 수 있는, 다시 말해서 별로 갈등이 아닌 것을 말합니다. 그래서인지 중국집에서는 매우 쉽게 이 갈등을 해결했습니다. 두 음식을 반반 넣은 짬짜면이라는 걸 내놓은 거지요. 세상의 갈등이 이런 유사갈등뿐이라면 고민할 것이 무엇이 있겠는가… 지금부터는 좀 더, 아니 꽤 풀기 어려운 갈등입니다.

사람들은 고민에 빠졌습니다. 문제의 그 치킨을 먹을 것인가, 먹지 않을 것인가. 여비서를 집요하게 성추행한 혐의를 받는 치킨 체인업체의 대표. 그 파렴치를 떠올리면 그 업체의 치킨에는 손도 대고 싶지 않은 마음. 그러나 한편에서 드는 생각은 또 있습니다.

"○○○ 점주입니다. 꼬박 열두 시간을 일하며 힘들게 사는데 불매운동은 안 해주시길… 부탁드립니다." 하소연하는 가맹점주들의 얼굴을 떠올리면 남의 일 같지 않은 복잡한 마음이 들 수밖에 없습니다.

사실 고민은 이면뿐만 아니었습니다. 폭언을 일삼았다던 피자 업체의 대표, 도박으로 회삿돈을 탕진한 화장품업체 대표, 그리고 재벌과 대기업의 회장들은 또 어떤가. 그러나 정작 피해를 보는 사람들은 늘 정해져 있었죠.

'그러면 애초에 계약서를 제대로 쓰면 될 일이 아닌가' 교과서적인 해법은 이렇게 매우 간단합니다. 업체 대표가 사고를 쳐도 가맹점은 피해를 보상받을 수 있도록… 그러나 이것은 말 그대로 세상 물정과는 동떨어진 참으로 순진한 이야기. 그런 계약서가 가능하기나 할까. 또 만약 있다 해도 제대로 된 보상을 요구하는 것이 가능하기나 할까…

수장이 바뀐 공정거래위원회가 첫 실적으로 치킨값을 잡았다고 언론들은 입을 모았습니다만, 공정위가 해야 할 일은 아직 시작일 뿐이라는 것.

그래서 다시 드는 생각. 세상의 착하고 평범한 사람들에게 치킨을 먹을 때 필요한 고민은 단지 양념이냐 프라이드냐 정도의 유사갈등뿐이었으면… 아, 그러고 보니 여기도 이미 반반 메뉴가 나와 있군요.

밥하는, 동네, 아줌마

사람들의 추억에도 교집합이 있다면, 그것은 바로 도시락일 겁니다. 추운 겨울, 당번 학생의 핵심 임무는 난로 위에 쌓아둔 도시락이 타지 않도록 고루 위아래를 바꿔놓는 일이었고… 허기진 친구들은 점심시간이 오기 전 쉬는 시간에 간간이 모두 먹어치웠던… 그렇게 도시락은 추억이 됐습니다.

그런가 하면 도시락은 또한 노동이었습니다. 매일 새벽이면 서둘러 일어나 챙겨야 했던 아이들의 먹을거리… 야간자율학습을 하는 아이가 있으면 기본이 두 개였고, 아이가 서넛이라도 있다면 아침 식탁 위에는 정성스레 싸놓은 도시락 통이 줄을 서 있었지요. 그것은 반복되는 그림자 노동이었습니다. 그래서 어머니들에게 학교급식 전면 시행은 해방의 날이었고, 혹자는 도시락에서 해방된 날을 일컬어 '여성해방'의 날이라 말하기도 했습니다.

도시락은 또한 계급이기도 했습니다. 형편이 좋은 집안과 그렇지 못한 집안의 아이들이 때로는, 아니 사실은 거의 매일 비교당할 수밖에 없었던… 그 옛날에 그깟 계란 하나가 있고 없고에 따라 아이들의 계층이 갈리고 남모를 열등감과 낭패감을 하루 한 번씩 겪어야 했던… 그래서 매일 노동하는 어머니들의 마음까지도 상처 입게 했던…

그러니 도시락이 없어지고 학교급식이 시행됐다는 것은 그 모든 도시락의 추억과 어머니들의 끝없는 노동과 특히나 교실에서 일어났던 계층의 갈등까지도 모두 공교육이 대신 책임져주었던 커다란 사건이었습니다.

"밥하는 동네 아줌마" ― 이언주(국민의당 원내수석부대표)

정치인의 입에서 나온 그 비하의 말이 논란이 됐습니다.

밥하는, 동네, 아줌마… 늘 하는 일이고, 그것도 누구든 할 수 있다는 뜻으로 뭉쳐진 이 세 단어의 조합으로 인해, 상대를 업신여긴다는 뜻이 필연적으로 강해지는 그 발언.

그러나 그들이 없었다면 우리의 공교육은 도시락의 추억과 어머니의 노동과 교실에서의 차별을 대신 짊어질 수 없었습니다. 그렇게 달랑 세 단어로 비하되기에는 그들이 대신해준 밥 짓기의 사회학적 무게가 결코 가볍지 않습니다.

"어떻게 하면 시를 쓸 수 있을까요?"

우편배달부의 자전거는 달렸습니다. 햇살이 부서지는 이탈리아의 아름다운 해변. 그곳엔 파도와 바람과 하늘이 있었고 파블로 네루다(Pablo Neruda)라는 시인이 살고 있었습니다.

얼마 전 20년 만에 재개봉한 영화 〈일 포스티노(Il postino)〉는 시인 파블로 네루다와 그를 위해 편지를 배달하던 우편배달부 마리오의 이야기를 그렸습니다. 칠레의 유명 시인과 시골 청년의 만남. 우편배달부에게 편지는 그저 편지가 아니었고, 네루다와 그의 시는 마리오에게 동경의 대상이 되었지요.

"어떻게 하면 시를 쓸 수 있을까요?"
"해변을 따라 천천히 걸으면서 주변을 감상해보게."
— 영화 〈일 포스티노〉

그 말의 의미를 찾으려 해변을 따라 걷던 마리오는 저도 모르는 사이에 시의 은유, 메타포를 찾아내게 됩니다. 우편배달부 청년은 어느새 시를 쓰게 된 것입니다.

영화는 판타지입니다.

그걸 증명해주는 것이 우리가 살고 있는 현실이지요. 비록 손 편지 쓰는 세상은 이제 지나갔다 해도 우리에게도 편지, 그리고 우체통은 왠지 모를 애틋함을 불러일으키는 존재입니다. 하지만 딱 거기까지입니다.

"너무 힘들지… 왜 안 그렇겠어?" 그가 남겼다던 마지막 말. 20년간 우편물을 배달했던 집배원은 오랜 시간 일해온 일터 앞에서 스스로 목숨을 버렸습니다. 그사이 행여나 시골 농가에 불이 날까 소화기를 싣고 다니는 집배원도 있었고, 폭우가 쏟아지는 날 손에 쥔 여덟 통의 우편물을 배달하려다가 급류에 휩쓸려 순직한 이도 있었습니다. 올 한 해만 12명의 우편노동자가 세상을 떠났다는데…

- 하루 평균 13시간 근무
- 월평균 57시간 초과근무
- 1인당 배달 물량 1,032통
    — 고용노동부 실태조사, 2017

누군가에게 우편물은 아련한 서정이고 추억일 수 있지만, 또 다른 누군가에게는 그것이 견디기 어려운 고통이었다는 것…

"어떻게 하면 시를 쓸 수 있을까요?"
"해변을 따라 천천히 걸으면서 주변을 감상해보게."

네루다의 말을 들은 우편배달부는 천천히 걸으며 시를 생각했습니다.

그러나 이 땅에서 일하는 수많은 우편배달부, 그들에게는 해변이 아니라도 어딘가를 천천히 걸어 다닐 수 있는 촌각의 틈조차 부족했고… 우리 또한 타인의 그 아픔을 바라보지 못했습니다.

영화는 확실히 판타지임에 틀림없습니다.

안타까운 죽음에 시마저도 사치스러운 2017. 12. 18.

오전 내내 눈이 내렸습니다. 올겨울 들어 처음 제대로 쌓인 눈의 양은 예상치의 두 배를 넘겨 출근길을 엉망으로 만들었다지만, 세상을 하얗게 덮어낸 눈의 풍경은 사람들의 탄성을 자아내기에 충분했습니다. 눈은 더러움과 추함을 가려주고 때로는 마음의 상처마저도 흰빛으로 덮어주는 치유의 이불이 되기도 하니까요.

오늘 아침 작은 종이 상자를 마주한 부모들의 머리 위에도 눈은 내렸습니다.* '관이 작을수록 무게는 더 무겁다'던 누군가의 말처럼 어린 자식을 떠나보내는 슬픔의 무게는 쉬이 가늠하기가 어렵습니다. 눈물 흘리는 사람들의 머리 위로 흩날리던 눈발과, 그 광경을 지켜보던 시민들도 함께 안타까워하던⋯ 눈 내리는 서울 하늘.

며칠 전 막내아들을 잃은 어머니의 머리 위에도 눈은 내렸을 것입니다. 나흘 전 열차 선로에서 작업하다 사망한 비정규직 노동자⋯ 매일 화장대에 용돈을 꽂아두었던 아들의 죽음이 믿기지 않는 어머니는 연신 눈가를 닦아냈습니다.

---

* 이대목동병원 신생아 중환자실에서 신생아 4명이 숨지는 사고가 일어났다. 이 병원의 주요 경영진은 '도의적'인 책임을 통감하며 사퇴한다고 했다. 쓰고 보니 대체 이런 설명이란 얼마나 건조하기만 한 것인가.

다시는 반복되어서는 안 될 안타까운 죽음들. 그러나 세상은 어리석은 잘못을 끊임없이 되풀이하고 있고, 사람들의 상처는 아물지 못한 채 계속 덧나고만 있는 것은 아닐까…

사람이 사는 마을
가장 낮은 곳으로
따뜻한 함박눈이 되어 내리자
우리가 눈발이라면
…
그이의 깊고 붉은 상처 위에 돋는
새살이 되자
　　　―안도현, 「우리가 눈발이라면」

그렇게 오늘 서울 하늘에서는 모든 것을 품어낼 것만 같은 눈이, 아니 사실 눈 따위로는 치유할 수 없는 슬픔이… 그리고 시인에게는 진심으로 미안한 말이지만 그 시마저도 사치스럽게 느껴질 수도 있는 아픔이… 차곡차곡 내려서 쌓인 아침이었습니다.

붉은 물을 빼고 푸른 물을 들인다

초록빛 나무를 심는 일은 곧 미래를 심는 일일 것입니다. 한국전쟁 이후에 벌거숭이가 되었던 나라. 그래서 장기 집권을 했던 대통령은 나무를 심었습니다.

"산이 푸르게 변할 때까지는 유럽에 안 가겠다."

— 박정희 대통령

정돈된 서독의 푸른 산을 한없이 부러워했다던 대통령은 대대적인 치산녹화治山綠化 계획을 세워서 실행에 옮겼습니다. 1984년의 한 통계에 따르면 당시 스무 살 이하의 어린나무 10그루 중에 8그루 이상이 박정희 시대에 심어진 것이었다고 하니까…

물론 워낙 장기 집권했던 터라 당연한 결과라고 할 수도 있겠으나, 아무튼 그 시대의 명明과 암暗이 존재한다면 이것은 아마도 명에 속하는 일이겠지요.

군부 정권을 이어받은 다음 대통령 전두환 역시 녹화사업을 펼쳤습니다. 더 이상 녹화할 산이 없다고 판단했기 때문일까. 그가 녹색화를 시도한 대상은 달랐습니다.

보안사, "학원가 붉은 색깔 푸르게 하라"

— 『한겨레신문』 1988. 10. 13.

고문 뒤 정보수집, 프락치 공작 강요

— 『한겨레신문』 1988. 10. 14.

대학생들 머리에서 붉은 물을 빼고 푸른 물을 들인다. 즉, 정권은 '좌경 오염 방지'라는 미명하에 눈엣가시였던 학생운동을 탄압했습니다. 대상이 된 대학생에게는 하루아침에 입대 영장이 날아들었고, 이렇게 들어간 군대에서는 구타와 고문은 물론이고 동료들의 학생운동 정보를 캐내오는… 이른바 프락치가 되라는 지시마저 내려졌습니다.

"동지를 팔아야만 전향으로 인정되었으니까…"

— 한홍구(성공회대 교수)

"내가 친구를 팔았다는 가책에 평생을 시달리게끔…"

— 유시민(작가)

그 과정에서 석연치 않은 의문의 죽음을 맞은 젊음들… 푸른 청춘을 짓밟았던 비극적인 녹화사업의 결과였습니다.

● 강제징집 1,152명   녹화사업 1,192명
● 6명의 사망 사고 발생에 직간접적으로 영향을 미쳤음

— 국방부 과거사진상규명위원회,
「진상규명 제1호 사건 '강제징집·녹화사업' 진상조사결과」 2006. 07. 13.

나쁜 것은 더욱 전염성이 빠른 것일까. 국내 1위 대기업, 삼성의 노조 파괴 공작에도 같은 이름이 달렸습니다.

"**청정지역**으로 만들어놔라"
"모든 것을 걸고 반드시 Green화"

위장폐업을 해서라도, 가족에게 협박 문자를 넣어서라도… 노골적으로 필사적으로 노조를 막아냈다는 삼성의 녹화사업. 그들 역시 노동자들의 모임이 붉은색으로만 보였을까. 그리고 한쪽 눈을 질끈 감아주었던 검찰과 정부 기관의 묵인 덕분이었을까… 그들이 원하는 청정 환경은 완벽하게 조성되었지만 노동자들은 그 녹색지대 안에서 제대로 숨 쉴 수 없었고, 아직도 선명한 이유를 규명하지 못한 질병과 죽음들은 이어졌습니다.

"죽음까지 생각하며 5년을 견뎌 오늘까지 왔다."
— 나두식(삼성전자서비스 노조 지회장)

이제 봄비 그치고 하나둘 푸른 잎 돋아나기 시작한 늦봄의 하늘 아래, 초록빛이 모욕당한 봄날의 비극.

여객기 조종은 자동차 운전보다 쉽다?

'김 여사의 주차 신공'.

운전 실력이 미숙하거나 예의 없는 운전자가 보이면 무조건 중년 여성이라 단정했던 유행어가 한때 있었죠. 통계만 찾아봐도 주장은 맞지 않았습니다.

남녀 운전자 교통사고율: 여성 29%, 남성 71% —도로교통공단, 1980~2014(연평균)

주변 운전자의 짜증을 유발하고 심지어 사고까지 일으키는 운전자의 성별은 남녀를 가리지 않았으니까요. 쉬워 보이는 운전이라 해도 결코 쉬운 것이 아니며, 남녀를 불문하고 아무나 쉽게 하면 안 된다는 이야기.

그러면 비행기의 조종은 어떨까.

"자동차 운전보다 더 쉽다." —조양호(대한항공 회장 페이스북), 2016년 3월 13일

이렇게 단언한 사람이 있었습니다. 덧붙이길 "조종사는 GO, NO GO만 결정하면 된다" 할 정도로 그에게 여객기 운항은 만만한 작업이었던 모양입니다. 그의 말대로라면, 땅콩 포장 때문에 비행기를 돌려세우거나 승객을 잔뜩 태운 채 운행 중인 부기장에게 총수 일가의 사적인 심부름 문제로 30여 분씩 무전을 하는 행태는… 어찌 보면 매우 당연해 보이기도 합니다.

"도착 즉시 회장님 사진 가방을 대기 중인 지상 직원에게 넘길 것"

— 대한항공 제주 지점 교신

그러나 또한 그의 말대로라면… 여객기 엔진이 폭발했음에도 불구하고 침착하게 승객 대부분의 생명을 구한, 미국 항공사 기장의 존재감은 또 어떻게 설명할 수 있을까.

엔진 폭발 여객기 비상착륙. 148명 구한 '제2 설리' 여성 기장

— 『중앙일보』 2018. 04. 20.

사과문은 열흘이 지나 발표됐습니다.[*] 문제가 된 당사자는 물론 집행유예 와중에 복귀한 장녀까지 물러난다는 결정. 4년 전 당시의 글을 복사라도 한 듯이 두 개의 사과문은 똑같이 닮아 있었습니다.

2014년 사과문

제 여식의 어리석은 행동 / 저의 잘못입니다 / 조현아를 …

모든 자리에서 물러나도록 / 국민 여러분의 용서를…

2018년 사과문

제 여식이 일으킨 미숙한 행동 / 저의 잘못입니다 / 조현민 전무 …

모든 직책에서 즉시 사퇴하도록 / 국민 여러분들께 사죄의 말씀…

[*] 2014년 12월 대한항공 오너 일가인 조현아 씨의 '땅콩 회항' 사건에 이어 2018년엔 동생 조현민 씨가 광고 대행사 직원에게 물을 뿌린 이른바 '물컵 갑질' 사건이 발생했다. 한진가의 폭언·폭행 의혹은 모친 이명희 씨에게로 번져 결국 수사로까지 이어졌다.

그래서 이 사과문은 특히나 대한항공 내에서는 믿지 않는다면서요? 그들이 자동차 운전보다 쉽다고 말한 여객기 운항. 따지고 보면 가장 쉬웠던 것은 항공사의 오너 노릇이 아니었을까… 그들은 단지 총수와 그 가족이라는 이유만으로 대형 국적기의 운영자라는 자리를 물려주고 물려받았고, 이미 '땅콩 회항'으로 만천하에 드러난 이른바 갑질을 포기하지 않았습니다. 귀를 찢는 폭언과 낚아채고 밀쳐내는 폭행으로 대한민국의 거대 국적사가 돌아갔다면, 세상에 그보다 쉬운 오너 노릇이 어디에 또 있을까.

김 여사의 주차 신공. 세상은 근거도 없이 중년의 여성 운전자를 폄하했지만… 항공사 회장도 인정한 바, 자동차 운전은 비행기 조종보다 더 어려운 것. 게다가 다른 운전자에게 욕도 안 하고 삿대질도 안 했으며 난폭 운전은 꿈도 못 꾸는 김 여사들이라면… 이제는 최소한 비아냥의 대상은 아니지 않을까.

화이트 캐슬 CEO가 삼성 총수에게, 그리고…　　2018. 05. 02.

　　회장님은 진땀을 흘려야 했습니다. 햄버거 주문을 받을 때는 실수를 거듭했고 서투른 포장 탓에 연거푸 지적을 받았습니다. 여러 명의 매니저들이 제각기 다른 지시를 하는 통에 우왕좌왕 허둥지둥…

　　그는 미국에서 가장 오래된 햄버거 체인 '화이트 캐슬(White Castle)'의 회장인 데이브 라이프(David Rife)였습니다. 그가 출연한 프로그램은 미국의 텔레비전 쇼인 〈언더커버 보스(UNDERCOVER BOSS)〉. 대기업 최고경영자가 변장을 한 뒤 자신의 회사에 이른바 '위장취업'을 하는 프로그램이었습니다. 항공사 대표는 물론이고 야구단 구단주, 레스토랑 체인 대표 등 이름만 들어도 위세가 대단한 최고경영자들이 이 위장취업자 대열에 합류했지요.

　　프로그램이 오랜 기간 인기를 끌었던 이유는 따로 있었습니다. 물론 방송을 의식한 측면도 있었겠습니다만… 이른바 현장 바닥을 경험한 회장들이 진짜 회장으로 돌아온 뒤에, 그동안 몰라서 못 고쳤던 부분을 하나둘 바꿔나갔던 것입니다. 직원 입장에서 본다면 최고경영자의 위장취업은 더 좋은 노동환경을 만들기 위해서 함께 고민하는… 착한 '언더커버'였을 겁니다.

이번에는 TV가 아닌 현실입니다.

바로 이곳 삼성전자서비스에도 '언더커버'는 존재했습니다. 물론 여기서는 총수가 직접 나서지는 않았습니다. 대신 본사의 직원이 하청업체 직원으로 '위장'해서 현장으로 파견됐습니다. 위장취업한 요원의 임무는 노조의 내부 정보를 캐내고 회유하는 작업… 검찰이 확보한 문건에 따르면 이 언더커버 직원은 노조의 강성 인물들을 보고서로 정리해서 본사에 올려 보냈습니다. 그들은 노동 현장을 사용자에게 적합하도록 'Green화'*시키는, 노조 감시용 '언더커버'였던 것입니다.

몇 시간 뒤면 삼성 노조 파괴 공작을 주도해온 삼성전자서비스의 임원과 협력사 대표 등의 구속 여부가 결정이 되죠. 하청업체 대표들에게는 본사가 직접 써준 '대본'을 읽게 했으며, 스스로 목숨을 끊은 노조원마저 이른바 Green화 실적으로 취급했던… 80년 무노조 공화국.

"정말 봄이 왔나 … 아직까지 믿지 못해"
— 위영일(전 삼성전자서비스 노동조합 지회장)

그 치밀한 과정을 지켜보았던 이들은 아직 봄이 온 것을 믿을 수 없다 말합니다.

"삼성 총수는 이재용" — 공정거래위원회, 5월 1일

---

* 삼성전자서비스의 노조 와해 공작을 의미. 회사를 노조 없는 청정지역으로 만들겠다는 의지.

어제부로 이재용 삼성전자 부회장은 삼성 그룹의 법적 총수 지위에 올랐습니다. 쇄신과 준법 그리고 뒤늦은 노조 설립을 약속한 젊은 총수에게… 자신의 회사 말단 직원으로 일주일간 위장취업했던 '화이트 캐슬' 회장 데이브 라이프의 출연 소감을 마지막으로 전합니다.

"그동안 수치로 모든 결정을 내렸지만 이제 직원들에게 어떤 영향을 미치는지 생각할 겁니다. 그들의 얼굴을 생각하며…"
— 데이브 라이프(화이트 캐슬 CEO)

아, 물론 이 내용은 대한항공의 오너 일가에도 전해드립니다.

칼레의 시민, 칼(KAL)의 세 모녀

.

　프랑스 북부 칼레의 시청사 앞에는 오귀스트 로댕(Auguste Rodin)의 작품 〈칼레의 시민〉이 서 있습니다. 동상은 지나는 이들과 어깨라도 스칠 듯 가까운 거리에 놓여서 도시를 상징하고 있습니다. 칼레의 시민들이 사랑하는 그 작품이 도시 중심에 세워진 이유는 다음과 같습니다.

　14세기 영국과 프랑스의 백년전쟁(1337~1453) 중에 영국의 공격을 오랜 시간 버텨낸 칼레의 시민들은 결국 항복을 선언했지만, 영국 국왕은 항복의 징표로 시민대표 6명을 뽑아 처형대 앞에 내놓으라고 요구했습니다.

이때 스스로 목에 끈을 묶은 채 앞으로 나선 사람들… 칼레시의 가장 부자가 앞장을 섰고, 시장, 법률가, 귀족이 차례로 지원을 했습니다. 요행히 타인보다 무엇인가를 많이 갖게 된 자들의 의무란… 때로는 이렇게 목숨을 내놓을 정도의 무게를 지니고 있다는 것을 그들은 실천으로 보여주었던 것이었습니다.

노블레스 오블리주(Noblesse oblige)
높은 사회적 신분에 상응하는 도덕적 의무

이 말은 이때부터 널리 쓰이기 시작했다고 전해집니다. 매우 거창하게 설명을 했지만, 더 솔직히 말씀드리자면… 지금의 세상에서 우리가 더 가진 이들에게 원하는 것은, 그때만큼 그리 거창하거나 가혹하지 않습니다.

얼마 전 세상을 떠나며 몇몇 미담이 회자된 구본무 LG그룹 회장에 대해서도, 한 기자는 "그라고 완벽했을 리는 없다"고 평가했습니다. ● "보이지 않는 곳에서 눈물 흘린 노동자도 있을 것이고 재벌기업 엘지에 복장 터진 중소하청업체도 많을 것이다. … 그럼에도 흥보다 칭찬이 많은 것은 … 저 정도면 나쁘지 않다"라는 세간의 너그러운 인식 덕분이라는 지적. 다시 말해서 시민들이 바라는 재벌의 역할은 완벽한 그 무엇이 아니라 그저 지킬 것만 지켜주면 된다는 이야기였습니다.

● 박병률, 「기자칼럼 : 저 정도면 나쁘지 않다」, 『경향신문』 2018. 05. 21.

오늘 아침 경찰에 비공개 출석한 이명희 씨는 우산으로 얼굴을 가렸습니다. 그보다 며칠 전에는 다소곳이 '죄송하다'는 말을 되풀이하였으나 대중의 시선이 비켜난 곳에서는 혐의 대부분을 부인했다는 그 사람… 사람들은 그의 억지 사과를 이미 믿지 않습니다. 2018년의 한 계절이 미처 다가기도 전에 줄줄이 포토라인에 섰던 그들[*]의 모습 또한 사람들 마음속에 마치 동상처럼 남아 오래도록 기억되지 않을까.

다시 로댕의 작품 속 갈등하는 인간의 얼굴을 들여다보죠. 남들보다 요행히 무언가를 더 갖게 된 사람들… 그들이 기억되는 방식은 너무나도 달랐습니다. 사람들과 어깨를 스치듯 가까이 다가서고자 했던 칼레의 시민. 그리고 물컵과 괴성, 가위와 땅콩으로 기억될 KAL의 세 모녀…

---

[*] 제목과 같은 칼(KAL)의 세 모녀, 곧 이명희, 조현아, 조현민.

진나라 천하통일의 비기

지금으로부터 2,200여 년 전. 전국시대戰國時代 7웅雄이 천하를 두고 다투던 시절에 진나라에는 천하무적의 비기가 존재했습니다. 석궁. 멀게는 700~800m를 날아간다 하고, 훈련받지 않은 병사라 하더라도 갑옷 입은 장수를 무찌를 수 있었다 하니… 진시황의 천하통일 비기 중의 하나는 바로 석궁이었다 해도 과언이 아닐 것입니다.

석궁은 이후 중세시대 유럽으로 전파돼서 전쟁에 널리 사용됐습니다. 그러나 그 잔혹성 때문에 석궁에 대한 비판은 쏟아졌고, 12세기에 교황은 이단자를 처단할 때를 빼고는 어떠한 경우에도 석궁을 사용해선 안 된다는 칙령을 내렸다는 이야기도 전해집니다.

이 석궁이 새삼 논란이 되었던 것은 지난 2007년, 이른바 석궁테러 사건이었죠.● 하필 등장한 것이 과거의 낯선 무기였으니 관심은 뜨거웠습니다. 석궁을 들었던 교수는 실형을 선고받았지만 정말로 석궁을 쐈는가 여부를 두고 여전히 논란은 계속되었습니다. 사건은 영화로까지 제작됐습니다.

● 2007년 1월 15일, 재임용에 탈락한 대학교수가 복직소송에서 패소하자 판사를 찾아가 석궁으로 위협한 사건. 영화 《부러진 화살》의 소재가 되었다.

그리고 11년 만에 이 섬뜩한 느낌의 무기는 난데없는 장소에서 또다시 등장하고 있습니다.[*] 누군가를 강압하여 석궁을 쏘게 하고 심지어 일본도를 휘둘러 닭을 내려치라 했다는, 눈으로 보고도 믿기 힘든 사건. 일일이 나열하기도 힘든 가해자의 엽기적인 모습도 논란이었지만, 무엇보다도 마음을 복잡하게 만들었던 것은… 그 모든 만행을 감내해야 했을 피해자, 즉 '을'들의 모습이었습니다.

석궁은 단지 닭을 향해 발사된 것이 아니라 생업이 걸린 사람들의 존엄을 향해 발사돼서 커다란 구멍을 남겼습니다. 첨단으로 진화하는 세상처럼 '갑'의 횡포 역시 갈수록 진화하고 있는 것일까. 아니면 참담하게 퇴보하고 있는 것일까.

석궁. 한때 천하통일의 비기였으나 함부로 사람을 해하여 '악마의 무기'라 불리기도 했던 물건. 그리고 오늘의 석궁 또한 사람의 마음을 해하고 무기를 쥔 그 자신 또한 해하고 있으니…

바야흐로 단풍은 아름답게 물들어 세상을 비경으로 만들어놓는데, 그 험한 뉴스를 볼 때마다 마음은 스산하고 뒤숭숭한… 2018년의 가을, 대한민국의 풍경.

---

[*] 양진호 위디스크 대표의 직원 폭행 사건. 요즘 세상에 일어났다고 믿기 어려운 직원들의 폭로가 이어졌다. 폭언·폭행은 물론 칼과 석궁으로 동물을 사냥하는 충격적인 장면까지 공개되었다.

장티푸스를 앓고 있네

"여기는 더 이상 민주주의 특검이 아닙니다."

― 최순실, 2017년 1월 25일

수없이 터지는 카메라 불빛 사이로 그는 민주주의를 외쳤습니다. 그러나 사람들의 눈과 귀를 모았던 말은 실상 따로 있었지요.

"염병하네"● 군이 그 욕설의 사전적 의미를 풀어보자면… 글쎄요 '장티푸스를 앓고 있네' 혹은 '전염병에 걸렸네' 정도가 될까.

"평소 화가 날 때마다 '염병하네' 소리를 자주 해서 나도 모르게 그런 소리가 나왔는데, 제가 여러분 속을 후련하게 했다니…"

방송엔 결코 적절하지 않은 단어였지만 모두는 까닭 모를 카타르시스를 느꼈으니, 욕은 적재적소에 잘 사용된 셈이었습니다. 군이 욕의 사회심리학을 동원하자면 아마 그 정도의 해석이 가능하다는 얘기입니다.

그렇다면 이런 욕은?

● 2017년 1월 25일 최순실이 특검의 소환으로 호송차에서 내렸을 때 취재진에 대고 "여기는 더 이상 민주주의 특검이 아닙니다"라고 하자, 이를 지켜보던 한 청소노동자가 외친 소리.

"이 ××가 ×× 너는 남의 마누라도 ××할 ××야. 너는 가정교육을 어떻게 받았길래 ××같이 행동하냐, 이 ×××××야, 응?"

— 황준호(보네르아띠 대표)

그가 내뱉은 욕설의 수위는 참으로 대단해서 말보다 삐— 소리가 더 많을 지경이었습니다. 더구나 그것이 어디 빵집 한 군데의 일이었을까. 하루가 멀다 않고 쏟아지는 이른바 '갑'들의 막말 향연 사이로 각종 동물들은 물론이고 가족을 모욕하는 단어까지 등장하고 있습니다. 욕은 칼이 되어, 당하는 사람은 물론 듣는 다른 이들의 마음까지 헤집어놓았습니다.

그래서일까. 한 정보기술 업체에서 개발 중인 상품은 그야말로 기발합니다. "삐— 처리해드립니다." 콜센터에 전화한 이른바 진상 고객이 욕설이나 성희롱을 할 때, 인공지능이 감지해서 대신 삐— 처리를 해준다는 것. 오죽하면 이런 기술이 나왔을까 싶다가도, 이러다가 세상엔 온통 삐— 소리만 넘쳐나지 않을까 하는 괜한 걱정까지… 그것은 욕이 가져온 과학의 진보일지도 모르겠습니다.

사실 욕이란 그런 것은 아니었습니다.

보들레르는 뇌졸중으로 … 말하는 능력을 잃었지만 오직 한 문구만은 잊지 않았다. … 전설의 그 문구는 바로 제기랄!(crénom)이었다.

— 멜리사 모어 지음, 서정아 옮김, 『HOLY SHIT : 욕설, 악담, 상소리가 만들어낸 세계』

뇌졸중으로 인해 말을 모두 잃어버린 시인 보들레르가 끝까지 놓지 않은 단어가 바로 욕이었다는 일화가 전해지듯… 단전에서부터 올라와서 모두의 속을 후련하게 만들어주는 욕이란, 인간 본성의 적나라한 표현이자 인간에게 허락된 최소한의 문란. '태초에 욕이 있었다'는 누구의 말처럼 누구나 욕을 하지 않고는 살아갈 수 없는 것이라면 제대로 잘 써야 한다는 이야기.

"장티푸스를 앓고 있네." 삐- 처리는 하지 않았지만 모두를 후련하게 만들었던 욕설. 그리고 삐- 처리를 하면서 잔뜩 가려놓았지만 모두를 참담하게 만든 욕설. 두 욕의 차이가 무엇일까…

도시는 온통 그를 향해서 촉각을 곤두세웠습니다.

모든 사람이 적어도 하루에 한 번은 그를 보고 싶어 했으며, 심지어 한밤에도 횃불이 밝혀진 철창을 찾아가 안을 들여다보는 사람도 있었습니다. 그의 앙상한 갈비뼈는 숨을 들이쉴 때마다 더욱 도드라져 보였지요. 프란츠 카프카의 소설 『단식광대』.

그러나 이것은 아예 허구의 이야기는 아니었습니다. 19세기 후반 유럽에서는 오랜 기간 단식을 하는 광대를 대중이 지켜보는 일종의 공연이 있었다고 전해집니다. 타인의 허기짐과 고통을 관람하는 사람들… 카프카는 여기에 착안해 작품을 만들었을 것입니다. 그러나 사람들의 호기심과 연민에는 유효기간이 있었는지, 반복되는 단식에 대중은 점차 흥미를 잃어갔습니다.

> "아직도 굶고 있는 건가? 대체 언제까지 단식을 한 건가?"
> ─프란츠 카프카, 『단식광대』

그것은 자신의 고통은 아니있을 테니까요. 결국 작품 속 광대는 홀로 철창에 들어가 관객 없는 단식을 계속하게 되는 비극…

스물네 살의 청년이 컨베이어벨트 사이에서 목숨을 빼앗긴 이후에 세상은 또다시 촉각을 곤두세웁니다.*

태안화력 비정규직 사망 … '죽음의 외주화' 멈춰야
　　　　—『국민일보』 2018. 12. 12.

또 비정규직 … 꽃 같은 청년이 스러졌습니다.
　　　　—『한겨레』 2018. 12. 12.

생과 사의 경계선, 낮이고 밤이고 혼자 일합니다.
　　　　—『서울신문』 2018. 12. 13.

탄식과 애도, 문제를 분석하는 말들은 쏟아지는데 정작 불편한 진실은 따로 존재합니다. 노동자의 죽음은 처음이 아니라는 것. 무엇이 문제인지 모두는 이미 알고 있다는 것… 단지 세상이 달라지지 않았을 뿐이었습니다. 이 짧은 애도 기간이 지나면 카프카의 소설 속 타인의 고통에 무감해진 대중들처럼, 우리 역시 조금씩 세상의 고통에 무감해지게 될까.

고통 앞에서 수치심을 느껴라.
연민이란 참으로 게으르고 뻔뻔한 감정이다.
　　　　—프리드리히 니체, 『차라투스트라는 이렇게 말했다』

* 2018년 12월 태안화력발전소에서 일하던 스물네 살 김용균이 컨베이어벨트에 끼어 숨진 채 발견됐다. 그의 사망을 계기로 「중대재해 처벌 등에 관한 법률」이 만들어져 2022년 1월부터 시행됐다. 노동자가 일하다가 숨지거나 다쳤을 때 사업주나 경영책임자의 처벌 규정을 강화하는 것이 법안의 주요 골자다.

몇 년 전 시인 진은영은 니체의 말을 인용해서 대안 없는 연민의 허무함을 이야기했습니다.

정치가 있어야 할 곳에 연민과 시혜의 언설이 난무하는 사회
— 진은영(시인)

청년의 죽음은 이번이 처음은 아니었고, 탄식하는 모두는 실은 이미 알고 있었으니… 시인은 그 감출 수 없는 수치심을 드러내며 이렇게 말했습니다.

우리의 연민은 정오의 그림자처럼 짧고,
우리의 수치심은 자정의 그림자처럼 길다.

학교까지 타고 가는 버스를 제대로 올라타고 간 기억이 별로 없습니다. 대부분 버스 문에 매달려 미아리고개를 넘어갔지요. 만원 버스는 그렇게 우리들에겐 위험한 일상이었습니다. 가끔씩 센스 있는 기사분이 달리는 버스의 운전대를 오른쪽으로 한 번씩 꺾어 차체를 기울여주면, 우리는 쓸어 담기듯 버스 안으로 밀려 들어가곤 했습니다.

삶은 얼마나 바뀌었을까. 도시는 더 휘황찬란해졌지만, 사실 지금도 대부분의 사람들에게 버스의 기억은 그리 유쾌하지만 않습니다. 미처 내리기도 전에 닫히는 문에 때론 등을 맞기도 하고… 아슬아슬한 곡예 운전에 조마조마하거나 가끔은 불친절한 기사의 태도에 낯을 붉힌 날도 있었지요.

오전에는 선진국 버스 기사였다가 오후에는 개발도상국, 저녁에는 후진국 기사가 된다.   ─허혁, 『나는 그냥 버스기사입니다』

전주에서 시내버스를 모는 허혁 기사는 그렇게 말했습니다. 하루 열여덟 시간. 종점과 종점을 오가는 이른바 '탕'을 수도 없이 반복하면서, 화장실조차 허용되지 않는 바쁜 시간들… 노동은 고단했지만 대가는 박해서 마음은 배배 꼬이기 십상이라 했습니다. 그러나 승객들 또한 저마다의 삶이 고단할 것이기에 그는 누구도 원망할 수 없었다고 말했습니다.

아마도 이번 파업 논란을 지켜봤던 시민들의 마음도 마찬가지가 아니었을까… 출근길 걱정에 맘을 졸이고 요금 인상 결정에 한숨 쉬면서도, 함부로 탓할 수 없었던 바로 그 마음들 말입니다.

"투명인간입니다.
존재하되, 그 존재를 우리가 느끼지 못하고 함께 살아가는 분들입니다."
　　　　　　─노회찬(정치인)

새벽 네 시. 서울 구로동에서 출발하는 '6411번 버스'에 올라탄 사람들… 정치인 노회찬은 보이지 않는 곳에서 묵묵히 일하는 고단한 노동자를 일컬어 '투명인간'이라고 했습니다. 그리고 아직 졸음이 채 가시지 않은 시내버스 안에는 또 한 명의 투명인간이 존재합니다. 그들보다 더 이른 시간부터 운전대를 잡아야 하는 시내버스 기사입니다.

그 옛날 한 번씩 운전대를 꺾어서 지친 승객들을 쓸어 담던… 수업 시간에는 그리도 이해하기 어렵던 관성의 법칙을 단번에 이해하게 해주었던 그 기사들 말입니다.

대우빌딩을 기억함

> 내가 세상에 나와 그때까지 봤던 것 중에 제일 높은 것
>
> ─ 신경숙, 『외딴방』

일자리를 찾아 상경한 열여섯 살 소녀는 까닭 모를 공포심을 느꼈습니다. 그가 가장 먼저 마주한 도시의 풍경이란, 압도적인 높이와 규모를 자랑하던 다갈색의 대우빌딩.

> 거대한 짐승으로 보이는 저만큼의 대우빌딩이 성큼성큼 걸어와서 … 나를 삼켜버릴 것만 같다.
>
> ─ 『외딴방』

> 문 하나만 열어놔도 금방 표시가 나는 건물이 햇빛에 반짝반짝 빛난다고 감탄하던 대우빌딩.
>
> ─ 함민복 「장항선」, 『눈물은 왜 짠가』

까닭 모르게 사람을 주눅 들게 하는 대우빌딩에 대한 첫 기억은, 여러 입을 통해서 회자되었습니다. 1년 365일 불이 꺼지지 않는 건물. 빌딩 전체에 불을 켜면 충청남도 전체가 쓰는 전기가 들어간다는 풍문까지 돌았던 건물. 더구나 빌딩이 완공된 1977년은 우리나라가 수출 100억 달러를

달성해서 어깨를 추켜세웠던 시기였으니… 대우빌딩은 한국 경제 고도성
장의 다른 이름이었습니다.

그러나 부와 권력을 상징하는 그 거대한 빌딩 앞에서 주눅 들었던 노
동자의 삶이란… 모두의 열정과 땀으로 이룬 경제성장이었지만 과실은 모
두 기업으로 집중돼서, 커다랗게 불어난 그 몸집은 큰 짐승과도 같은 공포
감으로 다가온 것은 아니었을까.

비정규직 노동자의 삶을 그린 드라마 〈미생〉의 촬영 장소가 옛 대우빌
딩이었던 것도 우연이 아니었을 것입니다. 잔뜩 움츠러든 주인공의 어깨
와 아래로 내려다보이는 도시 정글의 불빛… 청년은 이 거대한 건물 안으
로 걸어 들어가서, 살아남고자 노동의 바둑을 놓습니다.

한때 신화로 불렸으나 하루아침에 허물어져버린 영욕의 주인공이 세
상을 떠났습니다. 세상은 어쩔 수 없이 대우빌딩으로 상징되었던 그 화려
한 시절과, 노동자가 오롯이 감내해야 했던 IMF의 추운 시절을 다시 회고
하게 되었지요. 과거는 어느덧 초라해져서 건물의 이름과 외관이 바뀌었
고 지금은 옛 모습을 찾아보기 어려운데… 그럼에도 많은 이들이 여전히
대우빌딩을 기억하는 이유는 무엇일까.

이제 하늘을 찌르는 마천루가 즐비하고, 수출은 100억 달러의 시대를
넘어 6,000억 달러를 이야기하는 지금. 여전히 컴컴하고 초라한 노동의 풍
경과 변하지 않는 노동의 시간들…

소설 속 열여섯 살 소녀를 주눅 들게 했던 거대한 대우빌딩은, 그래서 아직도 한국 사회가 끌어안은 모순의 상징물로 기억 속에 남아 있는 것은 아닐까.

追考   2019년 12월 9일, 대우그룹 창업주이자 샐러리맨 신화의 대명사로 불리던 김우중 씨가 세상을 떠났다. 그러나 그 신화는 21조 원이라는 규모의 분식회계를 통해 일궈낸 허황된 것으로 귀결되었다. 대우빌딩은 개발독재 시대에 신화를 좇던 재벌경제의 상징이었다.

"나는 모자, 당신들은 신발입니다"

나는 모자, 당신들은 신발입니다. 애당초 티켓은 정해져 있었습니다.
일등석, 일반석, 그리고 여러분 같은 무임승차자들.
순서는 신성한 엔진 앞에서 영원할 것입니다.
　　ㅡ 영화 〈설국열차〉

애당초 티켓은 정해져 있었고 순서는 영원히 변하지 않을 것이라는 선언… 봉준호 감독이 긴 열차 한 대를 통해서 드러내고자 했던 것은 얼핏 보기엔 평등한 것 같아 보이지만, 보이지 않는 차단막이 존재하는 세상이었습니다. 꼬리 칸에 위치한 사람들은 조금이라도 나아지고자 안간힘을 쓰지만, 선을 지키지 않을 경우에 가혹한 처벌이 뒤따르지요.

19세기 영국의 작가 찰스 디킨스(1812~1870) 역시 보이지 않는 차단막, 즉 부조리한 계급의 문제를 작품 속에 담아냈습니다. 그의 소설 『어려운 시절(Hard Times)』에는 산업도시 열악한 노동자들의 삶이 담겨 있는데, 작품 속에 자본가가 가진 노동자에 대한 인식은 다음과 같습니다.

"노동자라면 인생의 궁극적 목적이 단 한 가지 있습니다. 바로 황금수저로 자라 수프와 사슴고기를 먹는 것이지요. 그런데 그들 중 누구도 먹을 수 없습니다."
　　ㅡ 찰스 디킨스, 『어려운 시절』

디킨스는 당시 자본가들이 갖고 있던 생각, 즉 '노동자들은 그저 먹고사는 것만으로도 만족해야 한다'는 생각을 정면으로 비판하고 풍자했습니다.

그의 이 작품이 언급된 장소는 바로 2019년 대한민국의 법정이었습니다. 삼성의 노조 와해 공작 사건을 담당한 판사는 말했습니다.

"21세기를 사는 피고인들이 19세기 소설 속 인물과 같은 생각을 한 것이 아닌가." ―손동환(부장판사), 2019년 12월 13일

표적 감사와 회유는 물론이고 해고와 위장폐업.
이미 6년 전 JTBC가 보도한 삼성의 노조 와해 문건[*]은 비밀스럽고 집요했습니다. 첨단기술을 가진 21세기 한국의 대표 기업이 '노동자들은 먹고사는 것만으로도 만족해야 한다'는 19세기적 사고방식에서 벗어나지 못한 것이 아니냐는 법정의 질문에… 사람들은 '인간의 얼굴을 한 자본주의'는 가능하기는 한 것인가라는 본질적인 질문을 또다시 떠올렸습니다.

"노동자라면 인생의 궁극적 목적이 단 한 가지 있습니다.
바로 황금수저로 자라수프와 사슴고기를 먹는 것이지요."

디킨스의 소설 속에 등장하는 19세기의 자본가는 언젠가 이루고 싶은 노동자의 소망이 실은 불가능하다고 단언합니다. 물론 그의 예언은 어느

[*] 「2012년 "S그룹" 노사전략」, 2012년 1월.

정도 적중해서 지금까지도 모자와 신발 따위의 체념 섞인 공식이 운위되는 세상.

그러나 "We go forward". 우리는 앞으로 간다고 했던 영화 속 주인공의 말처럼, 누군가는 선을 넘어 전진할 수 있을까… 이 '어려운 시절'에 말입니다.

파손주의

오늘 하루 가장 분주하게 움직인 사람은 누구일까.

상상 속 하늘에는 루돌프의 썰매를 탄 산타가 구름 위를 누비고 있겠지만, 현실 속 우리의 거리에는 사각의 탑차를 타고 상품을 기다리는 이들에게 택배를 전하는 사람들이 달리고 있습니다.

> 언제나 안전운전. 고객님의 기프트는 소중하게,
> 어른들의 산타. 직업엔 no 귀천
> —김형준(그룹 '태사자' 멤버)

20년 전엔 대중 스타였으나 이제는 어른들의 산타가 된 가수 역시, 지금 이 순간 누군가의 크리스마스 선물을 배송하고 있을지도 모르지요.

'총알 배송' '로켓 배송' '새벽 배송'이 일상화된 이곳은 이름하여 '택배공화국'입니다. 그러나 흔한 택배 상자 하나가 내 손안에 들어오기까지 얼마나 많은 이들의 지문이 묻어 있는가를 셈해본다면, 택배란 그리 간단치 않은 묵직함으로 다가옵니다. 가벼운 서류는 물론이고 김치와 생수, 자전거, 가전제품과 가구까지… 요일마다 물량이 다르고, 계절마다 배송되는 농산물이 달라지는 그 택배 상자 위에는 '파손주의'라는 글자가 박혀 있는데…

택배에는 여러 가지 당부의 말이 적혀 있다.

『까대기』, 도서출판 보리 ⓒ이종철

한 젊은 택배 기사는 그 네 글자를 '사람이 다칠지언정 물건은 다치면 안 되는 세상'이라고 읽었습니다.

고된 택배 일을 마친 뒤에 새벽까지 만화를 그려온 그는… 언제부턴가 사람값이 헐해도 너무 헐하여진 세상, 사람을 위해 만들어진 물건이 도리어 사람을 누르고, 급기야 물건보다 사람값이 헐해지는 현대의 풍경을 작품 속에 그려내고자 했습니다.

그러나 그의 작품 속에는 어떻게든 오늘의 삶이 나아지기를 기대하는 사람들의 사연 또한 가득 담겨 있습니다. 서로가 주고받는 상자 속 선물이 귀하고 소중한 것처럼… 일하는 사람들의 몸과 마음도 더는 상하지 않기를, 다치지 않기를 바라는 성탄절 전야.

지금도 어디선가 땀 흘리고 있을 청년은 세상을 향해서 기원하듯 말했습니다.

"모두들 몸도 마음도 파손주의"

— 이종철, 『까대기』

6. 땅끝이 땅의 시작이다

치열했던 시간들. 그러나 앵커브리핑은 그 온도를 그대로 머금거나 발화發火하지 않았다. 그것은 '운동을 위해 저널리즘을 하진 않는다'는 생각에서 비롯되기도 했지만, 그냥 우리가 저널리스트라면 본능적으로 그렇게 해야 했다. 분노가 세상을 덮었을 때 한 번 더 숨을 죽였고, 한 번 더 내딛는 발걸음의 무게를 덜어냈다. 때로는 숙연하기도 했고 때로는 처연하게 느껴지기도 했다. 누군가 느꼈다는 자괴감은 또한 우리의 몫이기도 했으므로…

돌이켜보면 변화의 시작점에서 결말 이후까지 이어진 격동적인 시간들 속에서 앵커브리핑은 늘 조심스럽고, 때로는 먼 길을 돌아갔다. 그러나 그것이 비겁함과 달랐던 것은 가는 길을 잊거나 포기하지 않았기 때문이라고 생각한다.

그리고 그런 신중함과는 상관없이, 세상은 이미 격랑 속에 있었다.

정국이 이른바 '정윤회 문건' 공방으로 온통 뒤덮였습니다. "아니 땐 굴뚝에 연기 나겠느냐" 이런 속담이 있긴 합니다만 의혹만 자욱했던 논란이 또다시 불거진 겁니다. 몽글몽글 불어나고 있는 각종 소문들에 대해 대통령은 '엄단' 지시를 내렸죠.

> "국기 문란 행위다. 기초적인 사실 확인조차 없이 의혹을 제기하는 것 자체가 문제다."
>
> ―박근혜 대통령

청와대는 사건을 첫 보도한 언론사를 고소했습니다. '기초적인 확인조차 없었다'라고도 지적했습니다. 마치 연기처럼 실체가 없는 소문이란 주장입니다. 그런데 오늘 알려진 내용들을 살펴보면 의혹은 더 모락모락 피어나는 것 같아 보입니다.

우선 의혹의 당사자 정 씨가 입을 열었습니다.

> "2007년 대선 때 정치인 박근혜의 10년 비서실장을 그만둔 이래 나는 7년간 야인으로 살고 있다."
>
> ―『중앙일보』 2014. 12. 01.

그는 싸구려 음모론에 나라가 걱정된다고 말했습니다. 그런데 그동안 대통령을 지근거리에서 보좌해온 이정현 새누리당 최고위원은 이런 말을 했더군요. "대통령을 11년간 보좌하면서 (정윤회 씨를) 한 번도 본 적이 없다." 2004년 박근혜 한나라당 대표 비서실장을 지냈던 진영 의원조차 "비서실장이 된 다음 수소문해봤는데, 아는 사람이 없더라." 이런 말을 전합니다. 다시 말해 정윤회 씨 본인이 말한 활동 중단 시점은 2007년인데, 대통령을 가까운 거리에서 보좌해온 다른 측근들은 2007년 훨씬 이전부터 '전혀 그를 보지 못했다'고 말합니다.

이쯤 되면 정윤회 씨가 연기를 하고 있는 것인지, 친박 의원들이 연기를 하고 있는 것인지. 아니면 정 씨가 정말 실체 없는 연기 같은 존재인지… 좀 헷갈리기 시작합니다. 그 외에도 자고 나면 쏟아지는 매캐한 소문 속에서, 선출 권력의 권위를 상징하는 청와대는 본의 아니게 굴뚝이 됐습니다.

악사주천리惡事走千里. 중국 송나라에서 유래한 말로, 나쁜 일은 천 리를 달린다는 의미입니다. 좋은 일보다도 나쁜 일은 더 빨리, 더 멀리 가는 것이 인간사겠지요. 송나라 때도 아닌 요즘 같은 세상에서야 천 리가 아닌 만 리가 될 수도 있는 일입니다.

오늘의 단어 '연기'. 맡고 나니, 좀 어지럽습니다.

追考 '정윤회 문건' 유출 사건은 최순실의 전 남편 정윤회가 비선 실세로 국정에 개입한다는 의혹이 담긴 청와대 작성 문건이 『세계일보』와 박근혜의 동생인 박지만에게 유출된 일을 말한다. 글이 좀 거칠지만 싣는 이유는, 이 사건이 따지고 보면 최순실 국정농단 사건까지 전개되는 나비의 날갯짓과 같았기 때문이다.

불장난. 어떤 느낌이 드십니까? 비선 개입 의혹의 정점에 서 있는 정윤회 씨가 검찰에 출석하면서 사용한 단어지요.

"이런 엄청난 불장난을 누가 했는지, 또 그 불장난에 춤춘 사람들이 누구인지 다 밝혀지리라고 생각합니다."
　　　　—정윤회

정윤회 씨는 불장난, 그것도 엄청난 불장난이라고 했습니다. 실제로 불은 사람을 홀리기도 하는 아주 매혹적인 존재지만 또 그만큼 위험한 존재이기도 합니다. 더구나 그 '불'에 '장난'이라는 단어가 붙는 순간 헛됨, 의미 없음, 그러나 잘못하면 큰일 나는⋯ 뭐 이런 느낌을 또한 주게 되지요. 청와대 행정관이 작성한 문건이 한순간 '지라시'가 되어버린 것과 비슷합니다.

그렇다면 불을 붙인 사람은 누구였을까요? 그것도 정윤회 씨 자신의 표현에 따르자면 '토사구팽의 버려진 사냥개가 돼서 숨어 지내는 사람'을 대상으로 말이지요. 그리고 역시 그의 표현대로라면 그 '불장난에 춤을 춘 사람들'은 누구일까요?

국정 개입 의혹 문건을 처음 보도한 언론을 향해 대통령은 이렇게 말했습니다. "조금만 확인해보면 금방 사실 여부를 알 수 있는 내용이다."

그러나 이번 정부 들어 비선과 실세 의혹은 왜 끊임없이 나오는지… 인사에 대한 뒷얘기는 왜 그리 많은지… 이건 조금만 확인해도 알 수 있는 내용은 아닙니다. 그래서 아무리 확인해도 알 수 없는 사실에 대한 의문점을 짚어보는 것이 언론의 존재 이유일 수 있습니다. 아시는 것처럼 언론의 역할은 질문하는 것이니까요.

만약 누군가의 불장난이라 해도 그것이 결국 큰불이 될 수도 있다면, 더 번지기 전에 꺼야만 할 것입니다. 그리고 소방관들은 이렇게 말합니다.

"모든 불의 흔적은 발화점을 향하고 있다."

햄버거에 지렁이⋯ 그리고 우병우 의혹 2016. 08. 17.

1970년대 미국의 대표적인 햄버거 체인점 맥도날드가 커다란 소용돌이에 휩싸였습니다. 햄버거의 핵심인 패티, 즉 가운데 넣는 고기를 지렁이로 만든다는 소문이 퍼진 것이지요. 이 괴소문은 미국 전역으로 퍼져나갔고 체인점의 매출은 급감했습니다.

어떡하면 이 난국에서 탈출할 수 있을까⋯ 그들은 고민 끝에 이른바 프레임(frame), 즉 이야기의 구조와 방향을 바꿔서 대응하기로 했습니다. 방법은 어찌 보면 매우 간단했습니다. 다른 유명한 고급 레스토랑의 고기에서도 지렁이를 봤다고 헛소문을 퍼뜨리는 것. 그래서 이 소문에 더 충격을 받아 정작 이 햄버거 체인점의 지렁이 소문은 잊어버리게 하는 것⋯ 이 일화는 사실 그동안 많은 분야, 특히 정치적 선전에서 이용돼온 이른바 프레임 전략을 예로 들 때 나오는 사례이기도 합니다.

이석수 특별감찰관이 우병우 청와대 민정수석과 관련한 의혹을 감찰한다며 활동을 시작한 지 28일째. 어제오늘 나온 소식은 이랬습니다.

청靑 특별감찰관 "언론 접촉 사실무근"
"우 수석이 계속 버티면 검찰이 조사하라고 넘기면 된다."
—『헤럴드경제』 2016. 08. 17.

'우병우 불신' 더 키우는 이석수 특감의 실효성 논란

— 『문화일보』 2016. 08. 17.

특별 감찰이 끝날 때까지 비밀로 해야 할 내용들이 바깥으로 새나갔다, 이걸 특정 언론이 보도하면서 파장이 커졌다는 것이지요.

오늘 이석수 특별감찰관은 "나는 발설한 적이 없는데 근거를 밝히라"고 주장했습니다. 누구의 말이 맞는가 아닌가를 따지기 이전에, 어느 사이에 고위 공직자에 대한 사상 첫 특별 감찰은 그 본질은 뒤로 가고 기밀 누설이라는 이슈가 전면에 등장했습니다. 돌이켜보면 이번이 처음도 아닙니다. 특별 감찰에 들어가 어떤 내용을 조사한다는 것부터, 그 당시 기밀임에도 불구하고 특정 언론에 보도가 되면서 논란이 일은 바 있으니까요.

정치권에선 누군가 당장 특별 감찰 자체를 흔들어 민정수석에게 쏠린 의혹을 무력화하려는 게 아니냐는 의심을 보내고 있습니다. 즉, 프레임을 바꿔서 원래의 것을 잊게 한다는 것이지요. 필요 이상의 의심이 아닌가 싶기도 하지만, 실제로 그런 의도가 있는 것이라면 그것이 그렇게 쉬운 일일까 하는 생각도 동시에 듭니다.

당시의 햄버거 체인점은 엄연한 피해자였고… 말씀드린 대로 다른 헛소문으로 프레임을 바꾸는 동시에, 햄버거가 아닌 밀크셰이크를 집중 마케팅하면서 지렁이 괴소문을 완전히 잊게 했습니다. 그러나 지금 운위되고 있는 이른바 특별감찰관 흔들기는… 그 주체가 있더라도 그들이 억울

한 피해자도 아닐뿐더러, 밀크세이크처럼 달콤한 그 무엇을 우리에게 던져줄 것도 아닙니다.

追考 권력의 실세 우병우 민정수석을 둘러싼 각종 의혹들이 연이어 불거질 때였다. 이즈음부터 같은 해 10월 24일 JTBC가 태블릿 PC를 공개할 때까지는 정권과 언론의 관계가 점차 비등점으로 가고 있었다.

올여름 '달관'하게 하는 두 가지

이른바 원조 기상캐스터인 김동완 통보관. 어느 날 날이 맑을 것이라 예보해놓고 출근을 하는데 비가 쏟아졌답니다. 본인부터 당연히 우산이 없어서 남의 집 처마 밑에서 비를 피하고 있는데 그 집 창문 안쪽에서 들려오는 소리. "김동완, 그자가 비 안 온다고 하더니… 장사 나가긴 틀렸네…"

물론 많이 순화해서 전해드리긴 했습니다만, 그날 그는 자신이 하고 있는 일이 필부필부들에게 얼마나 중요한 일인가. 어찌 보면 누군가에겐 맞아도 그만, 틀려도 그만일 것 같은 날씨예보가 하루살이 같은 필부들의 삶에는 얼마나 결정적인 것인가를 다시 생각하게 됐다고 합니다.

만평 하나를 봅니다.

조기영의 세상터치, 『서울신문』 2016. 08. 22.

"폭염이 빨리 물러날까, 민정수석이 더 빨리 물러날까?" 2016년의 여름을 관통하는 두 가지의 대표적 이슈가 이 만평에 집약돼 있더군요. 둘 다 답은 '가웃'으로 나왔습니다. 길고 긴 여름. 그보다 더 긴 것 같은 사퇴 논란… 오죽하면 만평은 그 둘을 놓고 내기를 하고 있는 것인가.

하지만 차라리 이렇게 생각하는 건 어떨까요. 이번 주말이면 폭염은 수그러들 것이란 희망고문은 오늘도 계속되고 있지만, 사실 따지고 보면 그러는 사이에 벌써 8월은 다 가고 있으니… 굳이 기상청의 예보가 틀리고 자시고 할 것도 없이 어차피 여름은 가고 가을은 올 것이며…

기껏해봐야 권불십년權不十年. 논란 속의 그 역시 이 찌는 듯한 여름처럼 결국엔 물러날 것… 이런 생각이 들다 보니, 올여름은 날씨나 논란 속의 그 인물이나 사람을 달관達觀하게 하는 면이 있는 것 같습니다.

그래서였을까. 김동완 통보관은 아무리 더워도 '가마솥 같다'는 말은 쓰지 말자 했고, 아무리 비가 많이 와도 '물폭탄'이란 말은 쓰지 말자 했습니다. 즉, 그렇게 더워도 가마솥만큼은 아니며, 비가 그렇게 쏟아져도 폭탄만큼은 아니라는… 게다가 잘못된 예보가 필부필부들에게 끼치는 영향은 생각보다 훨씬 크다는 것을, 앞의 예화에서처럼 그는 깨닫고 있었기 때문일지도 모르지요. 통보관 김동완의 달관이라고나 할까요.

아, 하지만 이 여름… 정말이지 날씨는 '가마솥' 같고, 논란 속의 그는 여론의 '폭탄' 속에서도 여전히 굳건합니다.

비정상의 정상화? '정상의 비정상화'

'비정상의 정상화'. 박근혜 정부 출범 이래 수차례 강조된 국정 목표였습니다. 상식이 아닌 것을 바로잡고 합리적이지 않은 것을 끄집어내고… 그리하여 잘못된 것들을 바로잡아내겠다는 의지의 표현이기도 했습니다.

여기에 동의하지 않을 사람은 없었겠지요. 그러나 오늘 앵커브리핑의 제목은 안타깝게도 '정상의 비정상화'입니다. 정상이 비정상이 되고 비정상이 정상이 된 세상. 그 이유는 무엇인가…

"무엇을 상상하든 그 이상"

영화 〈매트릭스〉의 홍보 문구로 유명해진 이 말처럼 우리는 요즘 매일매일 믿기 어려운 뉴스들을 접하고 있습니다. '대기업의 발목을 비틀어서' 억지 기부금을 받았다는 증언이 나왔고, 그 논란의 두 재단은 하루아침에 해산되어 관련 서류들은 어디론가 사라지는 중입니다. 비선 실세라 불리는 사람의 또 다른 비선 실세들은 특혜라고밖에 볼 수 없는 많은 행운을 누려왔고… 학생 한 명에게 주어진 비정상적인 특혜가 논란이 되어 결국 그 대학교의 총장이 사퇴를 했지요.●

● "논란의 두 재단"은 재단법인 미르와 K Sports이고, "비선 실세라 불리는 사람"은 최순실이며, 그의 "또 다른 비선 실세들"은 최순실의 최측근인 차은택과 고영태이고, "학생 한 명"은 최순실의 딸 정유라이며, 사퇴한 대학총장은 이화여대 총장이다.

주인공 최순실이 없는 국감은 마무리됐고, 논란의 그 주인공은 이미 출국해버린 상태입니다. 의혹대로라면 무소불위의 권력을 휘둘러온 그에겐 '개인 비리' 혐의가 적용될지도 모르겠습니다. 물론 그마저도 적용되지 않을 수도 있겠습니다만… 합리적 의구심을 갖고 답변을 요구하는 사람들은 무책임한 의혹을 제기하는 정상이 아닌 비정상이 되어버렸습니다. 그렇다면 무엇이 정상이고 무엇이 비정상인가.

> "총장이 나갔으면 하고 땅 팠는데, 고구마도 나오고 금동대향로도 나오고
> 막 무령왕릉도 나온다. 나중엔 경주 왕궁터도 나올 것 같다."
> —『한겨레』 2016. 10. 14.

한 대학생은 이렇게 말했다고 하죠. 이것은 상식과 합리가 비정상으로 치부되고 비상식과 비논리가 정상으로 여겨지는… 그야말로 '정상의 비정상화'가 실현된 사회가 혹시 아닌가.

오늘도 수많은 관객들의 눈앞에서 상영 중인 영화보다 더 영화 같은 현실들… "무엇을 상상하든 그 이상".

2016. 10. 26.

누군가 인터넷에 이런 사진을 한 장 올렸습니다.

'순실의 시대'. 무라카미 하루키村上春樹의 소설 제목『상실의 시대』를 패러디한 사진. 가슴 왼편이 뻥 뚫린 젊은이의 모습은, 상실의 시대조차 아닌 누군가의 시대를 살게 된 우리의 모습을 그대로 보여주고 있는 것만 같습니다. 그러고 보면 하루키의 대표작인 이 소설의 원제목은 이것이 아니었습니다.

『노르웨이의 숲』. 비틀스의 노래에서 가져왔다는 소설의 제목은 우리나라에서만은 유독 신통한 반응을 얻지 못했습니다. 사실 비틀스 노래 속

가사는 노르웨이의 숲도 아니고 노르웨이산 가구 혹은 목재라는 것이 더 정확한 해석이라고들 하죠. 아무튼 1989년 한 출판사가 '상실의 시대'라는 이름을 붙여 다시 출간한 이후에야 책은 독자들의 선택을 받기 시작했고 첫해에만 무려 30만 권의 판매를 기록했습니다. 왜 그랬을까요. '상실'이라는 단어가 우리의 마음을 울린 이유는 무엇이었을까요.

그리고 나의 세계는 모두 어디로 가버린 것일까.
— 『상실의 시대』

당시 마흔을 앞두고 있는 작가 하루키가 전하려 했던 상실은, 문득 아련함을 잃어버린 젊은이가 느낀 상실의 마음이었다지만⋯ 독자들은 그 안에서 각자 자신이 잃어버린 무언가 결핍을 공유하며 다친 마음을 치료했던 것은 아니었을까. 그리고 그 상실이란 단어는 2016년 가을의 한가운데서 또 다른 무게로 사람들의 마음을 누르고 있습니다.

"우리는 어떤 나라에서 살고 있는가."

모두의 마음은 며칠 사이 분노보다는 차라리 자괴에 아팠습니다. 어디서부터 잘못된 것인지 영문도 모를 상처를 입어야 했고, 그 상처가 다시금 긁혀나가 또 다른 생채기가 생겨버린⋯ 무어라 말로는 표현하기조차 어려운 '상실의 시대'.

최고 권력자는 고개를 숙였다지만 그 사과를 바라보며 느껴야 했던 또 다른 갈증과 상실감. 많은 언론들은 어제와 다른 말들을 쏟아내기 시작하지만 그 갈증과 상실감을 과연 채워줄 수 있을까…

무엇이 맞고 무엇이 그렇지 않은 것인가. 그 혼돈의 시간 속에서 우리가 의지하고 마음 둘 곳은 과연 어디인가. 그렇게 가슴 왼편이 휑하니 뚫려버린 것만 같은 '상실의 시대'… 아니 '순실의 시대'.

追考 이틀 전인 2016년 10월 24일 JTBC 〈뉴스룸〉 태블릿 PC 보도가 있은 후였다. 지금까지도 사람들은 당시의 내가 매우 고양된 상태였을 것이라 생각하지만, 사실 나는 내내 조금 우울했다. 그것은 그보다 후에 대통령 박근혜 씨가 느꼈다고 말한 '자괴감' 이전에 나나 시민사회가 느낀 자괴감의 또 다른 표현이다. 아무튼 이날 〈뉴스룸〉의 엔딩곡은 비틀스의 〈Norwegian Wood〉였다.

막장, 그러나 '땅끝이 땅의 시작이다' 2016. 10. 27.

> 당신이 사북을 찾는 이 겨울, 당신은 어디를 걷더라도 함부로 힘을 주어 걷지
> 말아야 한다. ─방현석,『아름다운 저항』

1997년 강원도의 탄광촌 사북을 다녀온 작가 방현석은 이렇게 말했습니다. 한 줄기 빛도 닿지 않는 지하 700m 아래 갱도의 끝 막장… 땀 흘리는 그 노동의 현장에서 작가는 함부로 발을 내디딜 수 없는 먹먹함을 느꼈던 것이죠.

그리고 '막장드라마'.

얼굴에 점 하나만 찍으면 다른 사람 행세가 가능했던 어떤 드라마에서부터 유행했다는 그 단어는, 점차 비하와 모욕의 의미로 퍼져나갔고… 급기야 대한석탄공사 사장이 이런 호소문을 돌린 적도 있었습니다.

> 그곳은 '숭고한' 산업현장이요, '진지한' 삶의 터전…
> ─조관일(대한석탄공사 사장)

그러나 석탄공사 사장의 염원과 달리, 막장이란 단어는 숭고함과는 거리가 먼 쪽으로 다시 등장하기 시작했습니다. 차이가 있다면 이번엔 드라마가 아니라 현실입니다.

막장드라마 보는 듯 뉴스에 중독

최강의 **막장**드라마를 뉴스에서 볼 줄이야

막장드라마보다 뉴스가 더 재밌다

나라가 더 **막장**…

논란의 당사자 최순실은 인터뷰를 자청해 증거가 선명한 그 모든 의혹을 '음모'라 칭했습니다. 또한 세간에는 언론이 보도한 내용을 훨씬 뛰어넘는 추측과 두려운 소문과 조롱마저 난무하는 가운데… 오늘은 결국 안종범 청와대 수석이 직접 관련되었다는 의혹까지 터져 나왔습니다. 국가가 지니고 있어야 할 신뢰와 권위는 추락했고, 분노와 상실감을 넘어선 사람들 앞에 '이제 우리는 앞으로…' 하는 걱정이 막아섭니다.

저희 JTBC는 지난 한 주 동안 그 나름 최대한 신중하게 이 문제에 접근해왔습니다. 언론에 넘쳐나는 사적이고 때로는 선정적으로 보이는 문제는 저희가 늘 그랬던 것처럼 〈뉴스룸〉에서 다루지 않았습니다. 그것이 보다 더 실체에 접근하는 길이라 생각했습니다. 그리고 저희의 마음 역시 어둡습니다. 뉴스와 절망을 함께 전한 것은 아닌가…

허락하신다면 마무리는 다음과 같이 하겠습니다.

돌아보지 말거라. 거기가 땅끝이라면 끝내, 돌아서지 말아라. …

땅끝은 땅의 시작이다.

땅끝이 땅의 시작이다

— 이문재, 「땅끝이 땅의 시작이다」

땅끝이 땅의 시작이다.

함부로 힘주어 걷지만 않는다면 말입니다.

연희전문학교 졸업을 앞두고 자신의 작품을 모아 시집을 내려 했던 청년 윤동주는, 친필로 써온 원고들을 꼼꼼히 제본한 뒤 연필로 표지에 두 글자를 써넣었습니다.

病院 병원

> 지금의 세상은 온통 환자투성이 … 병원은 앓는 사람을 고치는 곳이기에
> 혹시 이 시집이 앓는 사람들에게 도움이 될 수 있을지도 …
> ─ 정병욱, 「잊지 못할 윤동주 형」

윤동주의 사후에 고이 보관해왔던 시들을 모아 세상에 내놓은 지인 정병욱은 당시의 그의 말을 이렇게 회상했습니다.

일제강점기. 암흑의 시대를 살아내야 했던, 한없는 부끄러움을 이야기했던 젊음… 출간하고 팠던 그 시집조차 마음대로 낼 수 없어 원고를 서랍장 깊숙이 넣어야 했던 그는 지금의 세상을 어떻게 보고 있을까.

"지금의 세상은 온통 환자투성이"

시인이 남겼던 이 말은 시공을 초월해 2016년 가을의 한국 사회에 투영됩니다. 상상을 뛰어넘고 상식을 무력화하는 의혹들이 넘쳐나서 교양과 인내의 영역을 이미 벗어나버린 지금… 마음을 다친 사람들은 아마도 이 시구에 공감할 것 같습니다.

나도 모를 아픔을 오래 참다 처음으로 이곳에 찾아왔다.
그러나 나의 늙은 의사는 젊은이의 병을 모른다.
나한테는 병이 없다고 한다.
이 지나친 시련, 이 지나친 피로, 나는 성내서는 안 된다.
　　　—윤동주, 「병원」

하늘을 우러러 한 점 부끄럼이 없길 바라던 그 시인이 지금 우리 곁에 있었다면, 아마도 마냥 부끄러웠을 것만 같은 자괴감의 시대…

그렇습니다. 그가 당초 '병원'이라는 제목을 붙이려 했었던 그 시집은 바로 『하늘과 바람과 별과 시』.
시인의 절절함에 비해, 발행된 시집의 제목은 오히려 낭만적이어서 당혹스러운 오늘. 원표지에 그가 썼다가 지운 '병원'이란 글씨는 역력해서 또한 오히려 공감이 가는 오늘…

그 바람은 어디서 불어오는가

"촛불은 바람이 불면 꺼진다." — 김진태(새누리당 의원)

친박으로 불리는 어느 의원의 말입니다. 그는 '민심은 언제든 변한다'고 말했습니다. 실제로 그들이 피부로 느끼는 바람의 방향은 며칠 전과는 달라진 것인지, 청와대와 여당 일부에서 나오는 말의 결 역시 며칠 전과는 사뭇 달라졌습니다.

"도와달라." 읍소 모드를 유지하던 어떤 이는 대통령을 끌어내리는 것은 '인민재판'이라며 목소리를 높였고, 당내에서 만들어진 비상시국회의에 대해서는 '해당 행위'라고 비판하는 주장도 나왔습니다.●
"일시적 분풀이". 전임 정홍원 국무총리는 대통령 하야, 탄핵의 목소리에 대해 '마녀사냥'이라고 칭하기도 했습니다. 일제히 포문을 연 청와대와 친박. 그들은 이미 민심은 바람의 방향에 따라 달라졌다고 여긴 것일까.

"샤이(shy) 박근혜"
한 친박계 관계자는 낮은 대통령 지지율을 이렇게 칭했습니다. 샤이 트럼프(Shy Trump) 현상. 즉, 트럼프를 공개적으로 지지하지 못했지만 좋

● 전자는 이정현 새누리당 대표의 말, 후자의 '해당 행위' 운운은 조원진 새누리당 최고위원의 주장.

래에는 트럼프를 뽑은 사람들처럼, 아직 숨어 있는 지지층은 얼마든지 있다는 믿음이겠죠.

"100만 명 못 믿겠다. 침묵하는 4,900만 명 있다."

　　　—추선희(어버이연합 사무총장)

아예 그 100만 명도 모두 자발적 참여자는 아니라는 주장까지 청와대 내에서 나왔다고 합니다. 그래서였는지 이번 주말 대통령 지지자들의 대규모 시위가 예고되고 있고, "물러날 만큼 큰 잘못이 아니다"라는 것이 대통령과 그 주변의 판단인 듯합니다. 여기에 '선의로 한 일', '여성의 사생활'을 이야기한 변호사까지…

지난 며칠 사이 그야말로 폭포처럼 쏟아져 나온 정면 돌파의 말과 말들. 그 모든 것들이 바람의 방향이 바뀌었다는, 혹은 바뀔 것이라는 믿음에서 비롯된 것이라면… 우리는 또 생각해봐야 할 것 같습니다.

"그 바람은 어디서 불어오는가…" 오늘 노벨상 수상식 불참 소식이 전해진 밥 딜런은 이렇게 노래한 바 있습니다.

바람이 어디서 불어오는 것인가를 웨더맨이 없어도 우리는 알 수 있다.

You don't need a weatherman to know which way the wind blows.

　　　—Bob Dylan, 〈Subterranean Homesick Blues〉

　부처가 사위국舍衛國(인도 슈라바스티)에 머물 때 왕을 비롯한 많은 이들이 각각의 처지대로 공양을 했습니다. 이 중 '난타難陀'라 불리는 여인은 너무나 가난해서 아무것도 공양할 수 없음을 한탄하다가, 결국 하루 종일 일한 품삯으로 등불 하나를 공양했습니다. 그런데 그 등불이야말로 그 많은 등불 가운데 홀로 꺼지지 않고 새벽까지 밝게 타고 있었습니다.

　부처는 말했습니다. "비록 사해의 바닷물을 길어다 붓거나 크나큰 태풍을 몰아온다 하여도 그 불은 끌 수 없다. 그 등불을 보시한 사람은 자신의 재산과 마음을 진실하게 바쳤기 때문이다."

　광장에 나온 시민들이 밝힌 촛불은 바로 그 난타의 등불과 같았던 것이겠지요. 촛불은 바람이 불면 꺼진다는 그 말을, 그래서 사람들은 개의치 않았습니다. 그리고 그 촛불들이 안고 간 사람들…

　지난 주말 청와대의 100m 앞까지 걸어간 세월호의 부모들은 오래 참았던 숨을 내뱉듯 긴 울음을 밖으로 꺼내놓았습니다. 그 애끓는 시간들은 지금도 1분 1분 지나가고 있는데… 비밀을 쥐고 있는 사람들은 '보안'이라는 방패 뒤에 숨어, 혹은 '모른다'는 말 뒤에 숨어 귀를 막고 있었습니다.

300명 넘는 생명이 물속으로 가라앉던 그 시간. 모두가 황망함과 두려움에 몸을 떨었던 그 시간에 벌어졌다는 상상조차 하기 싫은 추측들…

박 대통령, 세월호 당일 청₩서 머리 손질 받았다
　　　─『서울신문』 2016. 12. 06.
박 대통령, 세월호 당일 '올림머리' 하느라 90분 허비
　　　─『국민일보』 2016. 12. 06.

그렇게 끝이 보이지 않는 암담함을 이야기하는 시민에게… 그 암담함을 선사한 장본인은 '담담함'을 입에 올렸습니다.

"담담하게 갈 각오"
　　　─박근혜 대통령

이번 주말, 시민들은 또다시 촛불을 들겠지요. 금요일의 탄핵안 결과가 어떻게 나오든 간에, 그것이 광장이 원했던 유일한 목표는 아니었기 때문에…

앞서 말씀드린 난타의 등불은 불경에 나오는 '빈자일등貧者─燈'이었습니다. 가난한 자의 등불 하나. 간절함이 모였으니 꺼지지 않는 등불들은 이렇게 말하고 있습니다.

이미 당신은 문밖에서 저문다
굳센 어깨가 허물어지고 있다
말하라, 어두워지기 전에
내가 가고 있다고
　　—노혜경, 「말하라, 어두워지기 전에」

날은 저물고 어깨는 허물어지고, 어둠은 짙어가는 밤.
말하라, 어두워지기 전에.

또다시… "뒷일을 부탁합니다"   2016. 12. 09.

어쩌면 태블릿 PC 따위는 필요 없었는지도 모르겠습니다.

대통령과 공동 정권을 만들었다던 비선 실세의 존재. 그 꼼짝없는 증거가 담겨 있었던 태블릿 PC.

온갖 의혹을 부정해온 대통령의 사과를 이끌어냈고 결국 탄핵안 가결이라는 결과를 가져왔지만, 이 작은 태블릿 PC는 엄청난 태풍을 몰고 온 나비효과의 시작은 아니었습니다.

2014년 4월 16일. 시민들의 마음이 그 배와 함께 가라앉았던 날… 시민과 다른 시간과 공간 속에서 살고 있었던 그들이 있었습니다.

에어포켓, 골든타임, 다이빙벨… 그 안타까움의 단어가 되풀이되던 순간. 먼바다에 작은 배를 타고 나가 자식의 이름을 부르던 그 부모들을 뒤로한 채, 의전을 이야기하고 라면을 챙겨 먹고 카메라 앞에서 보여주기에만 급급했던 그 야만의 시간… 시작은 거기서부터였을지도 모릅니다.

유족을 외면했던 정치권… 광장에 나온 노란 물결은 비국민으로 몰려 조롱당했고, '고통 앞에 중립 없다'고 말한 교황은 경계할 대상으로 분류가 되었습니다. 일부 언론은 진상규명 요구를 정치투쟁이라 매도했지요.

야권, 세월호 빙자한 '정치투쟁 좌판' 그만 치우라

　　　—『동아일보』 2014. 08. 09.

이번엔 세월호 유족 옆에 나타난 광우병 선동 세력들

　　　—『조선일보』 2014. 08. 13.

세월호 노란 리본이 '치외법권 완장'일 수 없다

　　　—『문화일보』 2014. 09. 18.

　물속의 아이들을 두 팔로 끌어안고 나온 잠수사는 업무상 과실치사죄로 재판을 받아야 했던 반면, 정작 책임을 져야 했을 청와대는 '컨트롤타워가 아니다'라는 말을 수도 없이 반복했습니다. 감춰진 그 7시간에 대해 끝내 함구한 채 머리를 하고 화장을 하고 심지어 '노란색조차 싫어했다'던… 시민의 아픔과는 다른 시간과 공간 안에서 국가와 국민을 이야기했던 사람들.

　2014년 4월 16일. 그날부터 시작된 나비의 날갯짓은 너무나도 커다랗고 선명해서 우리는 이미 그 결과를 짐작하고 있었던 것은 아닐까…

　총 234표. 탄핵안은 가결됐습니다. 그러나 그 결과와 상관없이 우리의 마음은 무겁습니다. 그것이 압도적인 결과라 해도 우리의 자괴감을 치유해줄 수는 없습니다. 길고 긴 겨울은 이제 시작됐고, 또다시 봄이 오기 전에 해야 할 일들은 남아 있습니다. 인양해야 할 그 모든 진실들, 바로잡아야 할 그 모든 비정상들…

©김동연

몸과 마음을 다치고 세상을 떠난 그 사람.
김관홍 민간잠수사가 남긴 그 말을 이 시간에 다시
꺼내 봅니다.

"뒷일을 부탁합니다."

아직 그 뒷일은 너무나도 많이 남아 있습니다.

追考　이날 대통령 탄핵소추안이 국회에서 가결되었다. 첫 문장인 "어쩌면 태블릿 PC 따위는 필요 없었는지도 모르겠습니다"는 그 이후로 터무니없이 악용되었다. '손석희 자신이 태블릿 PC가 조작됐다는 걸 실토한 것'이라는 주장이 돌아다녔다. 태블릿 PC가 '조작된 것이어야 하는' 사람들이 가장 열심히 저 문장을 악용했다. 과연 그것이 나의 실토였을까? 그냥 한 번만 읽어보면 무슨 뜻인지 모를 리 없다.

"저희는 구조된 것이 아닙니다. 스스로 탈출했다고 생각합니다."

—장애진(세월호 사고 당시 단원고 2학년)

3년 만에 어렵사리 입을 뗀 생존 학생들의 말은 그랬습니다. 누구도 나서서 지켜주지 않았던 처절했던 순간… 그들은 그렇게 세상으로 나왔습니다. 그리고 돌이켜보면 그 아이들이 세상으로 나온 이후엔 암흑 같은 트라우마에서, 혹은 살아왔다는 미안함에서 구조됐을까.

그 절체절명의 순간 들려왔던 첫 번째 음성.

"움직이지 말라" "가만있으라"

그리고 1,000일 동안 이어진 세상 한쪽의 목소리들… 그것은 단지 가만있으라는 말보다 더욱 실망스럽고 때로는 공포스러운 것이었습니다.

대통령은 한 번의 담화 이후 이들을 외면했습니다. 지금도 국회 앞에서 눈길조차 주지 않았던 대통령을 기억하는 사람들은 많습니다.

자칭 보수단체. 사실 진정한 의미의 합리적 보수와는 상관없는 일부 세력들은 가족들의 애를 끊는 단식 앞에서 피자로 배를 채웠고… 유족들은 그리고 살아남은 아이들은 그들이 배를 채운 만큼, 아니 그보다 비교할 수 없이 더 진실에 배가 고팠을 것입니다.

정부와 여당은 세월호의 참사마저도 보수니 진보니 하는 진영 논리로 갈라놓은 다음 심지어는 단지 교통사고일 뿐이라고 깎아내렸습니다.

"일종의 해상 교통사고" ─홍문종(새누리당 의원)
"세월호는 교통사고" ─주호영(새누리당 의원)

오늘도 드러난 사실이지만 청와대는 304명이 물에 잠긴 참사 앞에서 정권의 안위부터 걱정했고, 교황의 방문이 혹 이런 안위에 해를 끼칠까 전전긍긍했습니다. 온갖 우여곡절을 겪은 세월호 특조위는 어떤가. 특조위 활동에 정부가 한 일은, 말 그대로 방해라고밖엔 생각할 수 없는 수준이 아니었던가…

특조위 조사마다 정부와 충돌 ⋯ 진상규명 한 발짝도 못 나가
─『세계일보』 2017. 01. 08.
진상규명 첫걸음 뗀 1기 특조위, 정부 여당 방해에 수난
─『내일신문』 2017. 01. 05.

특조위는 마치 난민처럼 떠돌다가 역시 침몰하고 말았습니다. 그리고 세월호 7시간. 사람들이 왜 알고 싶어 하는지, 왜 알아야만 하는지 더 이상 설명하지 않아도 되는 그 7시간은 지금도 여전히 의문 속에 남아 있습니다.

지난 1,000일 동안 이 모든 것을 말없이, 혹은 말도 못한 채 지켜봐왔던 아이들은 이제 스무 살 청년이 되어 광장에서 말했습니다.

"우리는 구조됐던 것이 아니라 스스로 탈출했다고 생각합니다."

그렇습니다. 그들은 세월호에서도 스스로 탈출했을 뿐 아니라 세월호 이후의 삶에서도 구조받지 못했고… 그들 스스로 탈출하여 광장에 섰던 것이 아닌가. 우리가 해줄 수 있는 이야기는 그저,

나이테는 겨울에 자란 부분일수록 여름에 자란 부분보다 더 단단하다.

신영복 선생의 이 글귀 정도…

미련 많은 이들의 겨울… '시간도둑'

미련이 많은 사람은

어떤 계절을

남보다 조금 더 오래 산다

— 오은, 「계절감」

　전국엔 한파 특보가 내려져 있습니다. 지금은 절기상 대한大寒을 갓 지난 겨울 한복판이지요. 올겨울은 유독 고단합니다. 전 국민이 뉴스를 보느라 홈쇼핑의 매출이 줄어들었다 하고, 가족들은 공원에 산책하러 나가는 대신 손을 잡고 광장으로 향했습니다. 연말과 크리스마스, 겨울의 낭만과 새해의 새 마음까지 흔쾌히 간직할 수 없었던 겨울공화국… 그렇게 흘러가고 다시는 되돌아오지 않을 소중한 그 1분, 또 1분…

　우리는 혹시 시간을 도둑맞고 있는 것은 아닐까? 독일 작가 미하엘 엔데(Michael Ende)의 소설 『모모』의 이야기처럼 말입니다.

　회색 중절모자와 두꺼운 서류 가방.

　『모모』에 등장하는 시간도둑은 사람들에게 쓸모없는 시간을 저금하라고 권합니다. 훗날 다시 돌려주겠다는 약속과 함께 말이지요. 사람들은 친구와의 대화를 줄이고 앵무새를 내다 버리고, 노래하고 책 읽는 시간을 줄여버립니다. 그들의 마음이 점점 더 황폐해지는 사이, 시간도둑들은 점차

296　|　손석희의 앵커브리핑 1

자신들의 어둠을 확장해나간다는 내용이죠.

"할 수 있는 일 별로 없어 … 임기 마치면 엄청난 한이 남을 것"
— 박근혜 대통령, 2016년 4월 26일

최순실이 세상에 드러나기 훨씬 전에, 흘러가는 시간이 안타깝고 초조했다던 대통령. 출근과 퇴근의 구별도 없이 온종일 나라를 위해 온 시간을 다 사용했다는 그 애국의 시간을 대통령도 살고 우리도 살고 있는데… 대통령이 그 아까운 1분 1분에 미련을 둘수록, 이상하게도 시민들은 그 1분 1분을 잃어가고 있는 아이러니.

그러는 사이 대통령 측이 또한 시간을 벌기 위해 신청한 증인 수는 무려 39명이었습니다. 사람들은 빨리 봄이 오길 기다리겠지만… 누군가는 계절의 자락을 길게 늘여 지금의 세상을 이어가려 소망하고 있을지도 모르지요.

미련이 많은 사람은
어떤 계절을
남보다 조금 더 오래 산다

그리고 회색 중절모를 쓴 사람은… 우리의 쓸모없는, 아니 사실은 너무나 소중한 시간을 빼앗아 그 서류 가방에 넣고 있습니다.

법의 권위… '재판은 놀이가 아니다'

17세기 영국에서 스튜어트 왕조를 열었던 제임스 1세(재위 1603~1625)는 스코틀랜드와 잉글랜드의 첫 통합 군주였습니다. 그만큼 왕권의 위세는 대단했습니다.

어느 날 템스강 변을 산책하다 왕실법원까지 가게 된 왕은 재미있는 생각을 하게 됩니다. 대법관에게 가발과 법복을 빌려 재판을 해보고 싶었던 겁니다. 하긴 왕실법원의 주인은 국왕이었으니 그런 생각을 해봄직할 만도 했겠지요. 그러나 대법관은 절대군주 앞에서 단호하게 고개를 저었습니다.

> 왕이라도 법관은 될 수 없으며, 자연적 이성만으로는 법률을 제대로 이해하거나 파악할 수 없다.
>
> ―황밍허, 『법정의 역사』

민주공화정은 존재하지도 않았던 중세 시대에 그는 이미 삼권분립을 얘기하고 있었던 셈입니다. 법관의 권위. 그것은 독립되고 존중되어야 하며 누구도 함부로 침범할 수 없다는 오래된 세상의 규칙이기도 합니다.

400년이 지난 민주공화국의 헌법재판소에서 벌어지고 있는 일.

대통령의 변호인들은 난데없이 태극기를 흔들어댔다가 구겨 넣기도 했고, 지병을 이유로 식사 시간을 요구했습니다. 헌법재판관을 향해서는 막말을 퍼부어댔고, 그 재판관의 중립성을 훼손하는 말을 저잣거리에서도 쓰지 않을 표현으로 쏟아냈습니다. 사실 탄핵심판의 막바지로 갈수록 여론전이 심해질 것이라는 점은 누구나 예견하고 있었지만, 그것이 이런 극단적인 방법으로 나타나면서 합리적 시민들이 느끼는 당혹감은 큽니다.

'탄핵 절차에 임하는 대통령 측의 태도 자체가 탄핵감이다.' 일각에선 이런 비판마저 나오고 있더군요. 더구나 그들 모두는 그 까다롭다는 사법시험을 통과하고 법조계에 오래 몸담았던 인물들입니다. 그들은 왜 자신들이 갖고 있는 권위마저 훼손당하는 걸 마다하지 않는가.

400년 전 템스강 변의 산책에서 떠오른 장난기 섞인 생각이 결국 제임스 1세를 법의 권위에 대한 자각으로 이끌었다면… 헌법재판소의 심판정을 고성과 삿대질로 물들인 이들을 헌법의 권위에 대한 자각으로 이끌어줄 것은 무엇인가.

아까 소개해드린 중세 왕정시대 에드워드 쿡(Edward Coke) 대법관의 말과는 달리… 법률 공부를 따로 하지 않아도, 우리가 자연적 이성만으로도 이해하고 믿고 있는 것.

헌법 제1조 제1항 대한민국은 민주공화국이다.

진실은 단순해서 아름답고, 단지 필요한 것은   2017. 03. 13.

"뉴스와 절망을 함께 전한 것은 아닌가."

2016년 10월 27일 앵커브리핑®의 한 구절이었습니다. JTBC가 최순실의 태블릿 PC를 입수해 보도한 지 사흘 만에 전해드린 앵커브리핑이었습니다. 시민이 느껴야 했던 충격은 상상 그 이상이었고… 세상은 그보다 일주일 뒤 당시의 대통령이 느꼈다던 것보다 더 먼저 그리고 더 깊이 자괴감에 빠져들었습니다.

> "이러려고 대통령을 했나 하는 자괴감이…"
>
> ─2차 대국민담화, 2016년 11월 4일

그렇습니다. 저희는 뉴스와 절망을 함께 전했던 것인지도 모르겠습니다. 시민이 느낀 자괴감은 대통령 한 사람이 느꼈다는 이런 자괴감 따위와는 비교도 할 수 없이 참담한 것이어서, 과연 이런 상처는 아물 수나 있을까… 그 이후 벌어진 허위에 의한 여론전과, 체제의 근간조차 무시하고 조롱하는 반격이 비록 일부의 사람들이나마 흔들리게 했을 때… 그런 자괴감은 추웠던 겨울을 더욱 혹독하게 만들었지요.

그러나 진실이란 불편함을 정면으로 마주해야 얻을 수 있는 명제이고…

® 이 책 280~282쪽, 「막장. 그러나 '땅끝이 땅의 시작이다」

그 불편함을 가장 앞장서서 마주하는 것이, 이 전대미문의 시국을 걸어가는 시민들이 겪어내야 할 '진실의 역설'이었을 것입니다.

돌이켜보면 그 '진실'이라는 단어는 위정자들에 의해 왜곡되고 변질되어서 아무렇지도 않게 던져지기도 했습니다.

"국민을 위해 진실한 사람만 선택해주시길…" 유행어로까지 번졌던 '진실한 사람'. 그는 '깊이 사과드린다'던 담화를 준비하던 그 밤마저 그의 친구와 열 번 이상을 통화하며 담화문 안에 담을 '진실'을 조율했던 모양입니다. 태블릿 PC는 조작됐다는 주장을 포함한 수많은 가짜뉴스들 역시 태극기를 휘감은 채 '진실'을 주장했지요.

그리고 어젯밤, 또 다른 '진실'이란 단어가 시민들 앞에 던져졌습니다.

"진실은 반드시 밝혀진다고 믿는다." —대국민 메시지, 2017년 3월 12일

혹독한 겨울을 지내고 새봄을 맞은 시민들에게 던진, 탄핵된 대통령의 메시지는 그렇게 끝났습니다. 그러나 그것은 탄핵된 대통령이 아닌, 바로 "명민함으로 독재와는 구별되는 민주주의의 힘을 보여준"● 시민들이 믿어 왔던 것이었습니다.

● "South Korea's democracy does the right thing — but that won't solve all its problems", *The Washington Post*, 2017. 03. 11.

이제쯤, 지난해 10월 27일의 앵커브리핑에서 쓰려다 제외해두었던 문장을 살려내어 그날의 브리핑을 완성할까 합니다.

진실은 단순해서 아름답고,
단지 필요한 것은 그것을 지킬 용기뿐이 아니던가.

追考 이 앵커브리핑의 제목이자 마지막 문장은 내가 1993년에 역사비평사를 통해 내놓은 『풀종다리의 노래』에서 썼던 것이다. 정확하게 말하면 1992년 가을 문화방송 노조의 파업 주도자 중 한 사람으로 구속되어 있을 때, 당시 노조위원장인 안성일 기자가 보내온 편지 속에 있던 글이다. 그는 지금 YTN의 감사로 있다. 세월이 우리 두 사람을 이렇게 옮겨다 놓은 것이다. 많은 경우에 이 문장은 내 머릿속에서 떠올랐고, 이날은 특히 그랬다.

.

    철은 산소를 만나면 녹이 슬게 마련입니다. 더욱이 산소가 섞여 있는 바닷물을 만나면 그 부식의 속도는 기하급수적으로 빨라집니다. 그래서 배를 만들 때 가장 중요한 작업 중 하나도 이 철이 녹스는 것을 막는 일이라고 하더군요. 그럴 때 전문가들은 '아연'을 사용합니다. 철보다 더 쉽게 부식되는 이 아연을 철 위에 덧대어놓으면… 철을 대신해 아연이 녹이 슬면서, 신기하게도 철은 녹이 슬지 않는다고 합니다.

    '희생양극법(Sacrificial Anode Method)'. 즉, 아연의 희생으로 철은 녹슬지 않는다는 화학의 법칙.

    세 번의 봄… 세월호는 그 길고 긴 시간을 견딘 후 우리 앞에 모습을 드러냈습니다. 선체는 심하게 손상되었고, 상한 곳마다 어김없이 녹이 슬었지요. 아연으로 덧댔다 하더라도, 녹슬지 않고 버텨내기엔 지난 3년은 너무나 긴 시간이었을 것입니다.

    그러나 어머니는 이렇게 말했습니다.

    "벌써 올면 안 된다. 디리에 힘을 주고 버텨야 한다."

    — 이금희(미수습자 조은화 학생 어머니)

배는 녹이 슬고 리본의 빛깔은 바랬지만… 가족들은 기억만큼은 녹이 슬지 않도록, 지난 3년 동안 자신이 대신 아연이 되는 길을 택했습니다. 기억만큼은 녹이 슬지 않도록…

그들처럼 아연의 길을 택한 이들은 또 있습니다. 차가운 바닷속에 수백 번 몸을 던졌던 잠수사들. 그리고 광장에서 세월호의 귀환을 기다려왔던 시민들…

돌이켜보면 그 광장에서는 단식이 있었고 폭식이 있었으며, 기도가 있었고 조롱이 있었습니다. 시민들은 그 광장에서 그 배, 세월호를 기다렸지요. 그들은 모두 기억이 녹슬지 않도록 스스로 세월호의 아연이 된 사람들이었습니다.

기억은 일종의 윤리적 행위이자 우리가 공유할 수 있는 가슴 시리고도
유일한 관계 ─수전 손택(Susan Sontag), 『타인의 고통』

바로 그 윤리적 시민들이 지켜낸 이름들…❋

그리고 오늘은 세월호 피해자들의 이름을 불렀던 전직 대통령의 구속영장이 청구된 날. 만감이 교차하는 날…

❋ 2017년 3월 27일 현재 돌아오지 못한 세월호의 9명 이름과 사진을 담았다. 이 앵커브리핑 이후 세월호 미수습자 9명 중 4명을 더 찾았다. 그러나 단원고 남현철·박영인 군, 양승진 선생님, 권재근·권혁규 부자 등 5명은 끝내 못 찾았다. 2018년 10월 19일 해양수산부 세월호 후속대책추진단 현장수습본부는 수색을 종료했다.

조은화(단원고 2학년 1반)   허다윤(단원고 2학년 2반)   남현철(단원고 2학년 6반)

박영인(단원고 2학년 6반)   양승진(단원고 선생님)   고창석(단원고 선생님)

권재근·권혁규 부자   이영숙

2017년 3월 27일 현재 돌아오시 못한 9명   ⓒ이룡수

6. 땅끝이 땅의 시작이다 | 305

마주하게 된 절대 고독의 시간 속에서

교도관 K씨는 측은지심이 있는 사람이었습니다. 재소자들이 검찰에 조사를 받으러 갔다가 늦게 돌아오기라도 하는 날에는, 남들 모르게 컵라면을 데워서 슬쩍 사방 안으로 넣어주곤 했습니다. 기름기 없는 구치소 음식에 겨우 적응해갈 때쯤, 그렇게 해서 얻어먹는 컵라면은 재소자들에겐 특별한 것이었겠지요. 한 끼 1,440원이라는 값으로 매길 수 없는 사람의 정이 들어간 것이었을 테니까요.

어느 가을날. 요즘 같은 미세먼지 걱정 없이 가을꽃과 단풍의 색깔이 제빛을 모두 내며 운치를 더할 때. K 교도관은 재소자들을 잠깐씩이라도 구치소 뒤뜰로 데려가 국화꽃 향기를 맡게 해주기도 했습니다. 믿거나 말거나 같은 얘기가 아니라 그 안에서도 그렇게 사람들은 살아가고 있었다는 것이지요.

그러나, 그럼에도 피할 수 없는 그것. 바로 절대 고독.

감옥에서는, 특히 독방에 앉아서는 모든 문제를 근본적인 지점에서 다시 생각하게 됩니다.
　　―신영복, 『강의』

군이 신영복의 말을 빌리지 않더라도, 좁은 공간을 채우는 건 오직 적막뿐… 고독 속에서 자신을 성찰하게 되는 곳. 감옥은 어쩔 수 없이 그런 곳이겠지요.

수인번호 503번. 3.2평 독방에 수감된 그 역시 고독의 시간과 마주하게 되었습니다. 물론 변호인 접견과 구치소장 면담으로 상당 시간을 보냈다고 하지만… 세상과 물리적으로 격리됐을 때 주어지는 피치 못할 절대 고독의 시간은, 그 고독의 실체를 못 느낄 정도로 짧지는 않을 것입니다.

청와대 저 깊은 곳에 앉아서 대면보고조차 받기를 꺼려했던 지난 몇 년의 시간이 스스로 선택한 고독이었다면, 이제는 자신이 원치 않았던 강요된 고독과 마주하게 된 순간이지요. 그 고독의 시간을 보낸 뒤 그가 우리에게 내보일 사유의 결과물은 과연 무엇일까.

계절은 가을 국화가 아닌 봄의 개나리꽃이 만발하는 시간. 그 노란색의 소망이 남도 끝에서 다시 피어나 올라오는 계절에 말입니다.

박 씨가 살지 않는 우리 동네

박 씨 성을 가진 분들이 보시기에는 조금 서운할 이야기일 수도 있겠습니다.

소설가 이문구(1941~2003) 선생의 연작소설 『우리 동네』에는 다양한 농촌 마을 사람들이 등장합니다. 그 흔한 김 씨와 이 씨는 물론이고 최 씨, 정 씨, 강 씨, 조 씨 등등. 그런데 유심히 살펴보면 김·이·박이라 불릴 정도로 흔한 성씨인 박 씨는 등장하지 않습니다. 박 씨가 살지 않는 우리 동네… 그 이유는 작가가 남긴 또 다른 수필에서 알 수 있었습니다.

군사정부 시절 작가는 영문도 모른 채 정보기관에 불려가게 됐답니다. 까닭을 알 수 없어서 고개를 갸우뚱하던 중에 그 이유를 알게 되었으니, 자신의 작품 중 유독 '박'이란 글자에 빨간 동그라미가 쳐져 있었던 것.

"왜 박 씨를 부정적으로 묘사했느냐?" "의도가 있는 것은 아니냐?" 요행히 풀려난 작가가 세운 대책은 간단했습니다.

부정적인 인물이 됐건 긍정적인 인물이 됐건 아예 모든 소설의 등장인물에 박 씨 성만은 붙이지 말자는 것이었다. 그리고 실천하였다.
— 이문구, 「우리 동네 시대」

박 씨가 살지 않는 『우리 동네』는 그렇게 만들어졌던 것이지요.
그리고…

"피고인들은 역사의 수레바퀴를 되돌려놓으려 했다."❀

이 말을 남긴 특검은 아마도 이문구의 『우리 동네』를 읽어본 듯, 저 한
마디 속에 블랙리스트 사건의 본질을 모두 담고 있었습니다.

세월호 응원 배우들 청와대 블랙리스트 의혹
　　　—『중앙일보』 2016. 10. 13.

블랙리스트 만든 정부, 한강 소설까지 '사상 검증'
　　　—『한겨레』 2016. 11. 15.

문재인 지지, 세월호 시국선언 단체·언론, 지원 배제
　　　—『미디어오늘』 2017. 04. 20.

김기춘, 서병수에 전화해 '다이빙벨' 상영 막아
　　　—『내일신문』 2017. 06. 15.

예전 그 시대처럼 때리고 잡아 가두고, 판매를 금지하지는 않았지만…
더 교묘하고 음습한 방법으로 이름들을 지우려고 했던, 탄핵된 정부의 실
세들… 이문구 소설 속에 박 씨가 등장하지 못하는 결과를 초래했던 아버
지 정부의 문화정책은 대를 이어서 집요하게 계속되고 있었던 것이지요.

❀ 박영수 특별검사팀이 김기춘·조윤선에게 각각 징역 7년과 6년을 구형, 2017년 7월 3일 결심공판.

독재는 습관이다. 그것은 마침내 질병으로 변한다.

—도스토옙스키, 『죽음의 집의 기록』

도스토옙스키가 자신의 작품에서 남겼던 말입니다. 독재가 습관이듯 눈앞에서 지우면 세상에서 사라질 것이란 착각도 습관인 것일까.

고 이문구 선생의 연작소설 『우리 동네』가 지금 시대에 다시 쓰인다면, 박 씨는 이제 자유롭게 등장할 수 있을까…

왼쪽 네 번째 발가락… '발가락이 닮았다'

"이놈이 꼭 제 증조부님을 닮았다거든."

— 김동인, 『발가락이 닮았다』

김동인의 단편소설 『발가락이 닮았다』에는 생물학적으로 아이를 가질 수 없었지만 그런 사실을 도저히 밝힐 수 없었던 주인공 M이 등장합니다.

"이놈의 발가락 보게. 꼭 내 발가락 아닌가? 닮았거든."

자신의 친자가 아님을 알고 있지만 자신의 과거를 밝힐 수 없음으로 인해, 어떻게든 만들어내고 싶었던 자기기만의 합리화. 그것은 스스로를 기만하면서까지 자신을 구원하고자 했던 인간의 심리였지요. "문학이 그릴 수 있는 심리묘사의 최고봉…" 평자들은 그렇게 얘기하기도 했습니다.

'왼쪽 네 번째 발가락'.

김동인의 그 작품은 주인공도 알고 독자들도 아는 사실을 비틀어 인간 심리에 대한 공감을 얻어냈다면, 탄핵된 전직 대통령의 왼쪽 네 번째 발가락은 어떻게 받아들여질까… 그는 발가락이 아파서 법정에 나오지 못하겠다 했습니다. 그리고 내일도 모레도 나오지 않겠다는 것이 오늘 전해진 소식이기도 합니다. 거의 재판 보복 아니냐, 이런 얘기마저 나오죠.

더구나 어제 전해드린 뉴스에 따르면, 황금알이라 불렸던 서울 시내 면세점 사업자 선정마저 그의 지시 이후 점수가 조작되었다 하고, 그동안 적폐라 불려왔던 수많은 의혹들은 갈수록 선명해지고 있는데…

정부 '검은손'에 놀아난 면세점 선정
　　—『서울경제』 2017. 07. 11.
박근혜 지시로 '면세점 추가' 확인 … 점수 조작 탈락시키기도
　　—『한겨레』 2017. 07. 12.

게다가 그가 그토록 상궤를 벗어나면서까지 아낌없이 지원했던 오랜 친구의 딸 정유라는 자신의 발로 법정을 찾아 그에겐 결코 유리하지 않은 증언들을 쏟아냈다는데… 이제는 지지자들만이 방청석을 메우고 여전히 우리의 대통령임을 강변하는 법정에서 왼쪽 네 번째 발가락의 고통을 호소하는 탄핵된 전직 대통령. 사람들은 그의 고통에 진심으로 공감할 수 있을까.

따지고 보면 그의 오랜 친구는 '공황'도 아닌 '공항' 장애로 청문회 출석을 거부한 바 있으며, '딸이 사춘기여서' 못 나왔다는 그의 심복도 있었던 바…

"영어의 몸으로 '공항장애'가 있고"
　　—최순실
"사춘기, 대학 입시를 앞둔 자녀"
　　—안봉근(전 청와대 비서관)

아마도 그들 역시 김동인의 M처럼, 도저히 밝힐 수 없는 그 무엇을 감추고 있는 것은 아닌가.

"발가락이 닮았다." 김동인의 M이 스스로를 기만하면서까지 어떻게든 자신을 구원하고자 한 것…

그래서 김동인의 주인공 M의 발가락과, 아픈 역사로 남을 그와… 그의 네 번째 발가락이 어쩔 수 없이 닮아 보이는…

追考　박근혜 씨는 구치소 수감 생활 도중 발가락을 다쳤다며 세 차례 재판에 불출석했다. 공황장애를 내세운 최순실은 '공항장애'로 표기해서 입길에 올랐다.

프로즌 맨(Frozen Man). 얼음 속에서 얼어버린 그의 이름은 윌리엄 제임스 맥피(William James McPhee).

1843년 영국 리버풀 바닷가에서 태어나고 자라나 젊은 나이에 대서양을 건너는 배를 타고 모험을 하던 중 폭풍우를 만났습니다. 배는 침몰했고, 북극 근처 툰드라 지역으로 떠내려가 얼음 속에 묻힌 지 100여 년… 후세 사람들에게 요행히 발견돼서 그 유명한 『내셔널 지오그래픽』에 사진이 실렸지요. 과학자들은 얼음 속에서 돌아온 그를 살려내 세상을 걷게 합니다. 그렇게 해서 얼음인간 윌리엄 제임스 맥피는 바뀌어버린 세상을 구경하고 다시 사람들에게 작별을 고하게 된다는…

현실과 상상이 결합된 이 이야기는 물론 모두가 실화는 아닙니다. 미국 싱어송 라이터의 원조 격이라 할 수 있는 제임스 테일러(James Taylor)의 노래 〈The Frozen Man〉에 나온 내용이지요. 가려져 있던 과거의 어느 순간은 늘 이렇게 사람들의 호기심을 자극하고 상상력을 발동시키며, 또한 새로운 진실을 밝혀주기도 합니다. 그래서 어느 시대의 사람들이든 타임캡슐을 만들어 땅에 묻어두고자 하는 것도 바로 그런 이유일 것입니다.

그런 낭만성에 비하면, 국가기밀이든 대통령의 기록이든 몇십 년씩 비공개의 장막 뒤에 가려두는 건… 뭐랄까 후세에 밝히고 싶다는 것보다는 현세에 숨기고 싶다는 것에 방점이 찍히는 느낌을 지울 수 없습니다. 그러나 가끔씩 발견되는 얼음인간처럼, 가려두고 싶어도 결국엔 예상치 못하게 모습을 드러내는 존재들도 있는 것이 세상의 이치인가… 청와대 캐비닛에 넣어두었던 박근혜 정부의 숨기고 싶은 이야기들은 누구도 예상치 못한 상황에서 그 민낯을 드러냈습니다.

청와대 캐비닛 속 '삼성 문건'
삼성 합병은 지배구조 직결 … 개입 시 문제 소지
이명박 정부 문건도 발견
롯데월드타워 인허가 내용도

거기엔 이전 정부뿐 아니라 그 이전 정부의 문서들, 특정 기업 한 군데가 아닌 또 다른 기업들의 이야기까지… 이것이 주는 느낌은 밝은 호기심이나 상상력과는 거리가 먼… 새롭지만 그리 유쾌하지 못한 어두운 진실들입니다. 청와대의 전 주인이든 그 부하들이든 누구든, 모든 것을 다 묻어둘 수 있다고 믿었다면, 그것은 너무나 낙천적인 생각이 아니었을까…

프로즌 맨, 즉 얼음인간이 발견됐을 때 사진작가들은 그를 얼음 속에서 꺼낸 뒤 무수히 사진을 찍어댔지요. 그래서 〈프로즌 맨〉을 부른 제임스 테일러는 이렇게 말합니다.

"당신이 사진기가 발명되기 전에 세상을 떠났다 해도 당신은 여전히 사진으로부터 안전하지 않다."

아Q의 정신승리법

중국 작가 루쉰魯迅의 작품 『아Q정전』의 주인공인 아Q는 독특한 정신 세계의 소유자입니다. 그는 사람들에게 번번이 놀림과 무시를 당하고 두들겨 맞으면서도 늘 '이겼다'고 생각하려 했습니다. 그것은 아Q만의 독특한 '정신승리법'이었지요.

> 그는 곧 패배를 승리로 전환시켰다. 그는 오른손을 들어 자기 뺨을 힘껏 두 차례 연달아 때렸다. … 자신이 남을 때린 것 같은 기분이었다. …
> 마음은 무척 만족스러웠다.
> ─루쉰, 『아Q정전』

'비록 졌지만 정신은 내가 우월하므로 결과적으로 이긴 것', '내 뺨을 스스로 때렸지만 아픈 건 내가 아닌 그자다.' 그는 이렇게 자신의 패배와 굴욕을 합리화했습니다. 세상은 결코 인정하지 않았지만 자신만의 세계에 빠져 어떻게든 자신과 자신을 둘러싼 현상을 합리화하려는 인간 군상. 작가 루쉰은 변화가 요구되던 시대에 변화를 거부하던 중국 사회를 작품을 통해 풍자했습니다.

"태블릿 PC는 내가 쓰던 것이었다." ─신혜원(전 박근혜 대선 캠프 SNS 담당)

316 | 손석희의 앵커브리핑 1

난데없는 인물은 또다시 등장했습니다. 이른바 '양심선언'이란 명목으로 말입니다. 과연 그 단어가 그 상황에 맞는 것인가 하는 지적은 차치하지요. 한 줌의 사람들이 장막 뒤에서 국정을 농단했던 비극의 시대가 막을 내린 지 1년. 그사이에도 태블릿 PC를 둘러싼 주장과 주장은 반복돼왔고, 이번의 주장은 또 다른 버전의 주장인 셈입니다.

> "걔네들이 이게 완전히 조작품이고 얘네들이 이거를 저기 훔쳐가지고 이렇게 했다는 걸로 몰아야 되고 … 이걸 이제 하지 않으면 … 분리를 안 시키면 다 죽어." ─최순실

어둠 속에서 은폐를 지시했던 바로 그 물건. 뒤늦게 그 물건의 주인을 자처한 인물에 대해 굳이 분석과 평가를 얹어놓을 필요는 없을 것 같습니다. 물론 그 주변의 다른 인물들에 대해서도 마찬가지입니다. 다만, 문학평론가 김형중 교수의 『아Q정전』에 대한 분석의 한 구절은 전해드릴 만합니다.

> 현실적인 고통을 상상적으로 해결함으로써 실재와의 대면을 유예하거나 회피해버리는 정신적 메커니즘 …
> ─김형중, 「정신분석학적으로 해석하는 아Q정전」

아, 물론 이것은 다지 정신분석학으로 접근한 것일 뿐. 지금 벌어지고 있는 태블릿 PC를 둘러싼 공격은 정치적으로 해석하는 것이 더 정확하다는 대다수의 의견을 덧붙여드립니다.

그리고 보면 이들의 행태에 『아Q정전』까지 인용하는 것이 너무 품위를 찾으려 한 것이 아닌가 하는 걱정도 드는… 즉, 『아Q정전』이 아깝다는 생각이 드는 오늘…

　　그들은 복사꽃 흐드러진 나무 아래서 형제의 의義를 맺었습니다.

　　세 명의 영웅.[*] 그들의 질긴 인연은 바로 거기에서 시작했지요. 흐드러진 연분홍 꽃잎은 사뭇 비장미를 더했을 것이요, 영원을 의미하는 복숭아나무는 오랜 시간 변치 않을 마음을 상징했을 것입니다.

　　생각해보면 숫자 '3'은 의미가 깊습니다. 성부와 성자와 성령, 삼위일체와 세 명의 동방박사가 있었고, 게르만 신화에도 최초의 신들은 삼형제였습니다. 환인과 환웅과 단군, 즉 단군신화에서도 삼신을 모셨지요. 뒤마(Alexandre Dumas)의 소설 『삼총사』에도 "All for one! One for all!"을 외치는 세 명의 호위무사가 등장하고, 심지어 내기조차 삼세판이라 하니⋯ '3'이란 숫자는 서로를 당기며 견제하며 보완하는 적절한 균형을 가진 조합인지도 모르겠습니다.

　　난데없지만 여기에도 삼총사는 등장합니다. 하긴 그들 역시 빈틈없이 주군을 보좌했으니 3인방[**]이라 불러도 마땅하긴 하겠지요. 1998년 대구 달성 보궐선거에서부터 시작되었다는 그들만의 도원결의는 20년 동안 지

[*] 『삼국지』의 유비, 관우, 장비. 이들은 복숭아나무 아래서 의형제를 맺고 뜻을 같이하기로 약속했다. '도원결의桃園結義'라는 고사성어의 유래다.
[**] 안봉근, 정호성, 이재만 비서관.

속되었고, 무적의 그 3인방 이름 앞에는 어느 순간 '문고리'라는 수식어가 붙었습니다. 이른바 절대권력. 청와대의 비서실장이나 수석도 이들을 거치지 않고는 대통령을 만나기조차 힘들었다는데…

"세 비서관이 묵묵히 고생하면서 그저 자기 맡은 일을 열심히 하고…"

— 박근혜 대통령, 2015년 신년 기자회견

여기에 '사심 없는 사람들'이라는 대통령의 비호가 얹어져서 그들의 입지는 더욱더 굳어졌습니다. 그러나 3이라는 안정감 사이로 사심과 탐욕이란 무게가 더해졌기 때문이었을까. 주군이 구속된 지 216일. 3인방 중 한 사람, 정호성이 움직일 수 없는 증거로 구속된 지는 무려 361일. 어떻게든 각자도생하려 했던 나머지 두 사람은, 역시 움직일 수 없는 증거로 인해 결국 발목을 잡히게 되었습니다.

"당분간 돈 전달하지 마라."

— 안봉근(전 청와대 비서관)

다급했던 연락의 정황이 알려졌고, 돈봉투는 이른바 윗선으로 전달되었을 가능성마저 나와서 주군의 혐의를 더할 상황에까지 처하게 되었습니다. '살아서도 같이, 죽어서도 같이…' 20년간 누구보다도 끈끈했을 그들의 관계처럼… 3인방과 그 주군은 결국 먼 길을 돌고 돌아 같은 곳에 다시 모이게 될 운명은 아니었던가.

겨울이 지나면 봄은 기어이 올 터이고 복사꽃은 또다시 흐드러진다지만… 이미 깨져버린 그들만의 도원결의. 그래서 분분한 낙화는 눈물겹다 했던가.

나의 첫사랑은 조자룡이 아니었을까.

— 박근혜, 『절망은 나를 단련시키고 희망은 나를 움직인다』

그는 유독 조자룡을 편애했습니다. 조자룡은 『삼국지』의 영웅호걸 중단 한 번도 주군을 배신한 적이 없는 의리의 표상이었습니다. 그가 단기필마로 100만 군사를 헤집고 유비의 아들 유선을 구해내는 그 유명한 장판전투 역시 『삼국지』에서 손꼽히는 명장면 중 하나이지요. 그래서였을까.실로 탄핵된 대통령과 그의 주변에는 '의리'라는 말이 넘쳐났습니다.

"의리가 없으면 인간도 아닙니다."

— 박근혜, 2011년 친박 산악모임 송년회

그가 지지자들에게 전달했다는 메시지에 답하기라도 하듯 친박 좌장으로 불리는 정치인의 평전 제목 또한 이렇게 붙여졌지요. 『우정은 변치않을 때 아름답다』. 그들에게 의리는 세상의 모든 가치를 앞서는 전부였던것입니다.

"탄핵됐다고 인간적 의리 끊으라는 것이냐." — 최경환(자유한국당 의원)

"의리 지키고 최소한 보답하지 않으면 인간도 아니다." — 김문수(전 경기도지사)

"의리도 없고 비정한 당엔 미래가 없다." —김진태(자유한국당 의원)

"의리 없는 사람 되기 싫다." —이정현(새누리당 대표)

"나는 끝까지 신의와 의리 지킬 것" —윤상현(자유한국당 의원)

그 '의리' 앞에서는 누구보다 당당하고 떳떳했으며, 문제가 된 작년 총선 공천 파동의 와중에 이런 말을 남긴 의리의 조자룡도 있었습니다.

"헌법적인 잣대보다는 인간 간의 관계가 훨씬 더 중요"

—조원진(새누리당 의원), 〈뉴스룸〉 2016. 02. 02.

헌법보다 인간관계가 중요하다… 어쩌면 지난 정권이 몰락한 것도 이런 놀라운 가치관 때문이 아니었을까. 심지어 배신하지 않는 진실된 사람, 즉 진박으로 국회를 채우기 위해 국민 세금으로 조성한 국정원의 특수활동비로 그 의리를 실천했다 하니… 의리를 위해서는 국민의 혈세쯤이야 쌈짓돈 정도로 여겼을지도 모를 일이지요.

박근혜 청와대, 국정원 돈으로 총선 전 '진박 감별' 여론조사

—『서울신문』 2017. 11. 01.

당시 새누리 '진박 후보' 지원 의혹, 정기 상납받은 40억 원과 별도의 돈

—『경향신문』 2017. 11. 01.

국정원 5억 … 청와대 '진박 마케팅' 정황

— 〈뉴스룸〉 2017. 11. 02.

그러나 변치 않을 것만 같던 그들의 의리는 각자의 생존 앞에서 파열음을 내기 시작했습니다. 그를 적극 옹위해온 정당은 살아남기 위해 주군의 출당을 논의하고 있고… 대통령의 수족, 즉 '문고리'라 불렸던 이들마저도 마찬가지.

"대통령 지시에 따라 받았고, 대통령이 돈을 요구할 때 올려줬다."
—이재만(전 청와대 총무비서관)

언필칭 배신의 생존법 앞에서 "이 사건의 역사적 멍에와 책임은 제가 지고 가겠다"[*]고 했던 의리파의 수장은 지금 어떤 생각을 하고 있을까.

첫사랑은 조자룡. 그러나 정작 조자룡의 의리가 빛났던 것은 그가 대의를 위해 직언을 서슴지 않았을 때였습니다. 실제로 『삼국지』의 한 장면에서 조자룡은 유비를 향해 이렇게 말합니다.

"바라건대 사사로운 일은 잠시 미루시고 천하를 중히 여기소서."

그의 첫사랑은 의리의 조자룡이었으나, 문제는 자신의 막강한 권한을 사사로운 일에 조자룡 헌 칼 쓰듯 했다는 것.

[*] 2017년 10월 16일, 박근혜 씨가 구속 기소된 이후 처음으로 자신의 입장을 밝히며 한 말이다.

그렇게 해서 딱 해가지고 고거를 막 이렇게

플라톤의 저서 『국가』에는 기게스라는 목동이 등장합니다. 어느 날 그는 우연히 반지 하나를 얻게 되는데 반지의 보석을 한쪽으로 돌리면 투명인간으로 변신하는 것이었습니다. 누구나 한 번쯤 꿈꾸어봤음직한 상상의 현실화… 그러나 반전은 있었습니다. 착하고 순박했던 목동은 반지의 힘을 이용해 국왕을 죽이고, 그 왕비를 부인으로 삼아 나라를 독차지해버렸으니까요. 주어진 힘이 커질수록 함께 커지는 욕망을 어찌하지 못했던 인간의 나약함을, 플라톤은 그렇게 이야기하고 있었습니다.

'징역 25년. 벌금 1,185억 원 구형'. 전직 대통령의 친구에 대한 1심 구형 공판이 마무리됐습니다.

"투명인간처럼 살아야 했는데…" —최순실

그러나 그 투명인간은 등장하지 말아야 할 여러 장면에 어김없이 모습을 드러내고 있었습니다.

"그렇게 해서 딱 해가지고 고거를 막 이렇게 … 국가 기조를 해서 딱 하시면 이게 막 킨셉이 되는…" —최순실

통역이 필요할 것만 같은 그의 말에 귀 기울였던 국가 최고 권력자와 공손하게 녹음하며 기록했던 문고리 비서관. 나라를 이끌어갈 새 정부의 국정 기조는 그렇게 정해졌고… 정치와 인사와 문화, 스포츠와 부동산은 물론, 측근의 측근까지 살뜰히 챙겨왔던 투명인간의 휘황찬란했던 생애… 보이지 않으므로 책임질 필요 따위 없다 여겼을 터이고, 보이지 않으므로 아무것도 두렵지 않았을 터이지만. 영원히 보이지 않으리라는 믿음은 그들만의 망상이었던 것이었지요.

투명인간 이야기가 나온 김에 사람들의 상상 속에 등장해온 다른 투명인간들의 이야기를 몇 개 더 찾아봤습니다. 영국 작가 허버트 조지 웰스(Herbert George Wells)의 소설 『투명인간』에서, 특수한 약을 개발해 투명인간이 된 주인공은 재산과 권력을 향한 탐욕을 제어하지 못해서 온갖 악행을 저지릅니다.

나는 인간이 욕망할 수 있는 범위를 넘어섰다.
나 자신을 붕대로 감싼 괴물이…
—H. G. 웰스, 『투명인간』

영화 〈할로우맨(Hollow Man)〉에서 스스로 투명인간이 된 주인공 케인 역시 과대망상과 욕망에 취해 광기를 뿜어냅니다. 모든 이들의 로망인 투명인간은 결국 자멸의 길이라는 것을 작가들은 읽어내고 있는 셈입니다.

그렇다면 오늘 1심 구형을 받은 자칭 투명인간의 결말은 어떻게 될까.

"그렇게 해서 딱 해가지고 고거를 막 이렇게 … 딱"

적어도 이렇게까지 난해하거나 불투명해 보이지는 않습니다.

유럽의 오래된 성당들에 남아 있는 기독교 성화들은 단지 예술작품을 넘어서 교육의 기능까지 해냈습니다. 스테인드글라스는 물론이고 천장과 벽을 가득 채운 성화는 그림으로 보는 성경책과 다름없었지요. 읽고 쓰지 못하는 서민이 대부분이었던 시대. 성화는 그림으로 성서를 표현함으로써 종교의 목적을 달성해냈습니다.

조선시대 역시 상황은 다르지 않았습니다. 나라가 백성에게 전하고자 했던 유교적 가치관을 담아낸 책들을 넘겨 보면 하나같이 글자보다 그림이 앞장을 섰습니다. "우매한 백성과 시골 아낙까지 감화시키라"는 국왕 세종의 명이 『효행록』 『삼강행실도』 등의 그림 제작으로 이어져서 대중을 계몽하는 데 널리 사용됐습니다.

가까운 일본의 에도시대 역시 '요미우리讀賣'라는 직업이 존재해서 이 요미우리꾼은 각종 소식을 입으로 크게 외치며 다녔다고 하죠.

물론 지금의 세상은 문맹률이 거의 제로에 가까운 나라. 즉, 글을 읽고 쓰지 못하는 사람이 매우 드물어진 시대가 되기는 했습니다. 그러나 이른바 실질 문맹률, 즉 글에 담긴 내용을 이해하는 문해력을 따져보면 이야기는 좀 달라질 수도 있습니다.

"문해율을 따져보면 우리의 자부심은 산산조각 난다."

　　　— 노명우(아주대 사회학과 교수)

"실질 문맹률, 즉 문자해독능력은 매우 떨어져"

　　　— 김정탁(성균관대 신문방송학과 교수)

글은 읽되 그 안에서 읽고 싶은 부분만 잘못 읽어내거나, 전혀 엉뚱한 의미를 꺼내 보는 사람들은 여전히 존재한다는 학자들의 지적입니다.

"과학적으로 최순실, 즉 최서원이 사용한 것으로 검증된 최서원의 태블릿 PC"

　　　— 검찰 논고, 2018년 2월 27일

국과수까지 나서서 증명한 그 선명한 답변에도 불구하고 아직 그 의미를 읽어내지 못하는 사람들이 있었습니다. 심지어 국회에서 탄핵안이 가결되었던 날, 차고 넘치는 증거들로 인해서 참담한 마음으로 전해드린 저희 앵커브리핑…

"어쩌면 태블릿 PC 따위는 필요 없었는지도 모릅니다."

　　　— 〈뉴스룸〉 '앵커브리핑', 2016. 12. 09.

이 앵커브리핑을 두고 "그러니까 저 말은 태블릿 PC의 조작을 시인한 것이다"라는 매우 황당한 해석으로 뒤집어서 지금까지도 그들 사이에서는 횡행하고 있다 하지요. 그들이 그토록 다시 추대하고자 하는 인물의 1심 판결은 내일 내려지겠지만, 그 판결문이 우리의 공화국에 남기게 될 의미조차 또 한 번 심하게 왜곡될 터⋯ 문맹률 제로의 시대를 사는 또 다른 문맹의 이야기는 아직도 진행 중인지도 모르겠습니다.

그리하여 어쩌면 내일 생방송으로 중계될 예정인 그 역사적인 내용들은 중세 시대 성당 벽화와도 같이⋯ 또는 『삼강행실도』에 기록된 그림과도 같이⋯ 도통 읽을 수 없었던 이들의 이해를 돕기 위한 21세기식 그림 벽화로, 역사 속에 길이길이 전해지게 되는 것은 아닐지요.

그 검고 어두운 단어… '계엄'의 기억

　40년 가까운 얘기가 됐습니다. 1979년의 깊은 가을날, 이제 막 교육생 티를 조금씩 벗어나고 있던 저를 비롯한 신병들은 아침 일찍 시내에 있는 구청으로 향했습니다. 불과 며칠 전에 이른바 '유고有故'라는 생소한 단어로 세상에 알려졌던 대통령의 서거.● 구청 앞마당에는 서거한 대통령을 위한 분향소가 차려져 있었고, 서울의 아침은 짙은 안개와 내려앉은 구름으로 인해서 온통 회색빛 우울함이 깔려 있었었지요.

　　꽃이 피어날 봄인지, 겨울 속으로 돌아갈 봄인지 …
　　안개 정국이라고나 할까.
　　　─ 김종필(당시 공화당 총재)

　그래서 누군가는 그때를 칭해 '안개 정국'이라 했던가. 과연 그 이후 전개된 세상은 계엄령하에서 모두가 입을 다물고 오랜 시간을 견뎌내야 했던… 한국전쟁 이후에 자국의 군대에 의해서 양민이 피를 흘려야 했던●● 검디검은 역사의 연속이었습니다. 계엄령. 그 검은 단어는 우리의 현대사를 어둡게 물들인, 기억하고 싶지 않은 단어였지요.

● 1979년 10월 26일 중앙정보부장 김재규의 저격으로 박정희 대통령 서거.
●● 1980년 5·18민주화운동.

돌이켜보면 계엄령이 내려질 뻔한 적은 또 있었습니다. 1987년의 벽두를 깨고 나온 "탁 하고 치니 억 하고 쓰러졌다" 이런 희대의 강변 속에 한 젊은이가 스러졌고,[*] 그해 초여름 또 한 명의 젊은이가 스러지면서[**] 계엄령이 내려질 것이라는 소문은 날개를 달았습니다. 결국 광장을 메운 시민들의 힘으로 계엄은 피했으나, 그 어두운 단어에 대한 트라우마는 시민들을 피해가지 않았습니다.

그리고 2017년. 탄핵심판 결과에 불복한 시위대의 청와대·헌법재판소 점거 시도, 화염병 투척 등 과격 양상 심화, 특정 인사의 선동, 시위대의 경찰서 난입, 방화, 무기 탈취… 참으로 오랜만에 들어보는 단어들의 나열 끝에 그들이 내민 것은 또다시 그 검은빛의 계엄령.[***] 북한의 도발 위협이 크다면서도 정예병력을 서울로 집결시키는 계획 또한 수십 년 전의 그것과 다르지 않았습니다. 강산이 네 번 변할 만큼의 시간 동안, 그들은 혼자서 변하지 않았는가.

기억하시겠습니다만 올해 1월 25일. 영하 15도의 엄동설한에 기무사 장성들은 '세심식洗心式', 즉 차가운 물에 손을 씻었습니다. 각종 정치 공작에 개입했던 과거의 관행을 버리겠다는 각오였다 하니, 그들은 정말 변할 것인가.

---

[*] 박종철 고문치사 사건.
[**] 대학생 이한열이 시위 도중 최루탄에 맞아 사망.
[***] 「전시 계엄 및 합수 업무 수행방안」, 2017년 3월 박근혜 대통령 탄핵심판 직전에 작성된 기무사 문건.

"탁 치니 억 하고 쓰러졌다"는 강변의 주인공이 며칠 전에 세상을 떠났다는 소식이 들려온 오늘.[*] 우리가 영원히 이별해야 할 과거가 아직도 많다는 것을 또 한 번 새기게 되는 오늘…

⊛ 강민창 전 치안본부장 7월 6일 사망.

다음의 얘기는 실화입니다.

그는 소반 하나를 물려받았습니다. 처음 본 순간부터 어찌나 탐이 나던지 언젠가 물려받기를 내내 소원했던 것이었습니다. 그 물건이 절실했던 이유는 그곳이 감옥이기 때문이었습니다. 시간이 한없이 늘어지는 공간… 그 소반만 있으면 몇 시간이고 앉아서 책을 읽을 수 있을 것 같았습니다.

소반을 물려준 사람은 다른 재소자였습니다. 1심 판결이 나오기 하루 전날, 이제 내일이면 나갈 수 있다는 희망이 있었는지 그는 아끼던 그 물건을 선뜻 내주었습니다. 받은 이는 남의 출소에 대한 부러움보다 소반을 물려받는다는 기쁨이 더 컸으니, 감옥이란 그런 곳인가 봅니다.

> "수감 직후 책상과 의자를 넣어달라는 (박 대통령의) 요구를 들어주지 않았다."
>
> ─유영하(박근혜 변호인)

작심한 듯 "허락받고 나왔다"고 포문을 연 변호사의 전언은 그렇게 좀 의외이긴 했습니다. 그러나 이윽고 쏟아져 나온 얘기들.

"황 전 총리가 친박이냐 아니냐는 국민이 판단하실 수 있을 것"

"모시던 대통령의 수인 번호를 모르는 게 말이 되나"

"그가 수차례 면회를 신청했지만 대통령이 거절했다."

　　　　　— 유영하(박근혜 변호인)

배신한 자들에 대한 괘씸함을 곱씹은 그의 말에 지지층은 수런거렸습니다. '누가 진짜 친박인가.' '배박, 그러니까 배신자는 누구인가.' 제1야당 대표를 선출하는 자리 한복판에 또다시 던져진 배신의 프레임.

그리고 누군가는 그 한 줌의 지지율을 모아내고자 감옥 밖에서 벌이는 혼돈의 현장…

'탄핵당한 박근혜' 못 벗어난 한국당 … 전당대회 최대 변수로

　　　　　—『한겨레』 2019. 02. 08.

5·18 폄훼는 극단적 '표' 풀리즘 … 10% 극우에 멍드는 보수

　　　　　—『국민일보』 2019. 02. 13.

결국 '박싸움' 치르는 한국당, 친박이냐 비박이냐 배박이냐

　　　　　—『오마이뉴스』 2019. 02. 13.

감옥 안의 그는 '결국 정치란 이렇게 흘러가는 것이오, 그러므로 자신의 존재감은 소멸될 수 없다'는 것을 증명하려고 했는지 모르겠으나… 차라리 감옥 안에서 들려온 얘기가 그저 소박한 책상과 건상 얘기로 끝났더라면…

앞서 전해드린 '소반'에 얽힌 이야기를 마무리하겠습니다. 소반을 물려준 사람은 안타깝게도 그다음 날 석방되지 못하고 다시 감옥으로 돌아왔지만, 소반을 돌려달라는 말은 차마 하지 못했습니다. 그러나 물려받은 사람 또한 가시방석이어서 하루 저녁을 꼬박 고민하다가 결국 그 소반을 돌려주었다는 이야기. 지극히 평범한 필부필부 간에 있었던 자그마한 양보의 소동… 소소한 회고담이었습니다.

追考　공교롭게도 박근혜 씨의 '책상 논란'은 그가 사면받은 직후인 2022년 1월에 다시 화제가 되었다. 문재인 대통령의 비서실장이었던 노영민 전 실장이 '책상을 넣어준 것은 문 대통령이고, 당시 야당의 지도부는 오히려 박근혜 씨 사면에 부정적이었다'고 주장하고 나선 것. 당사자는 절대 아니라고 주장했고, 노영민 전 실장은 시민단체에 의해 고발됐으니 결과를 지켜봐야겠으나, 감옥에서 책상이 얼마나 중요한지는 다시 한번 증명된 셈이다. 시청자들은 눈치챘겠지만, 위의 소소한 회고담은 노조 파업으로 잠시 구치소 신세를 졌던 나의 이야기였다.

7. 내가 없으면 누가 너희들을 웃겨주니?

누군가 말했다. "세상의 일류는 과학자와 기술자, 이류는 기업인, 삼류는 정치인." 현실에서의 계층 순서(hierarchy)를 뒤집어놓은 것이다. 세상은 그렇게 거꾸로 돼 있어도 돌아간다. 아니라고 부정할 수 있을까? 저렇게 딱 잘라 말할 수는 없어도(예외도 있으므로), 그래도 대개는 동의하는 것이다. 그렇다고 정치를 필요 이상으로 희화화하거나 폄하해선 안 되지만(좌우지간 정치는 우리의 삶을 지배한다!), 당위적 접근 말고 현상과 행태만을 놓고 보자면 유사 이래 별로 바뀐 것도 없다.

이 장에 나오는 브리핑들에서 다루는 정당, 정치인, 통틀어 정치의 현상과 행태는 무한 반복이다. 4대 의무를 행하지 않은 자들의 애국 타령과, 너무 바뀌는 바람에 이제는 헷갈려 전후가 구분도 잘 안 되는 당명과, 선거 때만 되면 토론을 하느니 마느니로 싸우는 것과…

그럼에도 역순으로 된 일·이·삼류가 제자리를 찾아가길 바라는 것도 못할 짓이다. 과학자와 기술자가 삼류가 돼야 하다니… 그냥 정치는 삼류에 돼야 하는 게 맞을 수도 있겠다.

저돌… 문희상의 앞으로 과제는?

저돌猪突. 돼지 '저猪' 자에 갑자기 '돌突' 자를 사용하는 이 단어는 흔히 추진력이 강하다는 의미로 쓰이지요. 난파 직전의 새정치연합을 책임지게 된 문희상 비대위원장이 이런 말을 했습니다.

"난 그냥 산돼지처럼 돌파하는 스타일이다."

— 문희상(새정치민주연합 비대위원장), 『중앙일보』 2014. 09. 22.

몸이 좋지 않다며 만남을 주저했던 김무성 새누리당 대표를 찾아가서 만난 것도 바로 이런 저돌성이 없었다면 어려웠을지도 모르겠습니다. 그렇다면 문 비대위원장이 저돌적으로 돌파해야 할 과제는 무엇일까요?

첫 번째는 계파주의 청산입니다. 지난 2012년 대선에서 민주통합당이 패배한 이후 대선평가위원장을 맡았던 한상진 서울대 명예교수가 이런 보고서를 냈습니다. "계파 정치 청산은 민주당의 미래를 위한 최우선 과제다." 그러나 아시는 것처럼 보고서는 갖가지 반발 끝에 결국 채택되지 못했습니다. 아마 야당에서 한상진 교수를 좋아하는 사람은 별로 없을 겁니다. 공교롭게도 계파와 패권주의 청산을 내세웠던 바로 그 시기의 비대위원장 역시 문희상 의원이었죠. 계파 청산에 관한 한 문 비대위원장은 어찌 보면 실패했다고 봐야 합니다.

권한은 공유하되 책임은 당대표가 혼자 지는 기형적 구조가 결국 최근 4년 동안에 임기 2년의 야당 지도부 교체 숫자를 늘려서, 무려 열 번이나 교체됐습니다. 같은 기간 새누리당은 네 명의 지도부가 바뀌었습니다. 실패가 구조화된 당의 체질을 바꾸지 않고서는 누가 리더가 되어도 쉽지 않다는 것을 상징적으로 내보이는 숫자입니다.

두 번째 과제는 이겁니다. 수사권과 기소권 문제로 교착 상태에 빠진 세월호 특별법. 지금도 끝이 보이질 않습니다. 어떠한 추가 협상도 불가하다고 못 박은 청와대와 새누리당을 어떻게 변화시킬 것인지. 또한 수사권과 기소권을 주장하는 유족들의 요구를 어떻게 담아낼 것인지… '겉은 장비, 속은 조조'라 불리는 의회주의자 문희상 비대위원장과 새정치연합이 '저돌'적으로 풀어가야 할 과제입니다.

세월호 참사는 오늘로 160일째를 맞았습니다. 쓸쓸한 팽목항에는 자원봉사자마저 하나둘 철수하고 있고, 슬픈 2014년은 오늘로 이제 딱 100일이 남았습니다.

追考 〈뉴스룸〉 앵커브리핑의 시작이었다. 뉴스는 텍스트뿐 아니라 콘텍스트를, 스토리뿐 아니라 히스토리를 담아야 한다는 것이 지론이었고, 그것을 가장 잘 담아낼 수 있는 콘텐츠를 구상했다. 950회를 상상할 수는 없었지만…

반기문 '반반 정치'… 여야 뜨거운 구애 경쟁 2014. 11. 06.

짜장면을 먹을까 짬뽕을 먹을까 고민하는 이들을 위해 만들어진 반반, 짬짜면이란 게 있지요. 주말 저녁이면 생각나는 치맥 역시 양념 반 프라이드 반, '양반프반'이 인기입니다. 즉, 선택이 어려울 때 고르게 되는 '반반'이 대세인 셈인데요. 요즘 다른 의미에서 대세가 되고 있는 반반은 따로 있습니다.

"어이가 없다. 몸을 정치 반 외교 반에 걸치는 것은 잘못됐다."

—반기문(유엔 사무총장)

어제 반기문 유엔 사무총장이 공식 성명을 내고 이른바 반기문 대망론에 대해 사실이 아니라고 말했습니다. 물론 그렇다고 해서 '절대 출마 안 한다'는 말도 없긴 했습니다만, 경쟁하듯 손을 내밀었던 정치권이 조금 머쓱해진 상황이 됐지요. 그동안 반 총장을 두고 벌인 여야의 구애 경쟁은 그야말로 낯 뜨거울 정도였습니다.

"절대 야당 성향 아니다."

—안홍준(새누리당 의원)

"여당엔 안 가겠다 했다."

—권노갑(새정치연합 상임고문)

공교롭게도 반기문 총장의 별명 역시 '반반'이라고 합니다. 뭔가 애매한 어법 때문이기도 하고, 누구에게도 욕먹지 않는 적당한 처신 때문이기도 하답니다. 이번에도 여당과 야당이 모두 그를 당긴 셈이니 명불허전, '반반'이라는 별명이 현실이 된 셈입니다.

어찌 됐든 정치권은 아직 온전히 희망을 버린 것 같진 않습니다. 또한 반 총장의 공식 성명서 어디에도 '대선에 출마 안 하겠다', '정치 안 하겠다'는 말은 없었습니다. 부정인 듯 부정 아닌 반반 정치. 요즘 유행하는 말처럼 사귈 듯 말 듯 '썸'을 타는 애매한 관계가 되었다는 이야기입니다.

정치적 대척점에 서 있는 두 정당이 한 사람을 향해 보내고 있는 구애 혹은 미리 흠집 내기. 어떻게 보십니까? 정치권에 갑작스레 불어닥친 반기문 열풍은 역설적이게도 지금의 정당정치가 갖고 있는 무력감을 드러내고 있습니다. 여야 모두가 혁신과 새 정치를 외치고 있지만 정작 내부에서는 희망도 대안도 잉태하기 어렵다는 현실을 어찌 보면 매우 적나라하게 드러내고 있다는 겁니다.

"권력은 늘 위험하다.
가장 나쁜 것들을 유혹하며 가장 좋은 것들을 타락시킨다."

미국의 작가이자 환경운동가인 에드워드 애비(Edward Abbey)의 말입니다. 이 말은 반 총장에게 어떤 의미가 될까요? 그는 그럼에도 불구하고 위험을 무릅쓸까요? 역시 지금은 '반반'인 것 같습니다.

새정치연합의 당권 싸움과 CIPA(무통각증)

2014. 12. 29.

CIPA(congenital insensitivity to pain with anhidrosis).

'선천성 무통각증 및 무한증'을 뜻하는 의학 용어입니다. 이 희귀병은 특징이 있습니다. 피곤함과 허기, 배설 같은 본능은 일반인처럼 느끼되 고통이나 뜨거움, 차가움 같이 꼭 느껴야 할 감각을 알려주는 '알람 기능'이 꺼져 있다는 겁니다. 더운 곳에 가도 땀을 흘리지 않아 열사병에 걸리고, 몸 어딘가에 상처가 나도 아픔을 느끼지 못해, 자칫하면 목숨이 위험해질 수도 있다는군요.

CIPA 무통각증. 지금의 야당인 새정치민주연합을 의사들이 본다면 아마도 이런 진단을 내리지 않을까요?

앞서 말씀드린 CIPA의 증상 중 하나는 이것이지요. "피곤함과 허기, 배설 같은 본능은 그대로 느낀다." 야당 역시 정치인의 본능에는 충실합니다. 다음 총선에서 어떻게든 배지만 달면 된다, 즉 계파를 우선시해 줄서기 하는 구태의 본능은 그대로라는 겁니다.

그리고 고통이나 뜨거움, 차가움 같이 우리 몸에 꼭 필요한 알람 기능이 꺼져 있는 CIPA의 다른 증상은 야당에선 이렇게 나타납니다. 거듭된 대선 패배 및 총선과 지방선거에서 패배, 여당 지지율의 반토막을 간신히 유지하는 지지율… 그럼에도 불구하고 야당은 과연 그런 위기감을 느끼고 는 있는가 하는 것이지요.

새정치연합에 대한 평가가 너무 박한가요?

오늘 새정치연합 문재인 의원이 당권 도전을 선언했습니다. 어제는 박 지원 의원이 출마를 선언했지요.

이기는 정당	VS	강한 야당
(문재인 의원)		(박지원 의원)

두 후보 모두 야당다운 야당과 혁신을 외치고 있지만 바라보는 시선과 는 간극이 있습니다. 이번 전당대회를 바라보는 당 내외의 따가운 시선들 마저도 무통각증 때문에 느끼지 못한다면, 그래서 혁신을 통한 야당다운 야당이 결국 또 구두선에 그친다면…

"고통이 사라진 세계는 결코 축복이 아니다. 가장 두려운 공포다."

영국 출신의 한센병 전문 의사 폴 브랜드(Paul Brand)의 말입니다. 위험 을 느끼는 알람 기능을 잃은 야당 역시, 만일 그것을 고쳐내지 못한다면 마 찬가지 결과를 가져올 수도 있습니다.

제1야당과 '김삼순'… 또 당명 개정 논란

10년 전 드라마 〈내 이름은 김삼순〉. 기억하는 분들 많을 테지요.

극 중 이런 이야기가 나옵니다. 촌스러운 이름 탓에 속상해하는 삼순이에게 택시 기사가 이런 농담을 던집니다. "이름이 도대체 어때서? 삼순이만 아니면 되지~"

결국 삼순이는 이름을 바꾸진 않습니다. 대신, 자신의 개성과 실력으로 일도 사랑도 얻는 해피엔딩으로 드라마는 마무리됩니다.

난데없이 오늘 삼순이를 떠올린 이유. 당명을 바꾸겠다는 새정치민주연합 때문입니다.

"당명부터 민주당으로 바꾸겠다는 것도 약속드립니다."
— 박지원(새정치민주연합 의원), 2015년 1월 1일
"새정치민주당이 적합할 것으로 생각이 됩니다."
— 문재인(새정치민주연합 의원), 2015년 1월 1일

유력 당대표 후보 두 명이 당명을 도로 '민주당'으로 바꾸겠다고 나섰지요. 호남 표를 의식한 것으로 분석되는 가운데 낭내에서조차 "당명 때문에 집권 못한 게 아니"라는 비난 여론이 나왔습니다. 엉뚱하게도 당명 개정이 전당대회 쟁점으로 부상한 웃지 못할 상황이 된 것입니다.

그렇다면 야당은 이름을 몇 번이나 바꿨을까요?

2000년	새천년**민주**당
2003년	열린우리당
2007년	대통합**민주**신당
2008년	통합**민주**당
2008/2013년	**민주**당
2011년	**민주**통합당
2014년	새정치**민주**연합

대부분 '민주'라는 글자가 들어가는 것이 공통점이군요. '1987년부터 따지면 이번이 열한 번째다', '2000년부터 따지면 이번이 여덟 번째다'… 언론도 손가락을 꼽아봐야 제대로 확인이 가능하고, 소속 의원들마저 간혹 헷갈린다는 이야기가 나오더군요.

횟수만 좀 적을 뿐이지 당명 세탁 관행은 새누리당도 마찬가집니다. 1990년 3당 합당으로 탄생한 민자당에서 시작해 신한국당을 거쳐 한나라당, 지금의 새누리당까지… 연거푸 이름을 바꿔 달았지요. 100년을 훌쩍 넘는 당명을 가진 미국과 영국, 독일, 가까운 대만과 일본의 사례만 봐도 우리 정당들의 잦은 당명 변경은 민망할 지경입니다.

- 미국 민주당 : 187년
- 영국 보수당 : 185년
- 독일 사민당 : 125년
- 대만 국민당 : 96년
- 일본 자민당 : 60년

물론 이름은 당의 정체성을 말해주는 수단입니다. 이름을 바꾸는 것만큼 상징적인 변화도 없겠지요. 그런데 이름을 바꾸면 당은 달라질까요? 작년 3월에 당명을 바꾼 새정치민주연합은 그동안 '새 정치'와 '연합'의 정신을 잘 살려왔던가요?

껍데기는 가라.

신동엽 시인(1930~1969)은 이렇게 말했습니다. 툭하면 간판만 바꾸는 기업을 소비자가 신뢰할 리는 만무합니다. 질소 가득한 과자 포장보단 알찬 내용물이 중요하듯 당명보다는 '사람'이 문제가 아닐까요.

21세기에 들어서서도 '혁신 작렬'이 아니라 '작명만 작렬'했던 제1야당. 이번에도 또 껍데기만 바꾸시렵니까? 하물며 삼순이도 안 바꾼 이름을 말이지요.

청와대 회동… 카타르시스 커뮤니케이션

'카타르시스 커뮤니케이션(Katharsis Communication)'. 조금 생소한 단어일 수도 있겠습니다.

오늘 청와대에서 대통령과 여야 대표[*]가 만났습니다. 3자 회동 형식을 빌렸지만 박근혜 대통령과 문재인 새정치민주연합 대표가 대선 이후 처음으로 얼굴을 맞댄 자리였습니다. 대통령이 신년 회견에서 말한 것처럼 전화도 있고, 이메일도 있고, 원한다면 언제라도 소통 가능한 시대임에도 불구하고… 이들의 만남이 주목받았던 이유는 무엇이었을까요? 아마도 그 이유는 사람과 사람이 직접 만났을 때 전해지는 진심과 공감 이런 것들이 더 큰 힘을 가진다는 믿음 때문이었을 겁니다.

그러나 만남의 명칭을 정하는 것부터 여야는 결을 달리했습니다. 청와대는 '간담회', 야당은 '영수회담'이라고 서로 엇나갔습니다. 간담회는 대화에 구속이 없는 좀 더 가볍게 이야기를 나누는 자리를 말할 테고, 야당으로서는 모처럼 주어진 대통령과의 자리를 그렇게 보내고 싶진 않았겠지요.

그렇다면 영수회담은 뭘까요? 한자로 '영領'은 옷깃, '수袖'는 소매를 말합니다. 옷에서 가장 눈에 띄는 부분으로, 다른 뜻으로는 우두머리를 뜻한

---

[*] 김무성 새누리당(여당) 대표와 문재인 새정치민주연합(야당) 대표.

다고 합니다. 사실 요즘은 권위적이라 해서 잘 쓰진 않습니다. 간담회든 영수회담이든, 명칭부터 서로 엇갈린 걸 보면 결론은 이미 예정되어 있었는지도 모르겠습니다.

김현미 야당 대표비서실장이 모임이 시작되기 전 이미 말한 대로 '각자 자기가 하고 싶은 말만 하는 자리'. 이렇게 됐다는 얘기입니다. 연극으로 따진다면 방백. 즉, 무대 위엔 올랐지만 상대와 대화하는 것이 아니라 객석을 향해 그저 하고 싶은 말만 하는, 독백도 아닌 방백이란 겁니다. 그런데 우리에게 이런 정치인들의 방백은 결코 낯선 것이 아닙니다. 오히려 당연한 듯이 받아들여지기도 합니다. 이쯤에서 다시 꺼냅니다.

카타르시스 커뮤니케이션

제시해드리는 이 단어와 함께 오늘 앵커브리핑의 결론으로 들어가봅니다. 우리 정치인들의 커뮤니케이션이란 것이 정말 진심으로 상대를 설득하기 위해 있어왔던가. 그게 아니라 단지 자신의 지지자들에게 카타르시스를 주고 지지를 더 결집시키기 위한 방편으로만 사용돼왔던 것은 아닌가. 그래서 우리 정치인들의 소통은 앞에 있는 상대가 아닌 자신의 뒤에 있는 지지자들만 향한 역방향의 커뮤니케이션이 아니었던가…

어떻게 생각하시는지요? 대표회담이란 것이 깃는 정치적 함외는 반대자들을 향한 설득이 아닌, 단지 지지자들의 카타르시스를 위한 것이라고 한다면… 우리의 정치를 너무 강퍅하게만 들여다보는 걸까요?

애국 3법과 '희미한 옛사랑의 그림자'

'희미한 옛사랑의 그림자'

글쎄요, 꽃 피는 봄날 어울리지 않는 말일 수도 있습니다만 오늘 앵커 브리핑은 이 말에 주목했습니다.

두 가지의 뉴스를 봤습니다. 첫 번째는 이겁니다. '애국 3법'.

어제오늘 사람들 입에 계속 오르내리고 있더군요. 한 국회의원이 발의 한 법안인데,● 풀이하자면 골자는 이렇습니다. 사람이 많이 모인 장소에서 는 국민의례를 실시하도록 노력해야 한다. 누구든지 국가國歌를 임의로 변 조해 부르면 안 된다. 8월 8일을 무궁화의 날로 지정하고 모든 국민은 국 화를 존중하고 애호해야 한다.

어떻게 생각하시는지요? 법안대로라면 사람이 많은 장소에선 국민의 례가 더 잦아질 것이고, 또 애국가를 변주해가면서 자유롭게 부를 경우 자 칫하면 벌 받을 수도 있습니다. 혹시 무심코 무궁화를 꺾는다면… 역시 처 벌을 받게 될까요?

● 이노근 새누리당 의원이 2015년 4월 6일 '애국 3법'('대한민국 국민의례법', '대한민국 국화에 관한 법률 제 정안', '대한민국 국기법 개정 법률안')을 대표 발의했다.

한쪽에선 이런 지적이 나옵니다. '이러다간 부모공경법, 스승존경법까지 나올지도 모른다…' 애국을 법으로까지 만들어 강조하려는 사람들은 혹시 부부싸움을 하다가도 벌떡 일어나 국민의례를 하던, 이른바 '애국'의 시절을 추억하고 있는 것은 아닐까요?

두 번째로 본 뉴스는 이겁니다. 20대의 이른바 명문대 출신 직장인들이 '이민계'를 만들어서 돈을 모으고 있다는 겁니다. 이들의 목적은 말 그대로 돈을 모아서 이민을 간다는 것이지요. 이른바 명문대 나와 버젓한 직장을 잡고 있는 사람들이 뭐가 모자라 그러느냐? 한마디로 인간답게 살고 싶다는 겁니다. 끊임없는 경쟁, 뛰는 사교육비와 희망 없는 노후 대비, 이런 현실 때문에… 용접공이 돼서라도 다른 나라에 가 살겠다는 명문대 출신들이 용접 전문 학원으로 몰린다고 합니다. 애국을 법으로 만들어도, 이민계를 만들며 용접 학원으로 가는 젊은이들을 막을 수는 없습니다.

지난 2002년 서울광장을 뜨겁게 달군 태극기 열풍, 기억하시지요? '국기 모독' 논란까지 가져왔던 당시 젊은이들의 애국 방식은 누군가의 강요에 의한 것이 아니었습니다. 애국은 강요가 아닌 감동, 즉 마음이 움직여야 한다는 것. 그러기 위해 국가가 해야 할 일이 무엇인가를 먼저 생각해야 한다는 것.

이른바 '애국 3법'이란 것이 그 옛날 대극기와 애국가로 점철되던 시대를 그리워하는 것이라면, 그것이야말로 '희미한 옛사랑의 그림자'일지도 모르겠습니다.

국격의 추락… 대통령 옷소매를 잡는 마음

2015. 04. 15.

지난 주말 대구 경북 세계물포럼 행사장에서 일어난 일입니다.

원래 계획은 이게 아니었습니다. 대통령을 비롯한 각국 정상급 귀빈들이 줄을 당기면 자격루 항아리에 담긴 물이 아래로 흘러야 하는데, 물 대신 구조물이 와르르 무너져 내린 겁니다. 사실 이건 조형물 하나 무너진 해프닝일 수도 있습니다. 이런 일로 국격 운운하는 것은 지나칩니다. 그래서 저희들 역시 당일 뉴스에 내지도 않았습니다. 그러나 지금 대한민국에서 벌어지고 있는 일들은 잠깐 민망하고 말 자격루 퍼포먼스 정도에 그치는 일이 아닌 것 같습니다.

국정 2인자, 현직 총리가 검찰 조사를 받게 됐습니다.● 의혹이 끊임없이 불어나고 있는 가운데 심지어 일국의 총리는 '목숨과 바꾸겠다'는 말까지 던졌습니다. 또 막후 2인자라 불리는 현직 비서실장은 물론 전직 비서실장들까지 줄줄이 엮여 의혹의 대상이 되고 있습니다. 다들 억울하다 하니 사실 여부는 차차 따져볼 문제지만, 어디선가 '와르르' 하는 소리가 들리는 것만 같습니다.

● 이완구 당시 국무총리가 성완종 전 경남기업 회장이 정·관계 인사들에게 돈을 뿌렸다는 이른바 '성완종 리스트'에 거론되면서 취임 63일 만에 물러났다. 이후 그는 '성완종 리스트' 의혹에 대해선 2017년 12월 대법원으로부터 무죄를 확정받았다. 당시 김기춘 비서실장과 허태열 전 비서실장도 의혹에 연루되어 조사를 받았으나, 검찰은 혐의를 찾을 수 없거나 공소시효가 지나 처벌할 수 없다는 결과를 내놨다.

대통령은 내일부터 9박 12일간의 해외 순방을 떠납니다. 이유는 다름 아닌 '국격'인 것 같습니다. "제2의 중동 붐에 이어 우리 경제 영역을 태평양 건너까지 활짝 펼치고자 한다"는 것이지요. 이미 많은 논란이 있었고 어차피 대통령은 내일 떠나는데, 자꾸 옷소매를 잡아당기는 것도 좀 모양이 안 좋다 싶으면서도… 그러면 왜 많은 이들이 그렇게 옷소매를 잡고 만류하고 싶어 하는가를 살펴봤습니다.

그래서 오늘 다시 칼럼 하나와 함께하겠습니다. 『중앙일보』 배명복 논설위원의 칼럼입니다.

> 대통령이 외국에 자주 나가는 것은 박수 칠 일이지 시비 걸 일이 아니다.
> ―「콜롬비아가 뭐라고」, 『중앙일보』 2015. 04. 14.

다만, 몇 가지 문제가 있다는 것입니다. 먼저 "전임자가 다녀간 곳을 3년 만에 다시 찾으면서 외교 지평 확대 운운하는 건 난센스다." 실제로 대통령의 순방 일정과 3년 전 이명박 대통령의 순방 일정을 비교해봤더니 모두 이명박 전 대통령이 다녀왔던 곳이었습니다. 새롭게 개척할 외교 지평은 아니라는 얘기죠. 그리고 두 번째 이유는 이렇습니다. "문제는 명분이고 실적이다. 뚜렷한 명분도 없이 부은 곗돈 찾아 먹듯이 악착같이 나가는 느낌을 주는 것은 곤란하다." 이런 얘기였습니다.

대통령은 이번 남미 순방까지 마치게 되면 취임 2년 2개월 만에 아프리카를 제외하고 5대양 6대주를 한 바퀴 도는 셈이 된다고 합니다. 글쎄요.

우리의 국격은, 위상은 그만큼 높아지게 되는 것일까요? 배명복 논설위원은 칼럼을 이렇게 마무리했습니다.

세월호 참사 1주기가 되는 날. 콜롬비아로 떠나는 박 대통령의 발걸음이 무거울 것 같다. 9박 12일은 긴 시간이다.

追考 그때의 남미 순방은 순방 기간 내내 JTBC 뉴스에서 거의 다루지 않았다. 일부러 그런 것이 아니었다. 뉴스의 경중을 따지다 보면 굳이 뉴스에 낼 만한 것이 없었다. 청와대에서 매우 서운해했다는 얘기를 다른 경로를 통해 들었다. 나는 그 얘기를 듣고 나서야 우리가 순방 뉴스를 내내 다루지 않았다는 것을 알았을 정도였다.

부득탐승不得貪勝. 승부에 집착하면 오히려 그르치기 쉽다는 의미입니다. 바둑 좀 두신 분들은 이미 눈치채셨을 겁니다. 부득탐승이란 말은 위기십결圍棋十訣이라는 바둑의 열 가지 계명 중 가장 중요한 첫 번째 원칙입니다. 바둑기사 이창호 9단이 몇 년 전에 내놓은 책 제목이기도 합니다.

바둑을 잘 알지는 못합니다만 바둑은 그야말로 우리네 인생의 축소판이라고 하지요. 이기는 데는 왕도가 따로 없고 또 신중하지 못하면 패배하게 됩니다. 그러나 뭐니 뭐니 해도 바둑의 가장 신비로운 묘미는 바로 '복기復棋'에 있다고들 합니다.

"대국 전체를 되돌아보는 반성의 시간.
유일하게 패자가 승자보다 더 많은 것을 거둘 수 있는 시간."

이창호 9단의 말입니다. 심사숙고해 한 수를 두고 그 결과 보이지 않는 창과 칼이 오갔던 대국에서 패했다면, 패배의 원인을 되짚어보며 다시는 되풀이하지 않는 것이 진정한 승리라는 의미일 겁니다.

바둑은 유독 정치판에도 많이 비유가 되지요. 그렇다면 이번 총리 후보자 임명을 바둑에 비유한다면 어떨까요. 그동안 청와대는 국민 여론과의 대국에서 거듭 패해왔습니다. 다섯 명의 총리 후보자 중 문턱을 넘은 두 명역시 온전히 자리를 보전하지 못했습니다.●

세간에서는 이미 그 나름의 복기를 통해 지난 패전들의 원인이 '의심'에 있다, 이런 평가를 내놓은 바 있습니다. 인사권자가 이른바 수첩에 없는 인물에는 쉽게 눈길을 주지 않는 데다 한 번 믿음을 준 사람에게만 거듭 일을 맡기니, 따가운 눈총을 무릅쓴 회전문 인사가 반복되고 있다는 겁니다.

청와대는 다섯 번의 패전을 딛고 오랜 장고 끝에 이번엔 제대로 된 복기를 통한 묘수를 내놓은 것인지, 아니면 '부득탐승', 즉 승리에만 집착한 나머지 또다시 불통의 한 수를 두고 만 것인지… 이제 판단만이 남아 있습니다.

분명한 것은 이미 수는 놓였고 무를 수는 없는 노릇이라는 것입니다. 이번엔 부디 자충수가 아니길 바라는 마음이 간절합니다.

● 그즈음 청와대가 지명한 국무총리 후보자는 김용준, 정홍원, 안대희, 문창극, 이완구 등 다섯 명이었다. 이 중 정홍원, 이완구 후보자가 총리가 됐으나, 정홍원 총리는 세월호 사건으로 사퇴했고 이완구 총리는 성완종 금품 수수 의혹으로 사퇴했다. 이후 황교안 후보자가 총리로 임명됐다.

군 면제 총리 후보… 곳곳에 '치킨호크'

병역 먹튀 논란으로 입국이 금지된 가수 유승준 씨에 대한 논란이 여전합니다. 국민 정서가 그만큼 병역 문제에 민감하다는 이야기입니다. 심지어 야당에서는 이런 주장마저 나왔습니다.

"유승준의 입국을 막은 황교안 총리 후보자(법무부 장관)의 병역 문제도 여론 조사 해보자." ─추미애 (새정치연합 의원)

'만성담마진', 즉 두드러기 때문에 병역을 면제받았다는 황교안 총리 후보자에 대한 논란이 불거진 것입니다. 실제로 지난 10년간(2002~2012) 담마진이라는 희귀한 병명으로 군 면제를 받은 사람은 단 4명, 91만분의 1이라는 통계도 있습니다.

치킨호크(Chicken Hawk). 매의 흉내를 내는 닭이라는 의미입니다. 군대 경험이 없는 사람이 실전은 경험해보지도 않은 채 국민에게만 안보를 강조하는, 미국 내 매파를 뜻합니다. 그러나 이 치킨호크는 비단 미국만의 일이 아닙니다. 어찌 보면 식상할지도 모를 통계를 다시 한번 들여다볼까요.

이번 19대 남성 국회의원 250명 중 53명이 군대에 다녀오지 않았습니다. 5명 중 1명꼴입니다. 박근혜 정부의 장관급 이상 고위 공직자 30명 중

5명이 군 면제자이고 조기 전역한 사람이 5명. 합하면 3명 중 1명이 부실 병역자입니다. 면제 사유를 볼까요? 만성담마진을 비롯해 폐결핵, 골수염, 근시 등등 가히 종합병원 수준이라 해도 과언이 아닙니다.

군에 가지 않은 것은 본인뿐만이 아니었습니다. 2013년 한 의원실 발표 자료를 보면 박근혜 정부의 4급 이상 공직자 및 공기업 임원 자녀 중 16명이 국적을 포기해 병역면제를 받았습니다. 바로 직전인 이명박 정부 역시 자유롭지는 못합니다. 이명박 정부 초대 장관의 병역면제율은 28.5%. 심지어 천안함 사태 당시 이른바 지하 벙커에서 진행된 안보장관회의 참석자 면면을 살펴본 국민들은 실소를 머금었습니다. 대통령은 물론 국정원장, 국무총리, 외교안보수석 등등 참석한 18명 중 군필자는 단 3명… 국민들이 오히려 국가 안보를 걱정해야 할 상황이었습니다.

곳곳에서 치킨호크가 날아다니는 세상. 전례가 이러니 신임 총리 후보자의 병역면제 논란을 바라보는 마음은 씁쓸합니다. '유전有錢 면제, 무전無錢 복무'라는 말이 유행어처럼 번지고, 고위층과 그 아들들이 비운 자리를 채우려 애꿎은 현역들만 죽을 고생을 한다는 자조가 나오는 겁니다.

국민개병제의 나라. 그러나 고관대작들이나 그 아들들의 면제율이 늘 두 자리 숫자를 기록하는 걸, 군대 가는 아들들에겐 뭐라 설명해야 할까요. 육군 병장 자존심은 장군을 능가한다고 제가 지난번에 좀 허세를 부리기도 했습니다만. 세상이 자꾸 치킨호크들만 득세하는 것처럼 보이는 건 어쩔 수가 없습니다. 오늘의 앵커브리핑은 그저 그 깃털들만 자욱했습니다.

유승민 사태… "우리는 쳐다보지도 않네"

"우리는 쳐다보지도 않네."

지난 주말 광주 유니버시아드 대회 개막식에 참석한 새누리당 김무성 대표가 한 말이라고 전해집니다. 같은 줄에 앉아 있던 박 대통령이 김 대표 쪽을 쳐다보지도 않자 이런 말을 했다지요. 대통령이 불편한 심기를 감추지 못했던 이유는 당대표가 이른바 '국회법 개정안' 파동으로 얼룩진 '유승민 정국'을 시원스레 처리하지 못한 데 대한 불만이었을 것이라는 해석이 나오고 있습니다.

대통령이 'NO'라고 입장을 밝힌 첫 번째.

국회법 개정안은 결국 자동 폐기 수순에 들어갔습니다. 여야 합의로 국회의원 3분의 2 이상이 찬성해 의결된 국회법 개정안은 '배신의 정치'라는 대통령의 한마디로 허공에 흩어졌습니다. 자신들이 통과시킨 법안조차 권력자의 '의중'에 따라 뒤집어버린 웃지 못할 상황이 되어버린 겁니다.●

그리고 대통령이 'NO'라는 입장을 밝힌 두 번째.

● 당시 국회를 통과한 '국회법 개정안'은 정부의 시행령이 상위 법률안 취지에 어긋나면 국회가 수정, 변경을 요구할 수 있다는 것이 골자였다. 야당이 요구한 이 법안을 유승민 새누리당 원내대표가 수용하면서 박근혜 대통령의 눈 밖에 났다. 유 의원은 결국 대통령에게 '배신의 정치'라는 경고를 받은 지 13일 만에 원내대표 자리에서 물러났다.

유승민 원내대표를 향해서는 나가라는 동료 의원들의 맹비난이 이어지고 있습니다. 최고위원회의는 막말과 고성으로 얼룩졌고… 주요 회의에서 원내대표를 빼놓는 '고사 작전'에 이어 오늘은 "거취를 논의하기 위한 의총을 소집하자"는 요구마저 나오는 등, 사퇴 압박은 점점 더 거세지고 있습니다.

'왕과 공화국 사이의 불통'

대통령과 국민이 다른 시대 다른 세상을 살고 있다는 얘기
— 「양상훈 칼럼 : 여왕과 공화국의 불화」, 『조선일보』 2015. 07. 02.

앞으로 어떤 막장 드라마까지 지켜봐야 할지 난감 …

국정은 감정이 아니라 이성으로 하는 것
— 「사설 : 박 대통령, 당정협의 조속히 재개하라」, 『중앙일보』 2015. 07. 03.

원내 사령탑을 공개적으로 격하게 비난해 오늘의 사태를 불렀다
— 「사설 : 급기야 막장 드라마로 치달은 여권 유승민 갈등」, 『한국일보』 2015. 07. 03.

바라보는 언론들의 시각은 대부분 싸늘합니다.

"우리는 쳐다보지도 않네." 싸늘한 대통령의 모습에 여당 대표는 무척 서운했던 모양입니다. 그러나 서운해야 할 사람들은 사실 따로 있습니다. 대통령만 쳐다보는 사람들과 대통령이 쳐다봐주지 않는 사람들… 그런데 정작 그들 역시 한곳만 바라보다가 정작 바라봐야 할 사람들을 놓치고 있는 것은 아닐지요. 바로 우리들입니다. 그래서 이렇게 말씀드립니다.
"우리는 쳐다보지도 않네."

追考   당시의 정치적 콘텍스트가 다소 복잡하고 지루함에도 이 브리핑을 싣는 것은 이유가 있다. 즉, 보수 언론마저도 박근혜 정권에 등을 돌리게 된 계기가 바로 당시의 정치적 상황에 있었기 때문이다. 나의 책 『장면들』에 상세히 썼지만, 기존의 체제 안에서 생존해야 하는 언론들은 그 체제를 지키기 위해선 정치적 기득권도 공격할 수 있는 것이 이른바 '가드독(경비견) 가설'(2권 「워치독, 랩독, 가드독⋯ 그리고」, 358~360쪽 참조)이다. 그렇게 볼 때 바야흐로 이때부터 보수 언론들은 박 정권이 기존의 시스템을 지킬 수 있느냐에 본격적으로 회의를 품지 않았나 생각되는 것이다. 물론 그 싹은 그보다 한 해 전인 세월호 참사 때 생겨났겠지만⋯

코미디언이 대통령 되다. "농담 아님"

"농담 아님(No joke)"

어제 로이터 통신의 기사 제목이기도 합니다. 뒤에는 이런 내용이 붙어 있었습니다. "과테말라 코미디언이 대통령 되다."

농담이 아니라고 강조했듯 기사는 농담이 아니었습니다. 정치 경험 '없음', 행정 '잘 모름'. 코미디언으로 인기를 끌었던 모랄레스(Jimmy Morales)가 압도적 지지로 대통령에 당선된 겁니다. 상대는 전 대통령의 부인이자 중량급의 정치인이었습니다. 그러나 과테말라 유권자들은 "최소한 국민을 울리진 않겠다"는 공약을 내세운 정치 신인을 대통령으로 선택했습니다. 한 시민은 이렇게 말했다고 합니다. "우린 똑같은 얼굴에 지쳤다."

허경영 후보를 다들 기억하실 겁니다. 공중부양, 축지법, 최면술… 매번 기상천외한 모습을 보였던 그는 지난 17대 대선에서 그야말로 기염을 토했습니다. 득표수 9만 6,756표에 득표율 0.4%. 이런 해석이 나왔습니다.

"허경영에게 환호를 보낼 때,

그들은 실은 이 사회에 야유를 보내고 있는 것이다." ─ 진중권

물론 한 나라의 대통령 당선자와 웃지 못할 해프닝으로 끝난 인물을

비교한다는 것은 격이 안 맞는 일일 수 있습니다. 코미디언 출신이라 해서 그를 희화화하려는 목적은 더더욱 아닙니다. 우리가 주목하는 건 과테말라에서도 또 우리에게도, 유권자의 마음은 크게 다르지 않았을 것이란 사실입니다. 기존 정치권에 대한 뿌리 깊은 불신 말입니다.

오늘도 역사교과서를 둘러싼 전쟁의 언어들이 자욱했습니다. 박근혜 대통령 역시 시정연설을 통해 민생 현안을 강조했다지만, 뒤이은 교과서 발언으로 전선을 선명하게 그었지요. 그 자욱한 포성들 사이로 묻혀버린 문제… 전세 난민, 어린이집 휴원, 노동시장 개편 등 너무나 많습니다.
야당은 내부에서 공천 다툼으로 속앓이 중입니다. 믿음직스러워 보이지 않는 건 마찬가지라는 이야기입니다.

해외 사례를 한 가지 더 들어보겠습니다. 1998년 미국 미네소타 주지사로 당선된 사람은 제시 벤투라(Jesse Ventura). 유명한 프로레슬러 출신으로 별명부터가 '더 바디(The body)'였습니다. 기존의 정치인에게 염증을 느낀 유권자들은 벤투라를 주지사로 뽑으면서 그 이유를 이렇게 말했습니다. "그가 아무 일도 하지 않을 것 같아서…"

유권자들 속 썩이는 일을 많이 할 바에야 차라리 아무 일도 하지 말라는… 글쎄요, 남의 일 같지 않지요. 벤투라는 임기 내내 언론의 조명을 받았고 동시에 기성 정치권의 비아냥도 이어졌지만, 물러날 때는 그래도 일 잘한 주지사로 꼽혔다는 이야기.
이 역시 No joke. 농담이 아니었습니다.

낯 뜨거운 소동⋯ "시가 뭐고?"

경상북도 칠곡군에 사시는 할머니들이 시집을 펴냈습니다. 제목은 『시가 뭐고?』. 평균 나이 여든이 넘은 할머니들이 한글을 처음 깨친 기념으로 만들었습니다.

논에 들에
할 일도 많은데
시를 쓰라 하네
시가 뭐고
나는 시금치씨
배추씨만 아는데
　　　—소화자, 「시가 뭐고」

이 소박한 시집은 사람들을 깜짝 놀라게 했습니다. 큰 기대도 안 하고 내놓은 초판 1,000권이 2주 만에 모두 팔려 동난 겁니다.

할머니들은 부끄러웠습니다. "내가 시인? 그냥 할매라 카이~" 마이크를 들이댄 도시 사람들에게 손사래를 쳤습니다. 부끄러움을 아는 노년의 순박함. 곱다고 표현할 수밖에 없는 이런 마음씨가 독자들의 마음을 움직였던가 봅니다.

돌아보면 시는 '부끄러움'일지도 모르겠습니다.

육첩방은 남의 나라

…

시가 이렇게 쉽게 쓰여지는 것은
부끄러운 일이다

— 윤동주, 「쉽게 쓰여진 시」

시인 윤동주 역시 나라 잃은 지식인의 무력함, 그로 인한 부끄러움을
시를 쓰는 것으로 참회했습니다.

그리고 또 다른 시인 한 명이 논란이 되었습니다. 어제 대국민 사과를
하고 국회 상임위원장직에서도 물러난 시인이자 정치인. 그는 국회의원
사무실에 카드 단말기를 설치해놓고 피감기관에 자신의 시집을 판매했습니
다.

『하늘 아래 딱 한 송이』. 시집의 제목입니다. 벌써 두 번째 시집이라고
하니 시인인 것은 맞는 듯합니다. 정치인이 펴낸 시집이라고 해서 색안경
끼고 평가절하할 생각은 더더욱 없습니다. 그러나 그 시집은 서점이 아닌
후원행사장과 사무실에서 판매가 되었습니다. 지극히 사적일 수밖에 없는
시집이지요. 자신의 의지와는 상관없이 그 책을 구입해야만 했을 국회 피
감기관 공무원과 직원들은 곤혹스러웠을 겁니다. 아무리 하늘 아래 딱 한
송이밖에 없더라도 본인이 싫으면 안 살 수 있는 거니까요.

시를 둘러싼 이 낯 뜨거운 소동… 경북 칠곡에 사시는 시인 소화자 할머니가 들으셨다면 뭐라고 하셨을까요? 혹시나 이런 말이 나오진 않았을까요?

"시가 뭐고?"

그렇게 시는 또다시 부끄러움이 되었습니다.

> 追考 새정치민주연합 노영민 의원이 자신의 시집을 국회 의원회관에서 카드 단말기를 놓고 판매해 논란이 되었다. 문제는 그가 산업통상자원부를 비롯한 수많은 공기업을 피감기관으로 하는 산업통상자원위원회 위원장이었던 것.

외부 인사 영입… 어마어마? 조마조마!

"질소를 샀더니 과자도 들어 있더라."

과자 봉지에 과자는 적고 질소만 가득하다, 그래서 값이 뻥튀기되었다는 것을 사람들은 이렇게 패러디하곤 했습니다. 그 뻥튀기는 과자 봉지에만 해당되는 것인가…

사람이 온다는 건

실은 어마어마한 일이다

…

한 사람의 일생이 오기 때문이다

정현종 시인의 「방문객」 중 한 구절, 최근 더불어민주당 회의실 벽면에 걸린 문구이기도 합니다. 그런데 한 사람의 과거와 현재 그리고 미래가 함께 온다는 그 어마어마한 작업, 실제로는 어떨까요?

"영입 인사라는 이름을 반납한다."

— 김선현(차의과대학교 교수)

바로 그 시까지 인용하면서 의미 부여를 했던 더불어민주당에서 있었던 일입니다.

"의욕이 앞서다 보니 오류와 실수가 있었다." —안철수(국민의당 의원)

국민의당은 부실 검증 논란으로 곤혹스러운 처지에 놓였고… 낭내뵤가 직접 종편 보수 논객들을 대거 영입한 여당 역시, 내부에서조차 냉소가 나왔습니다.

"원래 당원이었던 인물들, 그야말로 코미디" —김태흠(새누리당 의원)

이쯤 되면 정치권의 이른바 '인재 영입'이라는 이름으로 포장된 외부 인사 영입은 '어마어마'가 아니라 '조마조마'한 작업이 되어버린 것인지도 모르겠습니다.

우선 저희 JTBC는 정치권이 사용하고 있는 '인재 영입'이라는 단어에 동의하지 않습니다. 인재인지 아닌지는 유권자가 판단할 일이지 정치권이 내세워서 되는 일은 아니기 때문입니다. 그러니 객관적 시각에서 보자면 '외부 인사 영입' 정도가 맞지 않은가 하는 겁니다.

그리고 더 중요한 것이 있습니다. 민주주의 체제에서 정당이란… 각자의 이념과 정책을 차별화하고 그것에 의해 시민의 선택을 받고, 그렇게 해서 정권을 추구한다는 것. 인물보다 앞세워야 하는 것은 그 점이 아닌가. 그들이 생각하는 소위 인재라 함은 바로 그런 토대 위에서 그 이념과 정책을 잘 실천하는 사람들이 아닌가…

그러나 선거를 앞두고 조급하게 이뤄지고 있는 지금과 같은 외부 인사 영입이 모두 거기에 맞는 것인가. '그렇다!'라고 답할 자격이 있는 사람들도 물론 있겠지만, 그 역시도 결국엔 유권자들의 인정을 받아야 하는 것이겠지요.

> 평소에 대비하지 못하여 구차히 충원하면
> 인재가 누락되고 근심을 면하지 못한다.
> ─『일득록日得錄』

정조 어록 중 한 구절입니다. 사실 거창하게 정조 어록까지 동원할 일도 아닙니다. 그냥 과자 얘기가 편할 수도 있겠습니다.

과대 포장에 실망한 소비자들은 점점 수입 과자에 눈을 돌렸습니다. 매출은 급감했죠. 그러던 중 한 회사가 질소 포장 대신 내용물을 충실히 늘리는 '착한 포장'이라는 역발상을 내놓았고, 그 과자의 지난달 매출액은 전년 동기 대비 21%가 늘어났다는 사실. 즉, 시민의 눈은 정확하다는 이야기입니다.

393자… 누가 애국을 말하는가 2016. 01. 28.

총 393 글자. 기억하시는지요? 지난 1968년 12월 5일 박정희 당시 대통령이 발표한 '국민교육헌장'의 총글자 수입니다. 지금도 누군가 물으면 자다가도 벌떡 일어나 암기할 수 있다고 말하는 이들도 있더군요. 물론 저도 그런 사람 중의 한 사람입니다.

군부 정권이 발표한 이 국민교육헌장은 당시 '국민'이 되기 위한 필수 교양이었습니다. 학교에선 이 긴 글을 통째로 외우지 못할 경우 학생들을 집에 보내주지 않았습니다. 각종 입시와 입사시험에도 의무적으로 출제가 되곤 했지요. 그러나 애국심을 달달 외워야 했던 시대에 주입된 애국심은 오히려 민주화에 대한 열망을 불러왔고, 그 결과가 어떠했는가는 따로 설명하지 않아도 잘 아실 겁니다.

'애국심'. 최근 국무회의를 통과한 국가공무원법 개정안에서 강조된 조항입니다. 애초에 담겨 있었던 민주성과 도덕성, 공익성과 다양성 등 민주사회에서 필수적으로 추구해야 할 항목들은 모조리 사라졌습니다. 지금의 공무원들에게 애국심이 없다고 보긴 어려울 텐데 애국심을 법률에까지 명기하려는 이유는 무엇일까.

혹시, 자유롭고 민주적인 시스템은 필요하지 않다… 나라를 위한 충,

윗사람을 위한 상명하복… 생각은 물론 행동까지 몸 바쳐 일할 그런 애국이 필요하다는 강조일까요? 하긴 이미 작년 공무원 시험에서 '교과서 국정화'와 '국가체제 전복 세력'에 대한 질문이 나왔고, '애국가 4절'과 '국기에 대한 맹세' 암기까지 나왔다고 하니… 애국심은 명문화되지만 않았을 뿐 벌써 공직 선발 기준이 되어 있었는지도 모르겠습니다.

"태극기가 게양되고 애국가가 울려 퍼질 때 느끼는 가슴 뭉클한 감동"
— 황교안(국무총리)

그렇게 애국가 4절 완창을 강조했던 총리. '애국심'은 어느새 국민과 비국민을 가르는 기준이 되어버렸고, 지금의 세상은 누군가에게 애국심을 증명해야만 살아남을 수 있게 된 것일까요.

그런데 한 가지 드는 의문이 있습니다. 이 애국이란 무엇인가? 국민교육헌장, 애국가 완창, 태극기 게양, 이런 게 아니라 그저 말없이 헌법이 정한 국민의 4대 의무를 다하는 것 아니었던가… 군대에 가고, 세금 꼬박꼬박 내고, 교육을 받고, 지금 이 시간에도 열심히 일하는 우리들이야말로 진정한 애국자가 아니던가.

각종 해괴한 질병으로 군 면제를 받고, 자녀 병역 논란에 진땀을 흘리고, 체납된 세금쯤이야 부랴부랴 놀아서 내면 되고, 위장 진입과 부동산 투기쯤은 필수과목이 되어버린 어떤 분들이야말로… 그 애국이란 단어, 입에 올리면 안 되는 것은 아닐지…

追考 이 브리핑은 시청자들 사이에 많은 화제가 됐다. 브리핑 말미에 나열되는 각종 사안들(병역면제, 세금 체납, 위장전입 등등)에 해당하는 각료들의 얼굴을 화면 가득 등장시켰기 때문이다. 평소 직설을 피함으로써 오히려 설득력을 높이는 것이 앵커브리핑의 문법이었지만, 나는 그 화면을 만든 제작진에게 아무 말도 하지 않았다.

한때 '바보상자'라 불렸던 텔레비전. 미국에서 지금까지도 가장 존경
받는 대통령 존 F 케네디에겐 '요술 상자'였습니다. 케네디와 리처드 닉슨
이 맞붙은 1960년 제35대 미국 대통령 선거. 젊은 상원의원에 불과했던 케
네디에 비해 닉슨은 부통령 출신의 전국적인 지명도를 가진 지도자였습니
다. 케네디가 전세를 역전시킨 건 미국 최초로 실시된 텔레비전 토론 덕분
이었습니다.

잘생긴 얼굴과 거침없는 자신감, 그리고 시청자를 향한 강렬한 시선의
케네디. 반면에 병색이 짙은 얼굴에 칙칙한 의상, 게다가 불안하게 흔들리
는 눈동자의 닉슨. 미국 유권자의 3분의 2에 해당하는 7,000만 명이 브라
운관을 통해 이 텔레비전 토론을 지켜봤고, 결국 케네디는 근소한 차이로
닉슨을 꺾고 대통령에 당선됐습니다. 이른바 '텔레비전 정치' 시대의 개막
을 알리는 신호탄이었습니다. 물론 당시 한쪽에선 이 텔레비전이 정치를
지나치게 이미지화했다는 비판도 나왔습니다.

미국의 부동산 재벌이자 이번 대선 유력 후보인 도널드 트럼프. 아직
공화당의 후보로 선정되지는 않았지만 곧 그렇게 될 것이라는 예상이 지
배적이죠. 그런데 미국 국민들이 1,000억 원짜리 자가용 비행기를 타고 다
니는 '다이아몬드 수저' 트럼프에게 '가장 서민적인 후보'라는 타이틀을

달아준 것도 어찌 보면 텔레비전 정치가 낳은 아이러니일 수 있습니다.

그러나 텔레비전, 그중에서도 텔레비전 토론은 여전히 유권자들이 후보들의 됨됨이를 톺아볼 수 있는 가장 유효한 도구입니다. 과거 〈100분 토론〉 시절 수많은 정치인들의 토론을 두 눈으로 직접 지켜봤던 저로서는, 단언컨대 텔레비전 토론은 이미지로 포장된 정치인들의 민낯을 볼 수 있는 유일무이한 창구이기도 합니다.

총선을 앞두고 곳곳에서 지역방송사가 마련한 토론이 무산됐다는 소식이 들리고 있습니다. 여론조사 1위를 달리고 있는 후보들이 이런저런 이유로 참석을 거부했다고 하는군요. 과태료 400만 원까지 감수하고서 말입니다. 어차피 당선이라며 유권자들을 우습게 본 것인지, 아니면 민낯을 내보이기가 걱정스러운 것인지… 이들에겐 56년 전 닉슨의 토론이 교훈이 된 것인지도 모르겠습니다.

평상시엔 텔레비전에 얼굴 한 번 더 비추려고 자리싸움까지 마다하지 않는 정치인들… 보통 때라면 안 봐도 그만이지만… 선거 때만큼은 '텔레비전에 네가 나왔으면' 정말 좋겠습니다.

두 장의 얇은 종이. 그걸 손에 쥔 한 명의 유권자. 인쇄 비용은 100원 남짓하는 데다 도장 두 번 찍으면 그만일 종이 두 장.* 그 두 장의 종이를 손에 쥐고 세상을 바라봅니다.

명절날 세배하듯 4년에 한 번씩 사죄의 큰절을 올리는 사람들. 평소에는 얼굴 한 번 보기 힘들다가 불쑥불쑥 시장에 나타나는 그들을 바라보고 있자면⋯ 100원 정도 들어갔다는 그 종이 두 장, 굳이 안 받아 들어도 될 것 같기도 합니다. 아니나 다를까 막판에 네거티브가 판치고 북한 사람들 넘어왔다는 얘기가 대서특필되기도 하는⋯ 어찌 보면 한 발짝도 못 나간 듯한 우리의 선거를 보면 그런 생각이 드는 걸 말릴 수도 없습니다.

'집단 탈북 긴급 발표' 청와대가 지시했다
   ─『한겨레』 2016. 04. 11.

정책은 온데간데⋯ 총선 막판 네거티브전
   ─『경북매일』 2016. 04. 11.

그런데 다르게 본다면 손에 쥔 두 장. 종이의 가치는 의외로 무겁습니다.

● 지역구 국회의원과 비례대표 국회의원 선거의 투표용지 두 장을 말한다.

찬성　　VS　　**반대**
353　　　　　　　352

　　1875년 왕이 다스리던 프랑스는 이 한 표 차이로 공화국이 됐습니다. 세계사의 엄청난 변화는 바로 한 표 차이로 시작됐던 것이지요. 그보다 전에도 한 표 차이가 있었습니다. 1649년 영국 국왕 찰스 1세는 단 한 표 차이로 처형이 결정돼서 저세상 사람이 됐습니다.

　　너무 오래된 남의 나라 일일까요? 그러면 오래되지 않은 우리 얘기를 하지요. '문세표'. 16대 국회의원 선거에서 낙선한 어느 후보의 별명이었습니다. 그는 단 세 표가 모자라 선거에 졌습니다.

16대 총선, 경기 광주

박혁규　　VS　　문학진
1만 6,675표　　　　　1만 6,672표

　　재검표 끝에 표차는 두 표로 줄어들었고, 그래서 더 아까운 그의 별명은 '문두표'.

　　2008년 고성군수 보궐선거는 딱 한 표차로 당락이 갈렸고, 아예 똑같은 표수가 나와서 선거법에 따라 연장자가 당선된 기초의원도 있었습니다. 딱 세 표 혹은 한두 표만 더 있었더라면, 누군가에겐 천지가 뒤집혔을 결과들이었습니다.

단돈 100원이 들어간, 후루룩 날아가버릴 것만 같은 그 한 표는… 실은
왕의 목을 칠 수도 있었고, 누군가를 천당과 지옥을 오가게 할 수도 있었습
니다.

정치인들이 갑자기 재래시장을 찾고, 4년에 한 번씩 시키지도 않았는
데 여러분 앞에 무릎을 꿇는 이유는… 정치인들은 알고 있고, 투표를 포기
하는 유권자들은 모르는… 이틀 뒤면 세상에 나올 얇은 종이 두 장의 무게
때문입니다.

> 追考 2016년 4월 13일 20대 국회의원 선거. 그 이틀 전에 방송한 이 브리핑은 예
> 언이었을까? 투표율 58.0% 총 300석 중 더불어민주당 123석, 새누리당 122석,
> 국민의당 38석. 여당은 불과 한 석 차이로 제1야당에 뒤졌다. 그리고 박근혜 정
> 권의 내리막이 시작되고 있었다.

인생은 아름답고, 역사는 발전한다 2016. 04. 19.

"인생은 생각할수록 아름답고, 역사는 앞으로 발전한다."

김대중 전 대통령이 파란만장했던 자신의 일생을 되돌아보면서 마지막으로 남긴 일기장 문구입니다. 이번 총선에서 여당에 과반을 넘겨줄 것이라 의심치 않았던 야당. 원내 1당이라는 놀라운 결과를 받아든 더불어민주당의 심정도 이와 다르지 않을 듯합니다. 그런데 승리는 응당 자축해야 할 만한 일이지만 승자로서의 품위와 품격은 아쉽게도 찾아보기 어렵습니다.

우선 이 당의 김종인 대표는 국민의당을 향해 '쪼개질 정당'이라고 힐난했습니다. 설사 자신이 보기엔 그렇게 보이더라도 엄연히 유권자의 지지를 받아 함께 야당의 길을 걸어야 할 정당에 선거가 끝나자마자 던져놓을 말은 아니었던 것 같습니다.

그런가 하면 이 당 출신의 한 시사평론가는 낙선한 새누리당 이노근 의원에게 화환을 보냈습니다. 이름하여 '낙선 축하 화환'. 화환을 받은 사람은 지난 19대 총선에서 자신과 맞붙었던 인물이었습니다.

말솜씨 때문에 이번 공천에서 컷오프된 것으로 운위되는 한 의원은

"김종인 대표가 아니었어도 총선 승리가 가능했다"면서 그 특유의 말솜씨를 부린 것에서 아예 한 걸음 더 나갔습니다. "돈 먹고 감옥 간 사람은 대표에서 원천 배제해야" 한다며 대놓고 망신을 준 것이지요.

"정치는 비뚤어졌어도 투표는 바로 하자"

JTBC가 내놓았던 총선 캐치프레이즈입니다. 아마도 유권자들은 고심 끝에 투표했을 것이고, 그 결과는 어느 당에게도 과반을 주지 않은 것으로 나타났습니다.

새누리 122 / 더민주 123 / 국민의당 38 / 정의당 6 / 무소속 11

유권자들은 그렇게 고민했는데… 각 정당과 정치인들이 받아든 성적표를 놓고 해석은 달리할 수 있겠지만, 이를 모욕하고 망신을 줄 권리는 그 누구에게도 없습니다. 졸지에 '쪼개질 정당'이 된 국민의당을 향한 한 표. '낙선 축하 화환'을 받은 새누리당 후보가 받은 한 표. 이 역시 소중한 국민의 뜻이 아니던가…

원내 제1당이 된 더민주, 표를 준 유권자들의 고심을 진지하게 생각해 보지 않는다면 20대 총선 잔치는 여기서 끝날지도 모르겠습니다.

"한나라당이 제1당이 됐습니다. 진심으로 축하에 미지않습니다. 자민련은 결과가 여의치 않은 것으로 생각됩니다. 충심으로 위로의 말씀을 드립니다."
— 김대중 대통령 대국민 특별담화, 2000년 4월 17일

지난 2000년 16대 총선이 끝나고 여소야대의 쓰라린 성적표를 받아든 김대중 당시 대통령이 남긴 말입니다.

김대중 정신을 계승한다는 더민주. 인생은 아름답고 역사는 발전한다고 믿을 수 있습니까?

追考 "그런가 하면 이 당 출신의 한 시사평론가"는 요즘도 활약 중인 김용민 씨이고, "말솜씨 때문에 이번 공천에서 컷오프된 것으로 운위되는 한 의원"은 정청래 의원이다. 이름을 밝혀둔다 해서 이 두 사람이 기분 나빠하지는 않을 것 같기에…

"내가 없으면 누가 너희들을 웃겨주니?" 2016. 08. 29.

　하늘은 내가 언제 그랬냐는 듯 그림 같은 구름을 내보였습니다. 바람이 살갗을 간질이고 서걱대는 이불의 감촉이 행복한 시절… 한 달 넘게 세상을 괴롭혔던 폭염은 어느새 거짓말 같은 시간이 되어버렸습니다.

　그동안 우리는 얼마나 화가 나 있었던가. 말도 안 되는 이 더운 날씨를 원망하고, 에어컨을 '합리적으로' 쓰라 강요하던 관계자에게 화를 내고. 그리고 전해진 엄청난 누진 전기료 고지서에 기막혀 하고, 매번 헛다리만 짚어대는 기상청을 흘겨보고…

　그리고 거짓말처럼 펼쳐진 하늘… 마치 판타지 영화의 한 장면처럼 문을 열어보니 다른 세계가 우리를 둘러싸고 있었습니다. 다시 더워질 것이라던 기상청 예보는 또다시 어긋났지만, 이번에는 화를 내는 사람은 없습니다. 예보가 틀려서 오히려 다행이고 그래서 행복하다는 것. 우리의 행복이란 이렇게나 단순하고 쉬운 것일 수도 있는 것인데…

　그러나 그 간단한 이치를 모르는 사람들은 아직도 너무나 많은 것인지. 어딘가를 바라보면 여전히 그 길고 지루했던 폭염의 한가운데에 놓인 세상도 있습니다. 폭풍 같은 논란의 와중에도 여전히 건재한 그와, 오늘은 실명이 등장한 언론사의 주요 인물까지 얽혀 들어간 사건의 전개.

"대우조선 호화 전세기 여행은 송희영 (조선일보) 주필"

— 김진태(새누리당 의원)

사람들은 어느 어두웠던, 그러나 사실 결과적으로는 너무나 현실적이었던 어떤 영화를 떠올려야 했습니다. 이 밝고 맑은 하늘 아래서 말입니다. 그리고 그 와중에 벌어지고 있는 인사 난맥상…

누군가가 거주했던 93평 용인 아파트 전세금은 7년간 변함없이 1억 9,000만 원이었다 하고, 누군가의 생활비는 3년 8개월간 18억 원이었다는 것. 그리고 누군가는 음주운전 단속의 수장이 됐지만, 실은 그가 바로 음주운전의 주인공이었던 것까지…

폭염은 물러갔지만 어떤 곳은 마치 섬처럼 여전히 폭염이 지배하는 한가운데서, 이런 이유로 또는 저런 이유로 버티는 중입니다.

지난 주말 세상을 떠나 오늘 영결식이 치러진 코미디언 구봉서 씨는 생전에 출연했던 영화 〈돌아오지 않는 해병〉에서 이렇게 말했습니다.

"내가 없으면 누가 너희들을 웃겨주니?"

그러나 그의 이 말은, 반은 맞고 반은 틀린 것 같습니다.

追考 "폭풍 같은 논란의 와중에도 여전히 건재한 그"는 당시 민정수석이었던 우병우. "어떤 영화"는 〈내부자들〉을 말한다. "누군가가 거주했던 93평 용인 아파트 전세금은 7년간 변함없이 1억 9,000만 원이었다 하고"의 주인공은 당시 농림부 장관 후보자였으며, "누군가의 생활비는 3년 8개월간 18억 원이었다는 것"은 당시 여성부 장관 후보자의 얘기였다. "음주운전 단속의 수장이 됐지만 실은 그가 바로 음주운전의 주인공"은 당시 경찰청장 후보자. 열거하다 보니 숨이 가쁜데, 사실 이 브리핑을 다시 보며 느낀 것은 차라리 그토록 무더웠던 2016년의 여름이 그립다는 것. 그래도 그때는 한여름에 마스크를 쓰진 않아도 됐다는… 지금 돌이켜보면 '판타지' 같았던 세상.